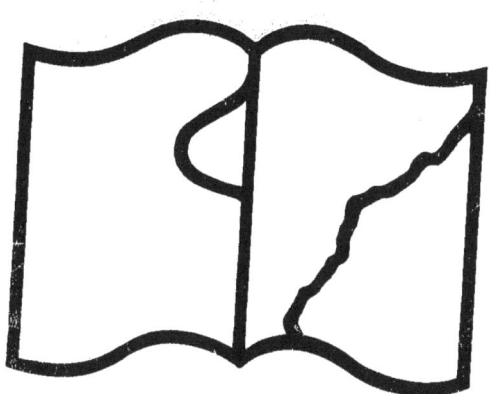

Texte détérioré — reliure défectueuse
NF Z 43-120-11

BONAPARTE

TALLEYRAND

ET

STAPFER

1800 — 1803

ZURICH
ORELL, FUSSLI & Co.

PARIS
C. BORRANI, 9 rue d. Saints Pères

1869

Prix: 5 Francs.

BONAPARTE

TALLEYRAND

ET

STAPFER

1800 — 1803.

ZURICH
LIBRAIRIE ORELL, FÜSSLI & Co.
1869

PRÉFACE

Les pages suivantes sont empruntées à la correspondance de Philippe-Albert Stapfer, chargé d'affaires de la légation helvétique à Paris, puis ministre plénipotentiaire de la république helvétique près la république française, depuis l'automne 1800 jusqu'au printemps 1803. Les lettres et missives que nous publions ici, sont adressées au conseil exécutif de la république helvétique, et à son ministère des relations extérieures.

Cette correspondance est remarquable par les renseignements précieux qu'elle fournit sur les rapports des deux républiques et sur les vues du gouvernement français à l'égard de la Suisse. Elle nous montre Bonaparte imposant sa volonté, soit par l'intermédiaire de Talleyrand, soit directement comme un *deus ex machina*. Mis en rapport avec ces intelligences supérieures, Stapfer sut mériter leur estime par son talent et par une éloquence qui part du cœur.

Le développement des événements de cette époque a tout l'attrait d'un drame. On lira avec un intérêt particulier les conversations de Stapfer avec Bonaparte et

Talleyrand, et les discours prononcés par le premier consul à diverses occasions, surtout à la consulte de Paris. (Voir les numéros 592 et 594.) Il est à remarquer, que la verve et le style mâle des discours prononcés à la consulte, tels qu'ils sont rapportés par Stapfer, présentent en partie plus d'authenticité et d'originalité que les reproductions de Tillier et de Monnard.

La correspondance de Stapfer suggère aussi des rapprochements curieux avec l'époque actuelle. Bien que la médiation du premier consul fût une planche de salut offerte à la Suisse, elle était pourtant au fond incompatible avec l'indépendance de celle-ci. Aussi les menées tendant au démembrement du Valais et les vaines promesses de Bonaparte contrastent-elles avec la manière dont Napoléon III, en intervenant pacifiquement, a assuré à la Suisse l'indépendance et l'autonomie d'un canton qui auparavant n'était qu'à moitié suisse. Par contre l'affaire de la Savoie ressemble un peu à celle du Valais.

Les lettres de Stapfer sont fécondes en détails sur la politique de la France et de la Suisse, tant pour ce qui concerne chaque état en particulier, que pour ce qui touche à leurs rapports avec les autres états de l'Europe.

La manière de voir de Stapfer sur la Suisse, quoique dirigée par les circonstances de l'époque, est digne d'une attention particulière. Plusieurs de ses prévisions se sont réalisées, d'autres le seront peut-être plus tard. C'est ainsi que Stapfer était grand partisan d'une université nationale, idée à laquelle répond, du moins en partie, la création récente de l'école polytechnique fédérale. (Voir la lettre de Stapfer du 17 septembre 1800.)

En général on remarquera que la période dite *helvétique,* qui constitue déjà, malgré sa courte durée de cinq ans, un véritable chapitre de notre histoire, a son importance, surtout comme point de départ du régime actuel. Malgré ses essais hâtifs et sans résultat immédiat, elle n'en a pas moins été féconde en idées qui furent comme les germes d'où sont sorties plus tard nos institutions politiques. A cette époque on reconnaissait déjà pour la Suisse les avantages d'une représentation fédérative des cantons et d'un gouvernement central fortement constitué qui sût pourvoir efficacement aux intérêts généraux du pays et au maintien de son indépendance. (Voir la lettre de Stapfer du 17 septembre 1800 et les numéros 339, 443, 449, 572, 576, 579, 580, 582, 583.)

Outre le côté historique et politique de la correspondance de Stapfer il faut aussi mentionner ses portraits d'hommes d'état distingués, accompagnés d'anecdotes diplomatiques et même de notices littéraires.

Nos historiens n'ont point négligé cette source. Tillier l'a consultée pour son Histoire de la république helvétique et en a donné quelques échantillons, rares mais bien choisis; Monnard en a fait aussi usage dans sa Continuation de l'histoire de la confédération suisse de Jean de Muller. (Voir la *parallèle,* p. 243—46.) La publication actuelle donnera d'une manière complète la correspondance de Stapfer au point de vue historique, surtout pour ce qui concerne la Suisse.

Les pièces originales sont déposées à Berne dans les archives helvétiques, qui forment une section des archives fédérales. Elles sont contenues presqu'en totalité dans deux volumes ressortissant du ministère des relations extérieures, compris sous la section VII des archives helvétiques, d'après le répertoire général. Ces volumes sont numérotés et intitulés comme suit :

3360. *Correspondance du ministre des relations extérieures avec la légation helvétique à Paris. 28 avril 1800 — 23 décembre 1801.*

3361. *Correspondance dito. 25 décembre 1801 — 27 février 1803.*

Dans le premier de ces volumes, la correspondance de Stapfer commence par la lettre numéro 332, datée du 11 septembre 1800. Les lettres qui précèdent forment la fin de la correspondance de Jenner, auquel succéda Stapfer. Celles de Stapfer vont jusqu'au numéro 458 (du 23 décembre 1801). Le volume numéro 3361 contient les numéros 459 jusqu'à 595 ; la dernière lettre, du 27 février, est sans numéro.

La diversité des adresses de ces lettres donne une idée des mutations incessantes dans la politique d'alors. Les adresses portent :

1º Au citoyen Bégos, ministre des relations extérieures de la république helvétique. (Nᵒˢ 332—450. 11 septembre 1800 — 27 novembre 1801.)

2º Au citoyen Thormann, secrétaire d'état. (Nᵒˢ 452— 499. 1ᵉʳ décembre 1801 — 2 mai 1802.)

3º Au citoyen Muller-Friedberg, secrétaire d'état. (N°s 500—535. 4 mai — 17 juillet 1802.)

4º Au citoyen Jenner, secrétaire d'état. (N°s 536 — 561. 20 juillet — 6 octobre 1802.)

5º Au citoyen Mousson, secrétaire général du conseil exécutif de la république helvétique, chargé du département des affaires étrangères. (N°s 562 — 564. 1er novembre — 7 novembre 1802.)

6º Au citoyen Mohr, sénateur, secrétaire d'état pour les relations extérieures. (N°s 565 — 596. 9 novembre 1802 — 27 février 1803.)

Dans la série de cette correspondance régulière avec les chargés du portefeuille des relations extérieures se trouvent parfois des lettres de Stapfer, adressées au gouvernement helvétique lui-même, et l'on en rencontre aussi dans quelques autres volumes des archives helvétiques, appartenant à la section II, *Pouvoir exécutif*, subdivision *Affaires étrangères*. Voici, d'après le répertoire général, l'indication de ces sources supplémentaires avec celle des lettres non-numérotées qu'on en a tirées : Volume Nº 793. *France, légation helvétique à Paris.* 1798—1801, lettres du 31 juillet, 8 septembre, 25 décembre 1800, du 24 mai, 5 juin, 1er septembre 1801. — Volume Nº 800. *Mixte.* 1801—1803, lettres du 12 juillet, 2, 9, 21, 28 octobre 1802, du 23 février 1803. — Volume Nº 1801. *Affaires secrètes*, lettre du 17 septembre 1800.

La célèbre lettre de Stapfer à Talleyrand, du 23 germinal an X (13 avril 1802), dont le Nº 497 donne des extraits remarquables, manque elle-même dans la correspondance de Stapfer, mais elle est reproduite en entier dans les Mélanges de Stapfer publiés par Vinet, tome I pages LIX--LXIV.[1]

[1] Les lecteurs nous sauront gré, si nous ajoutons encore ici le passage très mémorable de la dite lettre, p. LXI--LXII, où se trouvent, dans les termes suivants, les éloges de Bonaparte et de Talleyrand : „Je suis pénétré de respect et d'admi„ration pour le héros qui gouverne le peuple français. Il a „rendu à la race humaine les deux plus grands services qu'un „homme pût rendre aux hommes. Il a assuré au milieu d'un „grand peuple le règne de l'égalité des droits, en mettant un „frein aux désordres révolutionnaires et en réunissant aux nobles „jouissances de la liberté tous les avantages inappréciables d'un „gouvernement fort et imposant. Il a préparé la régénération „des mœurs en rétablissant le culte des chrétiens, et laisse aux „consciences et à la philosophie toute la latitude d'action que „l'intérêt des lumières et l'expansion des vœux philanthropiques „pouvaient exiger. — Il a, par ce double résultat, résolu les „deux problèmes sociaux les plus difficiles qui aient été offert „à l'habileté et à la vertu des chefs de nations; il a fait triompher „ces deux systèmes sur lesquels mon cœur brûle de voir reposer „dans ma patrie l'ordre moral et l'édifice de la société. Heureu„sement que l'ascendant des institutions françaises sur un pays „que la nature et d'antiques habitudes ont destiné à l'alliance „la plus intime à la France, ne me laisse pas douter un instant „du triomphe final de ces deux systèmes en Helvétie.

„Je me féliciterai, citoyen ministre, et m'honorerai toute ma „vie d'avoir été en rapports avec vous, vous qui avez porté les „lumières et l'urbanité de l'ancien régime dans le nouveau, vous „qui avez prouvé que tous les résultats du perfectionnement „social et de la culture des premiers rangs de la société pou„vaient s'allier parfaitement à des principes populaires, principes „qui, aux âmes faibles, avaient d'abord fait craindre le déborde„ment de la rusticité, la ruine des arts, et la disparition des fleurs „de la civilisation sous le souffle barbare d'un nouveau genre de „fanatisme. D'un œil sûr et dans les vues les plus sages, vous

Le texte de la correspondance a été publié avec le soin le plus scrupuleux; les corrections ne portent que sur les fautes évidentes des originaux et les irrégularités de l'écriture dont ils fourmillent.

Les notes se bornent aux explications indispensables à la compréhension du texte; la table servira à rehausser l'utilité du livre.

Les lacunes sont toujours indiquées par des points. . . . Dans le texte même, les passages écrits en chiffres, qui se trouvent déchiffrés, sont marqués par des signes „ ".

Nous renvoyons aux ouvrages déjà mentionnés, de Tillier et de Monnard, pour tout ce qui est relatif aux

„avez, même dans les temps calamiteux du gouvernement direc-
„torial, su distinguer dans la foule et protéger, en Helvétie, les
„hommes libéraux modérés, tour à tour contre les énergumènes
„révolutionnaires et contre les absurdes champions de la féodalité.
„Mais, quels que soient les bienfaits etc."
Voyez la suite à la page 122 du présent ouvrage. Les paroles suivantes: „je ne puis vous considérer ... une partie aussi intéressante que le Valais," ainsi que celles qui se trouvent à la page 124: „Tous les peuples.... dans l'histoire," sont citées dans la Biographie universelle, tome LXXXIII, article *Stapfer*, pages 17--18, où les mots: „en réparant les maux ... la funeste politique du Directoire" correspondent à ceux de Stapfer p. 123--124: „réparé les maux ... la fun. pol. du Dir." L'auteur de la biographie de Stapfer, avant de citer ces passages, parle de la note en question comme suit: „Cette note ... offrait des raisonnements d'une franchise qui, plus tard, eût vraisemblablement attiré à son auteur un traitement fort contraire au droit des gens." Vinet de son côté, en citant les mots: „Tous les peuples ... dans l'histoire, en réparant les maux ... la fun. pol. du Dir." fait le préambule: „Tout le monde ... a retenu ce passage, dont on aime à se persuader que Bonaparte fut ému." (Mélanges de Stapfer, tome 1 p. XXI.)

évènements politiques, touchés dans la correspondance de Stapfer. Un *résumé* tiré de ces deux historiens complètera cependant avec avantage la présente publication. La lettre du 17 septembre 1800 servira d'introduction historique.

Ce qu'il est nécessaire de savoir de la biographie de Stapfer est contenu dans les lettres du 31 juillet, du 8 septembre, du 25 décembre 1800 et du 27 février 1803. Pour ce qui concerne ses fonctions antérieures de ministre helvétique des arts et sciences on peut consulter Monnard, tome XVI, pages 387—406. La vie de Stapfer se trouve dans la Biographie universelle, tome LXXXIII, pages 16—20 (voir la réimpression ci-après) et dans la notice servant d'introduction aux Mélanges de Stapfer, publiés par Vinet, tome I, pages I—LXXI.

Nous ne pouvons achever ces lignes sans rendre ici un témoignage de gratitude à la mémoire de feu Monsieur Franscini, ancien membre du Conseil fédéral et Chef du Département suisse de l'Intérieur, qui a mis si généreusement à notre disposition tous les documents nécessaires à ce travail. C'est à la libéralité de ce savant éminent que cette publication doit le jour, et notre but sera atteint, si, en jetant quelque lumière sur le passé, elle sert aussi d'enseignement aux temps présents.

BERNE, le 15 avril 1869.

ALBERT JAHN, Dr. phil.,
Secrétaire du Département suisse de l'Intérieur,
membre de l'Académie royale des
belles-lettres et des sciences de Munich etc.

Biographie de Stapfer.[1]

STAPFER (Philippe-Albert), savant et diplomate suisse, fut un des hommes les plus distingués de notre époque par son savoir et son extrême probité. Né à Berne en 1766, dans la religion protestante, il fit ses premières études dans cette ville, et les termina à Gœttingue; puis il entra dans le ministère évangélique, et fut nommé professeur d'humanités, ensuite de philosophie, de théologie, membre du conseil chargé de la direction des écoles et des affaires ecclésiastiques. Après l'occupation de la Suisse par les armées françaises en 1798, il fut un des délégués que le gouvernement de Berne envoya auprès du Directoire, et il y entama, de concert avec Luthard et Jenner, des négociations pour obtenir la retraite des troupes françaises, ainsi qu'un traité qui stipulât pour la Suisse le droit de rester neutre

---

[1] L'auteur de cette biographie a beaucoup profité de l'article *P.-A. Stapfer de la Biographie des hommes vivants*, publiée sous la restauration par MM. Michaud; article dont Stapfer lui-même est l'auteur. Voir Vinet dans les Mélanges de Stapfer, t. 1 p. XI. Vinet, ibid. p. XI, XIX, XX, XXII et XXIV, cite des passages de l'article mentionné, qui se trouvent répétés dans la biographie reproduite par nous, p. XIII, XIV, XVI et XVIII.

dans les guerres de la France, la restitution des armes enlevées aux habitants de plusieurs cantons, et des titres de créance sur l'étranger saisis par le général Brune, etc. Ces négociations ayant eu pour résultat d'empêcher l'entière spoliation des familles bernoises, de faire révoquer les arrêtés des généraux français qui avaient ordonné l'exclusion des patriciens de toutes fonctions publiques, de rendre la liberté aux otages que ces généraux avaient enlevés, et de sauver les dépôts et les magasins dont le commissaire du Directoire, Rapinat, voulait s'emparer, ce dernier dénonça les négociateurs, Luthard et Stapfer, qui venaient de signer une convention secrète où ces avantages étaient stipulés, comme *fauteurs de l'oligarchie* et comme ennemis de la république française. Il insista spécialement sur l'éloignement de Stapfer du ministère des arts et sciences, auquel il avait été appelé. Le gouvernement helvétique ne céda pas aux instances de l'agent français, et maintint Stapfer dans la place de ministre de l'instruction publique, qui comprenait le département des cultes. Ce fut en cette qualité qu'il fournit à Pestalozzi les moyens d'essayer sa méthode sur un nombre considérable d'élèves, et qu'il lui procura la jouissance du château de Burgdorf. A une époque où le fanatisme anti-religieux s'était emparé de tous les esprits, Stapfer dut borner ses efforts au maintien du clergé dans la jouissance de ses droits et de ses propriétés. Dans le premier des rapports qu'il présenta à son gouvernement sur l'ensemble de l'instruction publique (réimprimé dans les *Annales de la religion*, t. VIII, p. 45 et suiv.), il posa en principe (p. 51, ibid.) „que l'Eglise, comme personne morale „apte à posséder, est propriétaire; que les dons faits par „l'humanité, la piété ou la superstition, n'importe par quel „motif, lui appartiennent de droit." Bien qu'il servît le gouvernement helvétique avec zèle et sans aucune arrière-pensée, Stapfer fut au commencement de 1799, ainsi que ses

collègues des autorités centrales, dénoncé au Directoire de
France comme un traître dévoué au parti aristocratique et
à l'Autriche. Le gouvernement français décréta que Usteri,
Escher, Meyer de Schauensee, Koch, Kuhn et Stapfer, seraient
traduits devant une commission; mais la sortie du Directoire
de Rewbell, qui était parent de Rapinat et promoteur de
ces persécutions (voy. Rapinat, LXXVIII, 332), fit tomber
cette décision dans l'oubli. Lorsque Bonaparte se fut emparé
du pouvoir, et que la victoire de Marengo lui eut livré la
Suisse, Stapfer fut accrédité auprès de lui comme ministre
plénipotentiaire de la république helvétique pour remplacer
Jenner, qui avait désiré quitter ce poste. Dans cette mission,
il fut appelé à traiter non-seulement des intérêts qui sont
du ressort des fonctions diplomatiques, mais aussi des parties
principales de l'organisation politique, sur laquelle Bonaparte
se réservait d'exercer son influence, tout en se donnant l'air
de laisser les Suisses libres dans leur choix. Il gardait néanmoins encore quelques ménagements pour l'opinion publique;
et ce reste d'égards hypocrites aida Stapfer à empêcher
le démembrement de sa patrie. Depuis ses campagnes
d'Italie, Bonaparte n'avait cessé de convoiter la possession
du Valais. Croyant le moment de se l'approprier arrivé,
il fit, en mars 1802, adresser à l'envoyé helvétique une
note dans laquelle la cession de ce pays était demandée
comme nécessaire à la France, et comme n'étant sujette à
aucune objection fondée, puisque le Valais, dit le ministre,
n'avait jamais appartenu au système fédératif. Stapfer, sans
attendre les instructions de son gouvernement, adressa au
ministre des relations extérieures une note qui donnait et
motivait un refus absolu. Cette note, publiée très-inexacte-
ment par Sir Francis d'Yvernois, dans son écrit intitulé:
Les cinq promesses de Bonaparte (1803), offrait des raisonnements d'une franchise qui, plus tard, eût vraisemblablement attiré à son auteur un traitement fort contraire

au droit des gens.[1] „Je ne puis vous considérer l'un et „l'autre (le premier consul et son ministre), disait-il, que „comme les destructeurs de son indépendance (de la Suisse) „et de plusieurs sources essentielles de sa prospérité, si „vous persistez à vouloir en détacher une portion aussi „intéressante que le Valais. Tous les peuples de la terre „aiment et estiment les Suisses: tous les esprits cultivés de „l'Europe leur portent une affection composée de souvenirs, „de pitié et d'espérance. L'Helvétie a, aux yeux de l'hu-„manité, un prix d'opinion que n'ont pu acquérir de grands „empires; et son restaurateur s'assurerait une gloire nou-„velle dans l'histoire, en réparant les maux qu'a faits gra-„tuitement au plus ancien, au plus utile et au plus fidèle „des alliés du peuple français, la funeste politique du „Directoire." Ceux des sénateurs helvétiques qui n'eussent jamais consenti à faire présenter cette note se virent contraints, par respect humain, à joindre leur approbation à celle de leurs collègues, et Bonaparte, voyant le sénat helvétique unanime dans sa résolution, ajourna l'exécution de son dessein, pour la reprendre à la fin de 1810. Le Valais dut à cette résistance de rester, pendant huit ans, exempt de conscription et d'impôts onéreux. Une assemblée de notables, convoquée peu après à Berne, pour aviser aux moyens de rétablir la concorde et de rapprocher le régime unitaire du système fédératif, ayant modifié la constitution de l'état, et le personnel du gouvernement ayant subi de nouveaux changements, Stapfer remit de nouvelles lettres de créance, et Bonaparte fit offrir au gouvernement helvétique, par son ministre à Paris, de retirer du territoire suisse les troupes qui y étaient restées depuis l'invasion de 1798. Bien que le moment choisi pour cette offre lui donnât plutôt le caractère d'un piège que celui d'un acte de justice ou de

---

[1] Voir Préface p. XI.

bienveillance, et que l'évacuation proposée parût devoir être le signal d'une guerre intestine, qui fournirait à la France un prétexte de s'immiscer plus directement dans les affaires de la Suisse, Stapfer conjura ses commettants de ne pas hésiter à l'accepter. Les chefs du parti qui leva bientôt l'étendard de l'insurrection contre le gouvernement helvétique donnèrent alors à ce dernier leur parole, que, loin de le contrarier, ils l'appuieraient de tous leurs moyens, s'il consentait à la retraite des troupes françaises. Toutefois l'exécution de cette mesure fut presque aussitôt suivie des troubles que Bonaparte avait prévus et même suscités. La diète d'opposition formée à Schwyz se vit bientôt secondée par tous les mécontents et par la multitude toujours prête à se donner le spectacle d'un bouleversement et les chances de profit qu'elle en espère. Le succès de ce mouvement, préparé de longue main par les agents de Bonaparte, furent si rapides et si étendus que la cause de l'opposition prit, tout-à-coup, aux yeux de l'étranger, la couleur d'une cause nationale, et que des amis sincères de la patrie se joignirent aux adversaires du gouvernement central, pour tâcher d'engager le plénipotentiaire helvétique à se séparer des adhérents de l'unité. La diète de Schwyz lui fit en même temps insinuer qu'elle l'investirait de ses pouvoirs, s'il voulait renoncer à ce système de gouvernement. Dans cette position délicate, Stapfer ne crut pas devoir se soustraire aux douleurs morales et aux jugements erronés qui en étaient inséparables; il prit les intérêts de son pays pour guide, et donna, entre les divers moyens de pacification, la préférence à ceux qui étaient puisés dans les ressources nationales et indépendants de l'influence étrangère. Malgré le mécontentement que lui en témoigna le gouvernement français, il se prêta avec empressement aux entretiens que vint lui demander l'envoyé de la diète de Schwyz. Il fit de pressantes démarches pour obtenir du premier consul le renvoi des régiments helvétiques dans leur pays, afin d'y concourir au rétablissement de la concorde. Objet d'une négociation traînée à dessein en longeur, cette faculté, qui a de tout temps été stipulée dans les capitulations militaires avec la France, ne fut enfin accordée qu'au moment où le retour de ces troupes dans leur pays ne pouvait plus servir au maintien des autorités. Mais il est de toute fausseté que l'envoyé helvétique ait, par ordre et à l'appui de son gouvernement, demandé la rentrée de troupes françaises sur le territoire suisse. L'anarchie prenant chaque jour un caractère plus grave, et les différents partis qui en étaient venus aux mains s'étant tour à tour adressés à Bonaparte pour se le rendre favorable, il crut l'instant arrivé où il pourrait dicter des lois aux Suisses. Une proclamation dont le ministre helvétique à Paris n'eut, comme le public, connaissance que par le *Moniteur*, invita les autorités helvétiques à envoyer auprès du premier consul des délégués pour discuter avec lui les besoins de leur pays. Stapfer borna sa coopération, dans l'appel et la formation de cette *consulta*, à recommander aux électeurs de faire leurs désignations avec une entière indépendance des insinuations de la légation française, et de ne prendre conseil que des intérêts de la patrie. Représentant, plus spécialement dans cette réunion, les cantons d'Argovie et de Thurgovie, il se rangea du parti de l'unité, et y défendit le système dont Bonaparte n'avait cessé de contrarier la consolidation, combattit celui dont les défauts avaient contribué à faire succomber les Suisses dans la lutte glorieuse de 1798, et rédigea le Mémoire que les unitaires de la *consulta* présentèrent. L'assemblée ayant été invitée à former un comité central, Stapfer en fut un des dix membres, et signa comme tel, le 20 février 1803, l'acte de médiation qui a régi la Suisse pendant onze ans, et dont les principales dispositions reçurent, en 1815, la sanction des nouveaux médiateurs rassemblés à Vienne. L'acte de médiation l'appela à présider une commission de liquidation qui devait régler l'actif et le passif du gouvernement helvétique. Ses concitoyens du canton d'Argovie l'élurent membre de leur grand-conseil, et, en 1815, quand une nouvelle organisation, ratifiée par le congrès de Vienne, fut mise en activité, le vœu des électeurs le porta au même conseil. Jusque-là Stapfer avait continué de résider en France, mais lorsque Napoléon se fut proclamé véritablement le souverain de la Suisse, sous le nom de *médiateur*, ses fonctions devinrent à peu près nulles, et il se retira dans une maison de campagne près de Montfort-l'Amaury, où de concert avec M. Guizot, son amis et son collaborateur dans cette *Biographie universelle*, il ne s'occupa plus que de littérature et de l'éducation de ses enfants. Il ne revint à Paris qu'en 1817, à l'époque de la Restauration, et il continua de s'y livrer exclusivement à des travaux littéraires. Il mourut dans cette ville en 1840.

On a de lui : I. *De philosophia Socratis liber singularis*, Berne, 1786, in-8⁰. II. *De vitæ immortalis spe firmata per resurrectionem Christi*, ibid., 1787, in-8⁰. III. *Du développement le plus fécond et le plus raisonnable des facultés de l'homme, d'après une méthode indiquée par l'étude philosophique de la marche de la civilisation*, Berne, 1792, in-8⁰ (en allemand). IV. *De natura, conditore et incrementis reipublicæ ethicæ*, ibid., 1797, in-8⁰. V. *La mission divine et la nature sublime de Jésus-Christ déduites de son caractère*, ibid., 1797, in-8⁰ (en allemand). VI. *Instructions pour les conseils d'éducations nouvellement établis* (en allemand à Lucerne; en français, à Lausanne), 1799, in-8⁰. VII. *Réflexions sur l'état de la religion et de ses ministres en Suisse*, Berne, 1800, in-8⁰. VIII. *Voyage pittoresque de l'Oberland bernois, ou Description de l'Oberland, accompagnée de notices historiques*, Paris, Treuttel et Würtz, 1812, in-4⁰ avec des planches coloriées. IX. *Notice raisonnée sur les écrits de*

XVIII

F.-V. Reinhard, imprimée avec la *Lettre de Reinhard sur ses études et sa carrière de prédicateur*, trad. de l'allemand, par J. Monod, 1816, in-8º. X. *Rapport de M. P.-A. Stapfer*, l'un des vice-présidents de la Société biblique protestante de Paris, sur sa mission auprès de la Société biblique et étrangère, au mois de mai 1823, brochure in-8º. XI. *Notice biographique et littéraire sur Gœthe*, imprimée en tête des *Oeuvres dramatiques de Gœthe*, trad. en français, par MM. Stapfer, Cavaignac et Margueré, Paris, 1821–25, 4 vol. in-8. XII. *Faust*, tragédie de Gœthe, trad. de l'allemand, Paris, 1828, in-folio, avec un portrait, et 17 dessins lithographiés.[1] XIII. *Berne, son histoire et sa description*, Paris, 1835, in-4º, avec 4 planches. Cet ouvrage fait partie d'une collection intitulée : *Histoire et description des principales villes de l'Europe*. Stapfer a fourni des articles à différents journaux allemands et français, aux *Archives littéraires de l'Europe*, à la *Revue encyclopédique* et à la *Biographie universelle*, entre autres *Adelung*, *Arminius*, *Busching*, *Kant*, *Socrate*, *Villers*, etc.[2]

M-D j.

---

[1] Pas juste ; ce fut Albert Stapfer, le fils de Ph.-A. Stapfer, qui a publié cet ouvrage.

[2] Voir *Mélanges philosophiques, littéraires, historiques et religieux par M. P.-A. Stapfer, précédés d'une notice sur l'auteur par M. A. Vinet.* (T. I. Philosophie littérature et histoire ; t. II. Religion.) Paris, 1844. 8º. On y trouve, t. 1. p. LXVIII et LXIX, une liste plus complète des écrits de Stapfer.

Résumé historique.

I. *Révolution du 7 août 1800 : maintien de l'unitarisme.*

II. *Le conseil exécutif et la paix de Lunéville (9 août 1800 — juillet 1801) :* Le Conseil exécutif se constitue. Approbation du premier consul et négociations. Rengger porte à Paris un projet de constitution. Paix de Lunéville ; garanties données à l'Helvétie. Exigence des Français. Macdonald passe le Splugen. Le Valais opprimé par le général Turreau.

III. *Défense de l'unitarisme. Triomphe du fédéralisme (février — 28 octobre 1801) :* Lutte ravivée des unitaires et des fédéralistes. Projet de constitution proposé par Bonaparte, accepté par le conseil législatif. Différend au sujet du Valais. Reinhard remplacé par Verninac. Les élections et le projet de constitution mettent l'Helvétie en émoi et surtout la Suisse primitive. Diètes cantonales. Diète helvétique ouverte le 7 septembre. Débats sur le projet de constitution. Déclaration de l'intégrité du sol helvétique. Mauvaise humeur de la France. Prompte adoption de la constitution révisée. Opposition des fédéralistes et de la France. Révolution des 27 et 28 octobre : triomphe du fédéralisme.

IV. *Régime et chute du parti fédéraliste (29 octobre 1801 — 17 avril 1802) :* Commission exécutive provisoire. Alois Reding, premier landammann. Difficultés du nouveau gouvernement. Mécontentement dans le Léman. Vexations dans le Valais ; Turreau. La Suisse livrée à la France par la paix de Lunéville ; duplicité de la politique de Bonaparte à son égard. Reding à Paris. Changement constitutionnel commandé par Bonaparte. Arbitraire renforcé à l'égard du Valais. Nouveau projet de constitution du 26 février 1802. Révolution du 17 avril : chute du parti fédéraliste.

V. *Assemblée des notables; troubles dans le Canton Léman; nouvelle constitution* (17 avril--6 juillet 1802): Prépondérance de la France en Europe à la suite de la paix d'Amiens. Situation difficile du gouvernement suisse en présence de partis hostiles. De Diesbach à Vienne. Les *Bourlapapei* (brûle-papiers) dans le Léman. Assemblée des notables; constitution projetée et soumise au peuple. Conduite énigmatique de la France et du premier consul; irritation des partis. Majorité fictive pour l'acceptation. Election du sénat.

VI. *Anarchie; scission* (7 juillet--27 septembre 1802): Le conseil d'exécution se constitue. Retraite des troupes françaises. Soulèvement des cantons démocratiques et réveil de l'aristocratie. Le gouvernement lève des troupes. Espoir trompeur de la paix. Le gouvernement demande des troupes à la France. Le Valais érigé en république indépendante. Mouvement contre-révolutionnaire dans la Suisse orientale et occidentale. Prise de Berne par les insurgés. Le gouvernement helvétique se transporte à Lausanne; il est exposé à la double hostilité de l'aristocratie bernoise et des cantons démocratiques. Diète de Schwyz; projet d'une nouvelle confédération.

VII. *Guerre. Nouvelle occupation militaire* (20 septembre--17 novembre 1802). Le gouvernement helvétique fait son entrée à Lausanne. Manque de ressources. Hostilités. Le premier consul entrevient. Sa proclamation du 8 vendémiaire an XI. Le gouvernement helvétique rassuré. Rapp à Berne. Armistice. Difficulté de constituer une nouvelle confédération. Résistance de la diète de Schwyz. Conduite diplomatique du premier consul. Le gouvernement helvétique retourne à Berne. Ney ministre plénipotentiaire. Entrée des troupes françaises en Suisse. La diète de Schwyz se dissout. Position déplorable du gouvernement helvétique.

VIII. *Médiation* (17 novembre 1802--10 mars 1803): L'autorité suprême de l'Helvétie est à Paris. La consulte. Lettre du premier consul; l'intérêt de la France seul objet de la réorganisation de la Suisse. Conférence d'une députation avec Bonaparte à St-Cloud; discours du premier consul. Les unitaires et les fédéralistes; leurs deux commissions. Dernière conférence des dix commissaires aux Tuileries. Oracle du premier consul. Acte de médiation. Fin de la république helvétique.

(1.) Paris, le 31 Juillet 1800.

Le ministre des Arts et Sciences à la Commission exécutive helvétique.

Citoyens,

C'est avec un dévouement égal à l'amour que je porte à ma patrie, et au respect que je dois aux dignes chefs de son gouvernement, que je me suis tout de suite mis en devoir de remplir les ordres dont vous m'avez honoré par la lettre que le citoyen May m'a remise de votre part.

Empressé d'user de tous les petits moyens qui sont à ma portée, j'ai tâché de pénétrer les alentours du Premier Consul, auprès desquels j'ai accès, de la conviction qu'il faut nécessairement et pour les intérêts des deux Républiques également, que les Consuls s'occupent incessamment des affaires suisses et entourent le gouvernement helvétique, par des démarches éclatantes, de plus de force et de considération. Il est vraiment étonnant combien peu on pense à nous, combien les idées qu'on entretient sur notre compte sont fausses, et combien on s'imagine pouvoir être quitte de la Suisse à bon marché. Il est important de rectifier l'opinion des hommes influens sur la fixation de nos destinées et de leur faire envisager la situation de l'Helvétie sous ses véritables couleurs.

Mes collaborateurs sont de leur côté fort actifs, et, si nous ne réussissons par tous les objets de nos demandes, nous espérons obtenir au moins quelque chose. Le ministre de France en Helvétie doit, à l'heure où vous recevrez cette lettre, déjà avoir en mains des instructions intéressantes, envoyées par son gouvernement.

Quand les ordres de la Commission exécutive me parvinrent, j'étais au moment de partir pour le département de Loir-et-Cher pour y joindre ma famille et passer quelques jours à la campagne, d'où j'avais l'intention de retourner en Suisse sans délai. Abandonnant, comme de raison, ces projets, je suis resté à Paris pour remplir la commission dont vous m'avez chargé.

Je prie en conséquence la Commission exécutive de vouloir bien défalquer le temps que je serai obligé de rester à Paris ensuite de ses ordres, des quatre semaines de congé qu'elle avait eu la bonté de m'accorder et de le prolonger jusque vers la fin du mois d'août....

Veuillez, Citoyens, ajouter à toutes vos bontés pour moi celle d'exaucer cette dernière prière et agréer l'assurance de mon profond respect.

Le ministre des Arts et Sciences
P.-A. STAPFER.

(2.)   *Paris, ce 8 Septembre 1800.*

LE MINISTRE DES ARTS ET SCIENCES DE LA RÉPUBLIQUE HELVÉTIQUE UNE ET INDIVISIBLE AU CONSEIL EXÉCUTIF.

Citoyens Magistrats suprêmes de l'Helvétie,

En conséquence de vos ordres, le citoyen Jenner m'a remis le portefeuille de la légation helvétique et m'a présenté au ministre des Relations extérieures de la République française, comme devant remplir ses fonctions auprès du gouvernement français pendant son absence ou jusqu'à son remplacement.

Si le zèle le plus pur et l'attachement le plus sincère à ma patrie suffisaient pour me rendre digne de la confiance dont vous m'avez honoré, je serais sûr de la mériter et de rendre à notre malheureux pays les services dont il a tant besoin. Mais, ne sentant que trop que je suis encore loin d'avoir les talens et les lumières, nécessaires à celui qui occupe le poste important de représentant de sa nation auprès d'un gouvernement étranger, je n'oserais me flatter de quelque succès dans cette carrière nouvelle pour moi, si je ne pouvais compter sur les secours que je trouverai dans les directions qui me seront données de votre part par votre ministre des Relations extérieures, et dans les conseils que je demanderai à des hommes plus habiles que moi et aussi bien intentionnés pour notre République.

Agréez, Citoyens Magistrats, l'assurance de mon dévouement et de mon respect.

Le ministre des Arts et Sciences
P.-A. STAPFER.

(3.) *Paris, ce 17 Spetembre 1800.*

LE MINISTRE PLÉNIPOTENTIAIRE DE LA RÉPUBLIQUE HELVÉTIQUE, PRÈS LA RÉPUBLIQUE FRANÇAISE, AU CONSEIL EXÉCUTIF.

Citoyens Magistrats,

Je n'ai pas voulu hasarder, dans les premiers momens où je me suis vu chargé par vos ordres des affaires de la légation helvétique, de vous présenter l'aperçu de ce que me paraissaient être les rapports des deux Républiques et les vues du gouvernement français. Et encore aujourd'hui je n'ai pas assez fréquemment conversé avec les hommes qui sont censés en être les dépositaires, pour être à même de vous fournir des données bien sûres ou très importantes. Au fait, le gouvernement français lui-même flotte encore au gré des événemens, et son système de conduite par rapport à la Suisse en particulier n'est pas bien assis.

Toutefois son projet constant et inaltérable est d'empêcher que la Suisse, soit par son organisation intérieure, soit par ses relations politiques ne puisse jamais se rapprocher de la maison d'Autriche, ou devenir un instrument de ses vues ambitieuses. Tout ce qui nous sera possible d'obtenir c'est une *neutralité favorable à la République française*, mais affranchie de l'obligation d'accorder un passage à ses troupes sur le territoire helvétique. C'est une contradiction en apparence, mais un plan nécessaire en réalité.

Se flatter que nous puissions jamais recouvrer une indépendance absolue, est non seulement se bercer d'une chimère, si la France conserve sa prépondérance actuelle, mais c'est encore vouloir une autocratie nationale dont l'ancienne Ligue suisse n'a jamais joui vis-à-vis des rois de France.

Le ministre des Relations extérieures ne m'a pas caché qu'il entrait dans les vues du gouvernement français de renouer avec la Suisse ses anciens rapports militaires et d'attacher par des relations de tout genre nos compatriotes aux Français, et je me suis même servi de cette vue du gouvernement français comme d'un motif puissant qui devait l'engager à donner son assentiment au projet de capitulation pour les trois demi-brigades auxiliaires que j'ai présenté en votre nom aux ministres de la Guerre et des Relations extérieures.

Un principe dont le gouvernement français ne se départira jamais, est d'exiger que les bases de notre constitution, quelles qu'en soient d'ailleurs les modifications, ne diffèrent pas de celles qui ont été adoptées par le peuple français. Ajoutez à cela la certitude que des troubles civils ne pourront agiter notre intérieur, et que nos gouvernans n'auront aucun intérêt à favoriser l'Autriche, et vous aurez toutes les conditions auxquelles le gouvernement français consentira à nous rendre notre indépendance et à concourir au rétablissement de notre neutralité.

Bien que le cercle, au dedans duquel il *peut nous être permis* de tracer nous-mêmes le plan de notre constitution, et la physionomie de nos institutions nationales, soit assez vaste et suffisant à nos besoins; il est cependant nécessaire que nos propres efforts nous assurent préalablement cette permission. Deux moyens peuvent seuls, à mon avis, conduire à ce but, le respect que nous inspirerons par notre conduite et le réveil de l'esprit militaire de notre nation.

Je ne dois pas vous cacher, Citoyens Magistrats, que nous sommes profondément méprisés, et c'est peut-être (il me répugne de le dire) ce mépris seul, joint à une tradition diplomatique encore respectée, qui nous a épargné le sort de la Pologne.

Pour recouvrer cette estime qui nous est si bien due et qui est si importante à notre salut, il faut de toute nécessité que nous en imposions aux puissances étrangères par notre union, et par la résurrection d'une force militaire indigène.

Rapprochons-nous, réunissons-nous par tout ce que nous avons de plus sacré et de plus cher, à tout prix, au plutôt, avant tout; qu'aucun sacrifice ne soit trop cher, aucun effort trop pénible, s'il peut contribuer à amener ce but. Ne formons plus de peuplades diverses, soyons un peuple, une nation unie de volontés et de forces. Ah! que ne puis-je transporter ici un moment les plus violens de ce qu'on nomme encore en Suisse des aristocrates, des révolutionnaires, des Jacobins. Ils s'apercevraient bientôt du mal affreux qu'ils se font à eux-mêmes par leur misérables querelles, par un dissentiment d'opinion qui aujourd'hui n'a plus de sens. Je rends grâce au ciel de ce que les journaux suisses ne nous donnent plus, dans les séances du Corps législatif, le tableau de la discorde des autorités suprêmes et de la haine des partis qui agitaient notre malheureuse patrie.

Employez sans retard tous les moyens de réunion dont un Gouvernement sage peut user. La suppression du Bulletin helvétique à Lausanne me paraît devoir y être comptée.

Formez une université nationale, où les jeunes gens, en confondant leurs études et les amusemens de leur âge, confondent aussi leurs âmes et leurs principes. Sans un institut central nous n'aurons jamais d'uniformité dans nos vues et dans nos sentimens — chose absolument nécessaire, si nous devons former une seule et même nation; mais ne l'appelez pas *institut*. Rien ne donne tant de ridicule et n'attire plus le mépris ici que les imitations; nommez-le bonnement *université* ou *académie centrale*.

Je ne considère point ici cette institution sous un point de vue moral ou administratif, mais purement comme moyen d'inspirer de la considération, et d'accélérer l'époque où nous commencerons à compter parmi les nations. — N'oubliez pas que les deux tiers du Conseil d'état français et la plupart des ministres et des Consuls sont des hommes de lettres, que le Premier Consul lui-même ambitionne la gloire d'appartenir à cette classe et de la protéger. Soyez persuadés que plus vous ferez pour cette branche de l'administration, et plus vous ferez rejaillir et d'estime sur vous et de considération sur le peuple helvétique.

S'il reste quelque chose de la révolution sociale opérée par l'établissement des gouvernemens représentatifs (et certainement elle laissera de profondes traces dans l'histoire du genre humain), c'est sans doute d'avoir mis le gouvernement et les moyens de civilisation et d'instruction publique en un contact plus immédiat, en un commerce beaucoup plus intime qu'auparavant.

Ne vous laissez pas rebuter par le manque de moyens pécuniaires. Formez toujours les cadres, posez les pierres d'attente. Vous avez le doyen Ith de Berne, le professeur Hottinguer de Zurich, les docteurs Usteri et Rahn ; que ces savans estimables commencent à former un noyau d'institut central d'éducation nationale, et cet essai, simplement annoncé dans les papiers, gagnera déjà singulièrement l'opinion publique.

Un peuple qui excite l'intérêt du monde civilisé par ses entreprises, est toujours sûr d'inspirer le respect aux gouvernemens qui n'existent que par l'opinion, et peut compter sur un meilleur traitement, sur infiniment plus d'égards que les nations indolentes et passives qui se bornent à des regrets superflus et à des lamentations stériles.

L'autre moyen d'opinion plus important encore, et surtout plus urgent, est l'organisation d'une force militaire. Sans l'établissement d'une force armée, proportionnée à la population et à la répartition de la Suisse, celle-ci n'aura jamais d'existence politique et n'inspirera surtout aucun respect. Le succès de vos efforts pour ranimer l'esprit militaire de la nation sera la mesure des égards que l'on aura pour nous. Sans parler de l'indispensable nécessité d'avoir sur pied des troupes pour la police dans un pays agité par tant d'intérêts divers et en proie à tant de partis, si, au moment des négociations pour la paix générale, vous n'avez pas quelques légions respectables sur pied, je tremble pour le sort de mon pays, ou je prévois du moins des sacrifices et des humiliations auxquels nous échapperons certainement en montrant plus d'activité et d'énergie.

Au surplus la France voudra avoir en Suisse une garantie contre les attaques futures de la maison d'Autriche, qui pourrait par une invasion subite, au commencement d'une guerre qu'elle aurait résolue inopinément, s'emparer de l'Helvétie sans coup férir, et cette garantie ne peut exister que dans une force armée suffisante à la défense des frontières contre une invasion subite. J'ai même entendu des généraux français, fort habiles et très influens, soutenir que nous devrions penser à construire des forts pour garder nos côtés les plus faibles ou les plus exposés.

Il nous reste encore quelques fragmens de notre ancienne réputation, tant morale que militaire, qui nous a valu des siècles d'estime et de tranquillité unique dans l'histoire. Sauvons en les débris, en tâchant de ressusciter ou de ranimer les institutions auxquelles nous la devions.

Salut et respect

STAPFER.

(4.) N° 336. *Paris, ce 24 Septembre 1800.*

LE MINISTRE PLÉNIPOTENTIAIRE DE LA RÉPUBLIQUE HELVÉTIQUE
PRÈS LA RÉPUBLIQUE FRANÇAISE
AU CITOYEN BÉGOS, MINISTRE DES RELATIONS EXTÉRIEURES
DE LA RÉPUBLIQUE HELVÉTIQUE A BERNE.

.... L'audience publique des ambassadeurs avait été transférée du deux au premier, et je fus présenté au Premier Consul par le citoyen Talleyrand, comme chargé d'affaires de la République helvétique. Bonaparte me demanda si j'avais des lettres de créance à lui remettre, et parut étonné que je n'en eusse pas....

...Je vous prie donc, mon cher Ministre,... de m'envoyer les lettres de créance que le Premier Consul exige. Il tient en général beaucoup à une exacte observation des anciens usages, et le citoyen Jenner [1] pourra vous dire que, quoique nullement pédant ou minutieux, il ne veut néanmoins pas qu'on néglige l'étiquette....

(5.) N° 337.   Paris, ce 25 Septembre 1800.

LE MÊME AU MÊME.

... Si nous voulons nous occuper sérieusement à recouvrer notre neutralité, nous devons tout aussi sérieusement songer aux moyens de donner aux puissances, auxquelles nous devons nous adresser pour demander son rétablissement, une garantie de notre aptitude à la maintenir. Et comme depuis la destruction de cette magie qui a si longtemps environné et protégé notre patrie, nous ne pouvons trouver cette garantie que dans une réunion de forces assez imposantes pour faire respecter notre territoire, en cas d'une rupture entre nos deux puissans voisins, il me paraît que tous les moyens de les accroître, et par conséquent la réunion des Grisons avec la République helvétique, ne peut vous être indifférente. Quelle que soit toutefois la volonté du Conseil exécutif à ce sujet, je m'empresserai de seconder les vues que ses lumières et son zèle patriotique

---

[1] Prédécesseur de Stapfer.

lui auront suggérées relativement aux Ligues-Grises, dès que vous me les aurez fait connaître...

... J'ai cru devoir rendre compte au ministre des Relations extérieures de la conversation que j'ai eue avec le Premier Consul, et il a été fort sensible à cette marque de confiance. Ayant appris qu'elle avait roulé sur plusieurs points importans, il est entré avec moi dans un plus grand détail sur tous ces objets qu'il ne paraît, d'après ce qui m'est connu de la correspondance, avoir fait jusqu'ici avec les précédens ministres.

Il m'a annoncé que la France proposerait à toutes les autres puissances le rétablissement de notre ancienne neutralité, et qu'on ne nous demandait que l'établissement d'un gouvernement *tranquillisant* et pour nous-mêmes et pour les autres, une constitution qui ne soit mère ni de l'anarchie et du désordre interne, ni d'une ambition inconsidérée qui se porte au dehors...

... J'entendis toute sa conversation [1] avec les envoyés de la République ligurienne et la crois assez importante pour vous la transmettre, parce qu'elle est une nouvelle preuve qu'il ne respecte que les gouvernemens qui se font obéir sans laisser capituler avec leurs ordres, et surtout sans souffrir qu'on les insulte et qu'on les brave. Il parlait tout haut pour être entendu. „Vous avez, leur dit-il, de nouveau des cercles constitutionnels, des brouillons, des gens qui parlent beaucoup de principes populaires. Si votre gouvernement n'y met pas ordre tout de suite, j'en ferai saisir une centaine de ces mutins. — Ou votre gouvernement a le vœu de la majorité, ou il ne l'a pas. Dans le premier cas pourquoi reste-t-il en place? Dans le second pourquoi ne remplit-il pas son devoir? Nous sommes rassasiés de ces rapsodies politiques;

---

[1] C'est-à-dire la conversation du Premier Consul à l'audience publique.

le peuple ne peut pas gouverner; il est fait pour faire des souliers, et le gouvernement qui ne sait pas comprimer toutes les factions, et faire obéir promptement ou punir sans délai les rénitens, est indigne de ses fonctions et je n'en veux pas. J'attendrai le retour du citoyen Boccardi à Gênes, aussitôt après son arrivée, et si toutes ces sottises ne finissent pas, je vous traiterai en province française et appesantirai ma main sur le peuple génois. Je vous gouvernerai moi-même, si vous ne pouvez pas vous gouverner." ...

... Le système de Bonaparte de réunir tous les partis, de ne faire aucune distinction entre les hommes pour leurs opinions ou leur conduite politique passée, et de les placer indifféremment, est toujours poursuivi avec constance. L'ex ambassadeur Ségur m'a raconté qu'en lui faisant compliment sur son ouvrage, Bonaparte lui avait dit: *Vous avez écrit dans le sens dans lequel je tâche de gouverner.* Or le but caché des Mémoires de Ségur sur le règne de Frédéric Guillaume, est de porter sans qu'il y paraisse, comme résultat de l'impression totale de son Histoire de la révolution, dans l'âme de ses lecteurs la conviction que tous les partis sans exception ont commis de funestes et grandes fautes, et qu'une tolérance politique parfaite doit clore la révolution française. Il serait à souhaiter que quelqu'un écrivît chez nous l'histoire de la nôtre dans le même esprit. Ce serait un grand moyen d'union et de force, et digne d'occuper le gouvernement helvétique. Bonaparte vient, dans le même but, d'offrir l'ambassade d'Amérique à Lafayette, qui ne paraît pas vouloir accepter. Par le même motif, il conserve Fouché au ministère de la Police. Il a même voulu placer Barrère qui est inspecteur des journaux, avec l. 12000 de pension, dans un tribunal; mais il s'est désisté sur les observations qui lui ont été faites.

... J'avoue que je me trouverais, sous plusieurs rapports, heureux d'obtenir cette place,[1] si le Conseil exécutif me jugeait capable et digne d'y servir mon pays. Mais je dois, avec la bonne foi qui sied à l'honnête homme, déclarer franchement que d'après la connaissance du terrain que j'ai acquise, je suis convaincu qu'aucun Suisse ne pourra rendre, comme ministre helvétique à Paris, la centième partie des services que le citoyen Haller rendrait indubitablement à sa patrie comme ambassadeur. Il réunit à la qualité d'être Suisse allemand d'une ancienne famille, circonstance qui ne laisse pas que d'avoir son prix, tant auprès de la nation helvétique qu'auprès du gouvernement français, les formes et le langage d'un Français. Il a tout ce qu'il faut pour faire effet sur les hommes puissans qui disposeront de nos destinées, et qui sont aussi faciles à ennuyer que difficiles à émouvoir, esprit, talens, connaissances variées, grandes vues, originalité, conversation amusante, tours piquans, une grande habitude de manier les hommes, surtout les héros de la révolution, qui demandent à être flattés et pris d'une manière toute différente de celle qui est bonne auprès des grands seigneurs des cours, enfin un nom illustre, petit accessoire, qui, en dépit de tous les principes de la saine philosophie, compte toujours pour quelque chose, même dans la capitale de l'Europe révolutionnée.

Mais ce qui est beaucoup plus que tout cela et absolument sans prix, Haller a son *franc parler* avec le Premier Consul. Il est constant que Bonaparte s'ouvre à lui plus qu'à aucun autre des habitués de son palais, que, quand Haller entre, il quitte toutes les conversations pour la sienne, et que notre compatriote a un plus libre accès auprès de Bonaparte que

[1] C'est-à-dire la place du ministre helvétique à Paris.

Roederer et Volney qui passent pour avoir, après Joseph Bonaparte, le plus d'ascendant sur le premier Consul. Je répète que cet avantage est inappréciable. Des liaisons, et même l'intimité avec des ministres ou des conseillers d'état ne sont rien en comparaison de cette prérogative, parce que Bonaparte est tout et qu'en pouvant pénétrer jusqu'à lui et lui présenter les choses sous leur vrai point de vue, on tranche promptement toutes les difficultés, pendant que la plus grande faveur auprès des autres fonctionnaires subalternes ne vous sert que médiatement comme moyen d'agir sur l'esprit du héros de la France.

Je sais qu'on fait au citoyen Haller le reproche d'être trop Français et trop peu Suisse par sa façon de penser, et je ne le connais pas assez pour juger, jusqu'à quel point cette inculpation peut être fondée. Mais je suis intimement convaincu, que flatté de la confiance du gouvernement qui l'appellerait à remplir des fonctions aussi importantes, il se piquerait de l'honneur de s'en bien acquitter. Il rend même à présent à sa patrie tous les services qui dépendent de lui. D'ailleurs ce serait une illusion que de se bercer de l'espoir de jamais obtenir pour la Suisse autre chose que ce qui sera conforme aux intérêts du gouvernement français. Il est vrai qu'il y a des intérêts bien ou mal entendus et que le négociateur doit principalement s'attacher à montrer les premiers avec toute la force, avec toute la clarté et sous toutes les faces possibles. Mais je ne connais personne plus en état de remplir cette tâche que Haller, qui, à côté de cela, en a plus que les autres, et peut-être seul, l'opportunité.

Quelle que soit la présomption ou le mal à propos de ce plaidoyer pour un homme qui m'est parfaitement étranger, et qui ignore ce que j'écris, vous avouerez du moins, mon cher Ministre, qu'il est parfaitement désintéressé et qu'il prend sa source dans un motif qui ne peut être blâmable...

(6.) N° 339. *Paris, ce 4 Octobre 1800.*

LE MÊME AU MÊME.

... Mais une chose sur laquelle je ne puis revenir assez, et qui est, selon mes faibles lumières, notre unique ancre de salut, est la nécessité de nous rendre respectables par le réveil de l'esprit belliqueux de la nation, et l'organisation de quelques forces militaires. Au lieu du *delenda est Carthago*, je voudrais répéter tous les jours à mes concitoyens : *Restauranda est res militaris majorum*. Une nation sans moyens de défense est une nation qui n'en est pas une, un être chimérique, un objet de mépris, le jouet de tous les événemens et l'éternelle proie des projets ambitieux ou des caprices de ses voisins. Attendre la fixation de ses destinées uniquement de la bonne volonté des autres et s'en remettre à leurs intérêts bien entendus pour soigner les vôtres, est le plus sûr moyen de perdre pour jamais jusqu'à l'ombre de son indépendance, perte qui est certainement le plus affreux des malheurs qui peuvent frapper un peuple. Il ne faut assurément pas négliger de se faire des amis puissans et d'invoquer leur appui en cas de besoin ; mais exploiter ses propres ressources, comme si on ne pouvait compter que sur les propres forces, est encore le calcul le plus sûr et le devoir le plus impérieux d'un peuple qui ne veut pas risquer d'être effacé de la liste des nations. — Il faut de grands efforts ! Mais quel est le bien qu'on obtienne sans sacrifices ? Ils sont toujours en proportion du but qu'on veut atteindre.

Un état purement passif, une quiétude plaintive, ne peut que nous attirer plus de fardeaux et de prétentions injustes.

Croyez, mon cher Ministre, que j'ai mes bonnes raisons pour vous débiter ces lieux communs. . . .

(7.) N° 340.   *Paris, ce 3 Octobre 1800.*

LE MÊME AU MÊME.

. . . . Je sais positivement par le canal d'un de mes amis qui a sondé le Premier Consul, que nous serons toujours libres de députer à Lunéville un agent *instructeur* et que plus tard nous obtiendrons probablement d'y envoyer un plénipotentiaire; que le gouvernement français consent à nous rendre notre neutralité, sauf le passage par le Valais, et qu'il désire que le gouvernement helvétique fasse présenter à Lunéville le plan de constitution qu'il croira adapté aux besoins de l'Helvétie. Sur l'observation qu'une neutralité avec la faculté de passer sur le corps des gens, quand bon il semblerait à la France, n'était rien moins qu'une neutralité et qu'il vaudrait mieux détacher pour ce but de l'Helvétie la rive gauche du Rhône, il convint de la justesse de la remarque, déclara que, si une partie du Milanais pouvait convenir aux Suisses, il serait assez disposé à la leur procurer, et ajouta, avec l'air d'un homme qui aime à persuader, que la possession de quelques districts fertiles de la Lombardie, comme tous les environs des Lacs Majeur, de Côme et de Lugano, devrait être infiniment utile à des montagnards exposés à manquer de pain.

Je crains bien que cet accès de générosité ne tienne au plan de placer les passages et les défilés d'Italie les plus importans entièrement sur le territoire d'un allié chez lequel on est résolu d'entrer librement, et sur les bonnes dispositions duquel on compte en cas de guerre. *Timeo Danaos et dona ferentes.* Mon ami s'étant écrié: „Malheureuse Italie, tu ne respireras donc jamais!" le Premier Consul dit avec vivacité et un ton pénétré: „Ah! je voudrais bien la rendre à elle-même et au libre développement de ses propres forces. Mais l'Autriche ne cessant de convoiter l'Italie et la considérant comme son grenier, sa place d'armes et son champ de bataille, il faut bien que je conserve aussi un pied dans l'étrier."

Je tiens cette conversation de celui-même qui l'a eue avec Bonaparte...

... Il a récemment manifesté l'opinion qu'il conviendrait à la Suisse de se constituer en quelques États considérables et liés par un lien tel que celui du Congrès et du Sénat américain. Dans le moment où il énonça cette idée, il avait certainement en vue le malheureux projet de nous adosser une partie du Milanais, qu'il croit ne pouvoir unir à la Suisse que par un lien fédéral...

(8) N° 311. *Paris, ce 10 Octobre 1800.*

LE MÊME AU MÊME.

Je vous ai mandé dans ma dernière, du 8 courant, que le Premier Consul m'avait assigné une heure pour m'entretenir sur les affaires suisses. Je me rendis avant-hier, 16 vendémiaire (8 octobre), à l'heure indiquée au Pavillon de l'unité, et je fus introduit immédiatement par le citoyen Duroc dans le cabinet de Bonaparte que je trouvai seul, et avec lequel j'eus une conversation de passé une heure, dont je vais vous retracer les principaux traits.

... Le Premier Consul manifesta un grand désir de réparer les maux que nous avons soufferts. Il me déclara d'abord qu'il était très décidé à nous rendre notre antique neutralité; mais il ajouta qu'il lui fallait absolument un passage en Italie. Là-dessus notre conversation prit exactement la même tournure que celle de l'ami dont je vous ai parlé dans ma dernière. Je fis observer au Premier Consul que la nécessité d'accorder à la France une route militaire en Helvétie, rendrait la neutralité, dont il nous destinait le bienfait, absolument illusoire, en autorisant l'Autriche à une demande analogue qu'on n'avait aucun droit de lui refuser. Je fis une courte récapitulation de nos moyens d'existence; je tâchai de lui prouver que la prolongation de l'état de guerre, dans lequel nous nous trouvions depuis trois ans, nous réduirait dans peu à une condition plus misérable que celle des pauvres Savoyards, avant leur réunion avec la France, puisque ayant le même sol et un climat encore plus ingrat, ce n'était qu'à la profonde sécurité dont nous avions joui depuis des siècles, que nous devions l'immense différence qui existait entre la Suisse et la Savoie, et qui avait rendu la première l'objet de l'intérêt de l'humanité entière, pendant que celle-ci n'avait jamais compté parmi les États. Je m'efforçai à lui montrer, d'accord avec les principes de la philanthropie, l'intérêt de la France à ce qu'il existât du moins un point de repos immobile en Europe, un asile ouvert à la paix du monde, une barrière aux dévastations de la guerre, un seul pays à l'égard duquel on pût dire au démon de la discorde : *Ne plus ultra;* et que ce pays fut précisément cette citadelle formidable dont l'invasion alternante doit, par son importance militaire, perpétuer l'état d'hostilité et bannir la sécurité des grands empires limitrophes. Je finis par le conjurer que, s'il était de rigueur qu'il insistât sur un passage en Italie qui fut dans nos limites, il devait plutôt, en nous dédommageant d'ailleurs, retrancher de notre territoire la partie qui lui était absolument nécessaire pour ce but, et conserver, par exemple, la rive gauche du Rhône, en réunissant cette partie du Valais avec le département du Montblanc. Il me répondit qu'il trouvait mes observations extrêmement justes et qu'il de ... cette partie du Valais, et me répéta que le rétablissement de notre indépendance et de notre neutralité entrait décidément dans ses vues, et qu'il le présenterait aux cabinets de l'Europe, comme une des bases du nouveau système de la politique européenne, dont il étoit indispensable de convenir.

Quant à l'étendue de notre territoire, je lui rappelai les promesses du traité d'alliance, et la double convenance qu'il y aurait pour la France et pour nous, de nous rendre Bienne et la portion de l'Évêché de Bâle qui avait toujours été partie intégrante du Corps helvétique, et qu'on n'avait pu séparer de nous qu'en dépit de ses habitans, de la nature et des traités à-la-fois. Il me répondit: „Vous aurez le Frickthal; quant à la reddition de Bienne, elle ne souffrira pas de difficultés." . . .

. . . . Je lui représentai qu'il nous fallait un gouvernement peu dispendieux, paternel, simple comme nos besoins et nos mœurs, aussi analogue à nos anciens usages que les bases du système représentatif et les besoins nés de la révolution l'exigeaient, et surtout étranger à tous les germes de division de Cantons à Cantons ou de classes à classes, qui existaient parmi nous et que la révolution avait singulièrement multipliés et développés, mais assez fort pour assurer notre tranquillité intérieure, en faisant plier les intérêts particuliers devant l'intérêt général, et capable de présenter dans son organisation, ses principes et ses moyens une garantie complète de notre neutralité aux puissances limitrophes.

Après m'avoir écouté avec beaucoup d'attention et fait plusieurs observations de doute ou d'assentiment, qui étaient dignes de la sagacité et du bon sens qui distinguent cet homme étonnant, il m'assura qu'il trouvait mes vues parfaitement sages, et il alla là-dessus jusqu'à entrer dans des détails sur l'organisation du gouvernement central, sur les dénominations anciennes qu'on pourrait rappeler, sur les formes qu'on pourrait adopter avec le plus d'avantage ou le moins d'inconvéniens...

... Le Premier Consul exige en général que cette constitution soit tranquillisante et pour nous-mêmes et pour nos voisins, et désire en particulier qu'adoptant du système de l'unité ce qu'il faut absolument pour comprimer les factions, les passions, les germes de division, pour donner aux empires voisins la garantie de la conduite parfaitement neutre et sage de toutes les parties de l'Helvétie, en cas de guerre, et pour former de nos peuplades une véritable nation, entendant bien et défendant avec énergie ses intérêts, cette constitution laisse aux administrations locales toute la liberté compatible avec les grands intérêts de la nation, la tranquillité intérieure, les rapports externes, les établissemens d'industrie, d'instruction et d'humanité, qui doivent refluer sur la prospérité de toute la République, et présente aux anciens Cantons, dans cette latitude, dans cette espèce de fédération administrative, un dédommagement pour la perte d'une indépendance relative, qui, après les changemens opérés dans notre position et dans celle de l'Europe, après la destruction de la triple magie qui nous protégeait, le déchirement du triple voile qui cachait la faiblesse de notre ancien système, ne pourrait plus être rétablie sans nous amener par l'anarchie des parties à l'asservissement du tout.

... Le Premier Consul s'attend en outre à nous voir organiser une force armée suffisante pour la police du pays, et pour vaincre toutes les résistances qui pourraient s'opposer au gouvernement central. Il m'a fait plusieurs questions sur la cause du délabrement de nos finances, et approuve le plan de se ressaisir avec vigueur, en rendant à la propriété des dîmes et des censes toute sa valeur, d'une ressource qui peut suffire au gouvernement économe, et qui le dispensera de recourir à des impôts, toujours désastreux pour un peuple pauvre et industrieux, et toujours odieux aux nations libres...

(9.) N° 345.   Paris, ce 26 Octobre 1800.

LE MÊME AU MÊME.

... En parlant à Bonaparte des maux que la présence des armées nous avait fait souffrir, et du phénomène affligeant de l'extinction de la haine antique contre la maison d'Autriche dans le cœur des Suisses, j'en attribuai une des causes à la conduite parfaitement humaine et sage du prince Charles dans notre pays. Je lui dis: „Citoyen Premier Consul, vous êtes assez grand pour entendre avec plaisir l'éloge d'un ennemi généreux. Le prince Charles et son armée ont tenu une conduite si conciliante et si respectueuse envers l'indépendance de la partie de l'Helvétie qu'elle avait occupée, que le contraste de cette conduite avec celle des armées françaises dut nécessairement nuire à leur cause dans l'esprit des simples habitans de nos montagnes, qui jugent les principes par les actions de ceux qui sont réputés les professer.

(Copie.)   *Paris, le 11 Vendémiaire an 9.*

AU CITOYEN TALLEYRAND, MINISTRE DES RELATIONS EXTÉRIEURES DE LA RÉPUBLIQUE FRANÇAISE.

... Il est constant aujourd'hui que la manière dont le Directoire français a traité la Suisse, en révoltant toutes les âmes honnêtes, et en faisant rougir tous les amis de l'humanité de l'attachement qu'ils avaient montré dans tous les pays pour la cause française, a principalement contribué à renouer et à populariser la coalition, à mettre la République à deux doigts de sa perte et à lui aliéner l'opinion publique. Il n'est pas moins hors de doute que le gouvernement ne peut achever de se la concilier pour jamais, après l'avoir reconquise par l'ascendant du génie et des vertus de son chef immortel, d'une manière et plus sûre et plus digne de lui qu'en faisant contraster, autant que possible, sa conduite envers la Suisse avec les procédés de l'ancien Directoire, et en tâchant de fermer les plaies d'un pays aussi intéressant pour l'Europe entière, par le caractère de ses habitans et leur droit d'aînesse entre les peuples libres, que cher au peuple français par les utiles et nombreux liens, qui les ont, depuis des siècles, intimement unis à la France. ...

(10.) N° 348.   Paris, ce 9 Novembre 1800.

LE MINISTRE PLÉNIPOTENTIAIRE DE LA RÉPUBLIQUE HELVÉTIQUE,
PRÈS LA RÉPUBLIQUE FRANÇAISE,
AU CITOYEN BÉGOS, MINISTRE DES RELATIONS EXTÉRIEURES.

... Je dois encore vous dire, avant de finir, que le désir du Premier Consul que je lui présentasse des lettres de créance, n'a été, à ce que m'assure le citoyen Talleyrand, que la suite de l'ignorance où il était de l'usage diplomatique, relativement aux chargés d'affaires. Ce ministre lui ayant ensuite fait observer qu'il n'était pas de coutume de donner des lettres de créance aux chargés d'affaires, il s'est désisté de sa demande. ...

(11.) N° 349.   Paris, ce 13 Novembre 1800.

LE MÊME AU MÊME.

... Un des motifs du renvoi de Lucien est d'avoir répandu avec profusion une brochure conseillant aux Français l'établissement d'une nouvelle dynastie dans la personne de Bonaparte. Ce pamphlet, intitulé *Comparaison de César, Cromwell et Monk avec le Général Bonaparte*, a été envoyé par les bureaux du ministre de l'Intérieur à tous les hommes en place. J'en ai reçu un exemplaire, ainsi que tout le reste du corps diplomatique...

(12.) N° 351.   Paris, ce 21 Novembre 1800.

LE MÊME AU MÊME.

... Enfin M. de Cobentzel doit avoir formé l'incroyable demande de l'expulsion d'un grand nombre de révolutionnaires (une version porte 10,000), à commencer par les régicides, qui devaient être pris parmi les hommes qui ont le plus marqué, et rassurer les puissances étrangères sur la tranquillité de la France à l'avenir. Cette proposition a été débattue au Conseil d'état et a excité une vive indignation de la part de la grande majorité des membres.

(13.) N° 355.   Paris, ce 5 Décembre 1800.

LE MÊME AU MÊME.

... Rien de nouveau ici: les comptes des ministres ne paraissent pas, parce que Lucien Bonaparte a laissé au ministère de l'Intérieur un déficit de quinze millions qu'on tâche de combler aussi bien que possible, avant de présenter les comptes au Corps législatif. Le renvoi de ce ministre a été très favorable au Premier Consul dans l'opinion publique, ainsi que l'ordre donné à l'amiral Ganteaume de surveiller strictement Jérôme Bonaparte à bord de son vaisseau à Brest. Quelques fredaines ont engagé son frère à l'envoyer dans ce port pour y faire l'apprentissage de mousse.

Le rapprochement de la Russie a renouvelé les espérances de paix. On croit généralement que monsieur de Cobentzel attendra à Lunéville le résultat des premières hostilités, pour être à même de renouer incessamment les négociations, si les succès des Français donnaient à l'Empereur le courage de rompre les liens dans lesquels le retient son Conseil ennemi de la paix que ce monarque désire ardemment. Bonaparte disait de lui que sa tête est comme une assemblée nationale où le dernier qui a monté à la tribune a toujours raison.

(14.) N° 358. *Paris, ce 21 Décembre 1800.*

LE MÊME AU MÊME.

... L'ex-représentant Hartmann de Lucerne se trouve ici depuis 5 ou 6 mois, valetant dans les antichambres des ministres français, auxquels il tâche de se rendre nécessaire par des avis prétendus importans qu'il leur donne, et encourageant à la révolte, par une correspondance fort active, tous ses affidés en Helvétie. Les mécontens de l'Emmenthal lui ont fourni de l'argent pour son voyage, qu'il leur a promis d'employer à obtenir du gouvernement français le renversement du gouvernement helvétique actuel.

En leur faisant croire qu'il pourrait, par des moyens de corruption, réussir à intéresser les ministres français à une révolution nouvelle en Suisse dans le sens démagogique, il est parvenu à extorquer à ses dupes des sommes assez considérables qu'il ne croit apparemment pas encore assez fortes. Car aujourd'hui il leur demande un demi-million pour atteindre à son but.

A la plus grande scélératesse il joint la plus insigne bêtise. Pendant quelque temps son plan était d'attirer à Berne un jour de marché tous les mécontens de sa bande, et de faire massacrer le gouvernement. Mais il paraît que ses projets changent à chaque instant.

L'objet principal de son activité dans ce moment est d'encourager ses dupes à espérer un changement politique opéré par ses moyens. En même temps il prétend connaître les lieux où l'abbé de Mouri a caché en Souabe et dans la Bavière les effets précieux qu'il a emportés avec lui au commencement de notre révolution. Il fait monter leur valeur à huit millions et se vante d'avoir arraché le secret de ce dépôt en menaçant les moines de Mouri de les faire fusiller sur le champ, s'ils ne lui en indiquaient pas la nature et le lieu. Il est actuellement en correspondance avec les généraux français de l'armée de Moreau, auxquels il a promis de révéler les lieux du dépôt de ces effets, si Moreau consentait à lui en céder le quart. — Il est à présumer que le sage Moreau ne sera pas dupe de cet homme-là, dont le but est uniquement d'escroquer de l'argent, et qui n'a certainement pas eu ni pu obtenir les renseignemens dont il se targue...

... Il y a quelques semaines que Bonaparte était très porté à sanctionner une constitution basée sur l'unité. Les conversations, qu'il avait eues avec le citoyen Glayre et avec moi, l'avaient parfaitement disposé. Mais encore une fois; si on ne profite pas du moment et si on abandonne le champ à l'intrigue, on aura lieu de s'en repentir. Nous sommes véritablement sur les braises jusqu'au moment où l'acte constitutionnel arrivera...

(15.)

Le même au Conseil exécutif de la République helvétique.

Citoyens Membres du Conseil exécutif.

Le citoyen Glayre, votre envoyé extraordinaire à Paris, m'a annoncé que, par votre arrêté du douze décembre, vous avez eu la bonté de me nommer à la place de votre ministre plénipotentiaire près la République française. Si le zèle le plus pur pour les intérêts de ma patrie, le désir de contribuer, par mes efforts, au soulagement de mes concitoyens, et un dévouement sans bornes pour mon gouvernement pouvaient me tenir lieu des talens qui me manquent, j'oserais espérer de justifier votre choix et de me rendre digne du poste honorable que vous m'avez confié.

Pour me rassurer sur la témérité avec laquelle j'entre dans une nouvelle carrière, j'ai besoin de me dire que les effets de l'heureux changement opéré par le dix-huit brumaire an huit, dans les principes du gouvernement français, et la conclusion de la paix, dont l'époque ne peut plus être éloignée, diminueront considérablement les difficultés avec lesquelles mes prédécesseurs ont lutté, et auxquelles je ne saurais opposer que les vertus de ma nation, bonne foi, loyauté et persévérance.

Veuillez, Citoyens Membres du Conseil exécutif, avec l'expression de ma vive reconnaissance, agréer celle de mes vœux ardents pour la conservation de vos personnes et le succès de vos sages mesures de gouvernement.

Salut et respect

STAPFER.

Paris, le 25 Décembre 1800.

(16.) N° 360.   *Paris, ce 25 Décembre 1800.*

LE MÊME AU CITOYEN BÉGOS, MINISTRE DES RELATIONS INTÉRIEURES.

.... Languet [1] est lié avec tous les anarchistes de notre pays et se prête à leur servir d'introducteur auprès des autorités françaises. L'homme qui s'est introduit dans sa confiance pour tâcher de lui arracher ses secrets a vu dans

[1] Messager des Conseils.

les mains de Languet l'original des pleinpouvoirs donnés à Hartmann par les communes rebelles des districts d'Emmenthal, de Hochstetten, de Berne et de Seftigen. Il s'en est procuré copie. Je vous l'envoie sous ce pli...

Liberté.   Egalité.

Berne, le 17 Thermidor La 8.

Les Commune des environ de Berne qui on donc procure pour alle aux premier Consul ponabarte pour des afeire Segerèt.

Noms de Communes :

Hochsteten	Bergen
Biglen	Kiltberg
Waltgringen	Winigen
Worb	Ehrsigen
Thurnen	Egiwihl
Muhlithurnen	Signau
Amsoldingen	Attischwanden
Aebeltschi	Rhotenbach
Gilterfingen	Diesbach

Procuron.

Le Citoyen Hartmant Ex Representant du peuples d'aller a Paris aux pres du premier Consul Ponaparten pour lui probose nos plaintes set pourquoi nous avons doner le plain pouvoir pour vous probose les affaire Sequeret.

              Mertz, Representant
Signé : Inder Muhli
              Bréfet Metschi.

Pour copie conforme, Paris le 25 Décembre 1800.
Le ministre plénipotentiaire de la République
helvétique à Paris:
STAPFER.

(17.) N° 362. *Paris, ce 4 Janvier 1801.*

LE MÊME AU MÊME.

... Hier ... je sortis pour voir Talleyrand. Je le trouvai dans la joie que les événemens militaires et l'armistice ont répandue. Il me parla de la Suisse et me dit: „Allez, vous serez contents de nous; nous allons vous rendre l'indépendance la plus parfaite et réparer tous les maux que vous avez soufferts." „Vous ne cessez de m'en assurer," répliquai-je; „commencez donc une fois par quelque chose: par exemple n'est-il pas incroyable que mes Suisses ne soient pas encore rayés, malgré toutes vos promesses?" — Il me répondit qu'il ne concevait pas à quoi ce retard tenait, que le Premier Consul avait donné des ordres au ministre de la Police en sa présence (celle de Talleyrand) d'accélérer la radiation des Suisses et qu'il (lui Talleyrand) allait renouveler ses instances. . .

(18.) N° 363. *Paris, ce 8 Janvier 1801.*

LE MÊME AU MÊME.

... Vous aurez vu avec plaisir dans le message des Consuls le passage qui consacre l'indépendance de notre patrie. Tout le monde nous en fait compliment.

(19.) N° 364. Paris, ce 12 Janvier 1801.

LE MÊME AU MÊME.

... Madame de Staël est ici depuis une quinzaine de jours, prêchant le fédéralisme pour l'Helvétie. Comme les causes qu'elle défend sont ordinairement malheureuses, il faut espérer que dans cette occasion-ci elle ne réussira pas plus que dans plusieurs autres...

(20.) N° 367. Paris, ce 21 Janvier 1801.

LE MÊME AU MÊME.

... Je surveille, autant qu'il m'est possible, les individus dont vous me parlez..... Soyez au reste sans inquiétude sur le résultat des démarches de ces anarchistes. Le gouvernement français est trop opposé à leurs vues, il souffre lui-même trop des machinations de leurs amis en France pour que jamais ils puissent se flatter de trouver de l'accès auprès de lui.

... Quant à F.[1] & Cⁱᵉ, je vous supplie de n'avoir aucune crainte. Gardez-vous de donner au caquet des coteries bernoises plus d'importance qu'il ne mérite. D'abord F. ne verra point le Premier Consul, et il n'obtiendra certainement aucun changement essentiel. S'il fait adopter quelques modifications, soyez persuadé que ce seraient uniquement celles qui étaient déjà longtemps résolues par le gouvernement français, que son arrivée ne sera d'aucun poids dans la balance et que sa présence ici a un tout autre but que celui que vous lui supposez. Il se pourrait fort bien qu'entre lui et son

[1] Freudenreich.

oncle Makau on projetât quelque plan d'avancement pour l'un et l'autre dans la carrière diplomatique, au détriment d'un troisième qui pourrait fort bien être le dindon de gens plus rusés que lui. Makau, sachant que je suis bien avec Volney et Rœderer, m'a depuis quelque temps obsédé de visites pour m'engager à leur parler; mais vous pensez bien que je l'ai payé de bonne monnaie française en complimens, d'autant plus qu'il est mal avec Talleyrand...

———

(21.) N° 368. *Paris, ce 28 Janvier 1801.*

LE MÊME AU MÊME.

... J'ai eu hier... une conversation assez importante avec le citoyen Talleyrand, dont il faut que je vous parle, en vous priant de la communiquer au Conseil exécutif.

Il m'assura d'abord que les députés des anarchistes du Léman étant revenus chez lui, il les avait fort mal reçus et renvoyés, en leur disant que s'ils avaient des plaintes à former, ils devaient s'adresser au gouvernement helvétique. Mais ce ne sont pas ces gens-là qui doivent un moment nous embarrasser. Ils sont de toute nullité.

Ensuite il me parla du projet de constitution sur lequel il a demandé les observations du citoyen Reinhard. Il lui trouve trois défauts principaux.

Il lui reproche en premier lieu de trop *singer* la constitution française et de n'avoir pas conservé des anciennes formes et des anciennes dénominations usitées en Suisse ce qui pouvait convenir au vœu national et convaincre l'Europe qu'on ne veut pas faire de l'Helvétie une province française. Je lui observai que le projet se rapprochait beaucoup plus de nos anciennes constitutions qu'il ne paraissait au premier coup d'œil; mais je ne parvins pas à justifier les expressions *Sénat conservateur, Conseil d'état* etc., qu'il appela *singerie*, à plusieurs reprises.

J'ai prévu ces objections. Je vous ai mandé dans le temps que le premier Consul m'avait expressément manifesté le désir de voir dans notre constitution quelques dénominations prises dans nos anciennes institutions. Je suis persuadé que si on s'était conformé à ce vœu, l'adoption du projet de constitution ne souffrirait aujourd'hui aucune difficulté.

Les deux autres objections principales du citoyen Talleyrand sont la trop petite part qu'on a faite à la propriété et le peu de latitude qu'on a laissé aux administrations cantonales. Toutefois ne vous effrayez pas. Il ne s'agit très certainement pas du rétablissement ni des priviléges ni du fédéralisme, mais tout au plus de quelques modifications qui ne peuvent tourner ni au détriment de l'unité politique, ni à celui des véritables principes.

Il est malheureux qu'on n'ait pas déjoué toutes les intrigues, en suivant les indications des deux conversations que le citoyen Glayre et moi avons eues avec le Premier Consul de la République...

(22.) N° 369. *Paris, ce 1ᵉʳ Février 1801.*

LE MÊME AU MÊME.

... Je ne vous parle pas du progrès des négociations qui regardent la constitution helvétique. Les citoyens Glayre et Rengger en instruisent le gouvernement; je ne dois cependant pas hésiter de dire pour votre tranquillité que nous n'avons aucun sujet d'être inquiets sur les grandes bases d'organisation sociale qui intéressent essentiellement les amis de l'humanité et de la patrie. Un gouvernement fort et central et un système représentatif sagement combiné sont décidément dans les vues du gouvernement français, et aucune intrigue ne pourra l'en détourner. ... „Nous pourrons être encore amusés quelque temps sur l'article de notre constitution." ...

(23.) N⁰ 370.   *Paris, ce 5 Février 1801.*

LE MÊME AU MÊME.

... Je ne puis que vous conjurer encore, mon cher Ministre, d'être sans crainte sur les grands résultats de nos négociations. Il est vrai qu'arrivant ici, j'ai trouvé de fortes préventions contre le système de l'unité à combattre. Mais aujourd'hui je puis vous assurer que les membres les plus influens des autorités suprêmes de France sont convaincus de la nécessité d'y soumettre l'Helvétie, comme pouvant seul nous arracher au sort malheureux de la Pologne.

Quant aux priviléges et à l'hérédité, on n'y pense pas même en songe ici. Croyez-vous bonnement, mon cher Ministre, que Talleyrand, un des auteurs de la Révolution, un des fondateurs de la République, un homme qui ne trouverait plus d'asile dans le monde entier, si le pouvoir des nobles et des prêtres était rétabli dans sa plus petite partie, puisse jamais favoriser les projets de quelques contre-révolutionnaires obscurs? Je sais le contraire. Soyez donc, je vous en supplie, sans crainte sur les principes essentiels de notre constitution future.

(24.) N° 371.   Paris, ce 7 Février 1801.

LE MÊME AU MÊME.

... Quant aux ambassadeurs qui veulent venir ici plaider la cause des priviléges devant un gouvernement qui n'existe que par leur destruction, et par le fédéralisme nous préparer l'anarchie et le sort de la Pologne, je ne leur conseille pas de se mettre en route sans de bons passeports. Ils pourraient s'en repentir...

... J'ai eu hier avec le marquis de Lucchésini au diner du premier Consul une assez longue conversation. La Prusse ne prend aucune espèce d'intérêt aux priviléges des anciens gouvernans de la Suisse.

(25.) N° 372.   Paris, ce 11 Février an 9.

... On aimerait ici voir entrer dans le gouvernement quelques ci-devans, d'après le système de Bonaparte qui admet tous les partis, et qui tâche de faire entrer leurs chefs les plus marquans dans les premières autorités. J'ai assuré que certainement on prendrait les lumières et les talens partout où on les trouverait ; j'ai observé que depuis le 7 janvier 1800 on avait appelé aux places tous les anciens gouvernans qui avaient voulu se prêter de bonne grâce au nouvel ordre de choses et dont la probité reconnue garantissait la conduite constitutionnelle même contre leurs sentimens secrets et leurs affections anciennes, mais qu'il était impossible de penser à ceux qui n'avaient pas suivi le progrès de l'ordre social, qui ne marchaient pas avec leur siècle et qui apportaient dans des circonstances nouvelles et difficiles des principes et des vues inapplicables et insuffisantes.

On m'a parlé de M. d'Erlach de Spietz. Je me suis borné à dire que si dans cette famille illustre, ainsi que dans quelques autres, il se trouvait des hommes aussi libéraux que les Mathieu Montmorency, Talleyrand-Périgord, ducs de Liancourt, Béthune-Charost et de Luynes, on s'empresserait de leur offrir des occasions de servir leur patrie comme leurs ancêtres l'avaient servie.

On finit par m'assurer qu'on laisserait les Suisses faire eux-mêmes leur constitution.

Encore une fois, mon cher Ministre, nous n'avons aucun sujet d'inquiétude réelle. Ce qui se passe actuellement dans le Léman et l'anxiété manifestée dans tous les Cantons sur le retour de l'ancien régime prouvent suffisamment qu'on ne peut pas songer à le rétablir ni en tout ni en partie...

(26.) N° 373.   *Paris, ce 13 Février 1801.*

LE MÊME AU MÊME.

... Vous trouverez, mon cher Ministre, ci-inclus l'original du projet de constitution qu'un ami intime de Talleyrand m'a remis. Je préfère de vous l'envoyer tel qu'il m'a été confié, abandonnant à votre prudence l'usage que vous en voudrez faire...

(27.) N° 375.   Paris, ce 27 Février 1801.

LE MÊME AU MÊME.

En me parlant du ton rassurant de mes lettres, en contraste avec la conduite du citoyen Reinhard, vous paraissez me reprocher ma sécurité, et vous me dites qu'elle ne peut appartenir aux fonctions diplomatiques dont je suis revêtu. — Permettez-moi de vous dire qu'un agent diplomatique doit montrer plus de confiance et de certitude qu'il n'en a lui-même, quand il a lieu de s'apercevoir qu'en communiquant ses craintes sans réserve, il risquerait de paralyser le courage dont ses commettans ont besoin pour se tirer d'une crise difficile.

Aujourd'hui que le danger est passé en grande partie, je dois vous dire, mon cher Ministre, que la légation helvétique, en partageant toutes les anxiétés auxquelles vous avez été en proie à Berne, a, pour en écarter le sujet, rivalisé (et c'est tout dire) d'énergie, d'harmonie et de courage avec nos autorités suprêmes. Peut-être même que nos peines ont été plus fortes, parce que nous avons vu de plus près les menées et les ressources des ennemis de notre patrie.

Heureusement que la fermeté, l'union et la sagesse des deux Conseils nous ont mis à même de les combattre ici avec un avantage décidé. L'harmonie de nos pouvoirs suprêmes est inappréciable; et aujourd'hui qu'elle nous a mis les meilleures armes à la main, je puis vous communiquer sans scrupule les faits les plus saillans dont nous avons acquis la connaissance.

Il n'est pas moins douteux que le citoyen Reinhard ait reçu des instructions plus favorables au fédéralisme qu'au système de l'unité, qu'il n'est certain que les intentions du gouvernement français, en les donnant, ont été parfaitement pures. On s'imaginait ici de bonne foi que la nation helvétique désirait un rapprochement de ses anciennes formes de gouvernement, et qu'elles la rendraient plus heureuse qu'un régime analogue à son organisation actuelle. C'était à Reinhard à détromper son gouvernement de cette double illusion; et le tort qu'il a aux yeux des amis des deux Républiques, n'est pas tant d'avoir gauchement exagéré et dénaturé le sens de ses instructions, que d'avoir lâchement déguisé la vérité à ses supérieurs.

Sa brouillerie avec quelques membres du Conseil exécutif ayant ensuite mis son amour-propre du côté de sa timidité naturelle, il a dû se livrer sans mesure aux chouans de l'Helvétie et à des démarches incendiaires dignes d'un Mengaud.

Un homme qui est dans une crainte perpétuelle de perdre sa place, parce qu'il n'a pas d'autre existence, est toujours prêt à outrer la lettre de ses instructions, dans la crainte de ne pas paraître s'y conformer; et quand par-dessus le marché cet homme, soit manque de sagacité, soit faute de connexions importantes, est dans l'incertitude sur les véritables intentions de son gouvernement, il devient l'organe le moins propre à lui transmettre la vérité et à l'éclairer sur ses intérêts bien entendus. Ne voyant jamais sa patrie qui peut se passer de lui, et toujours sa place à laquelle il doit sa considération, il est entraîné vers une servile exagération par le désir de se conserver, la crainte de déplaire, et le tâtonnement auquel il est forcé de s'abandonner, faute de bonnes informations, d'amis puissans, d'une position indépendante et du courage de la vertu...

... Je me suis attaché à prouver au citoyen Talleyrand que le fédéralisme n'est que le système de l'égoïsme et de la haine des principes français. Je lui ai fait voir que nos autorités actuelles renferment les magistrats les plus éclairés et les plus versés en administration de l'ancienne Suisse, et que leur vœu ne peut être considéré que comme l'expression de la véritable volonté générale. Mes développemens lui ont prouvé que Reinhard s'entourait des Condé et des Coigny de la Suisse, et je lui ai demandé s'il croyait que nous souffrissions jamais d'être gouvernés par des hommes qui sont aussi immoraux et aussi peu populaires chez nous que le seraient les Calonne, les Lenoir et les Toulon en France.

Quant au langage qu'il convient de tenir sur leur compte en Suisse, vous ne pouvez les dépopulariser plus sûrement qu'en les montrant à nos concitoyens comme de vils traîtres qui veulent asservir leur patrie et lui faire subir tour-à-tour tous les jougs étrangers, en empêchant que les infortunés Helvétiens parviennent jamais à réunir leurs forces et à se procurer la consistance dont ils ont besoin pour se garantir d'un second envahissement et du sort affreux de la trop malheureuse Pologne.

Notre douloureuse expérience de 1798 et les circonstances actuelles de l'Europe crèvent tellement les yeux au bon sens sur la question de l'unité que ses adversaires, qui sont en même temps les ennemis de la tranquillité, de la considération, de la neutralité et de l'indépendance de leur patrie, doivent facilement pouvoir être rendus aussi odieux et aussi méprisables qu'ils le méritent.

Le ministre Reinhard, qui se fait l'instrument de leurs projets et qui attise le feu des passions haineuses que son gouvernement voulait éteindre, peut et doit être représenté comme voulant jouer le rôle de „l'ambassade russe en Pologne ou celui des Déportés à Genève." Ses notes fourmillent d'inconvenances et de barbarismes. On pourrait avant tout l'inviter à les traduire en français, et le prier de se souvenir qu'il devrait, pour faire oublier son origine allemande, tâcher de s'approprier l'urbanité et l'élégance d'une nation qui n'aurait jamais souffert qu'il devînt son représentant, si elle n'avait pas voulu rendre un hommage frappant aux maximes d'égalité des droits politiques, dont il favorise aujourd'hui les ennemis avec une inconséquence aussi ingrate que ridicule. Il est naturel qu'un Montmorency ou un d'Erlach soit un contre-révolutionnaire; mais un plébéien obscur, qui doit uniquement à la révolution son existence sociale, est inexcusable d'en méconnaître les principes. . . .

———

(28.) N° 376.   *Paris, ce 12 Ventose an 9 (3 Mars 1801).*

LE MÊME AU MÊME.

. . . D'après l'opinion des hommes les plus instruits des intentions du gouvernement français et de la position dans laquelle il s'est mis par le traité de paix conclu à Lunéville, nous n'avons plus rien à faire que de convenir entre nous de la constitution dont nous avons besoin, et que la question de l'unité ne doit plus même être révoquée en doute. . . .

———

(29.) N° 377.   *Paris, ce 5 Mars 1801.*

LE MÊME AU MÊME.

. . . Vous m'avez constamment cru coupable de sécurité, mon cher Ministre, et j'avoue que, n'étant pas à Berne, je n'ai pu partager l'inquiétude que vous donnaient toutes les preuves d'humeur du citoyen Reinhard ; mais je n'ai jamais cru un moment qu'on avait le monstrueux et inexécutable projet de rétablir les priviléges. J'ai fait au citoyen Talleyrand le portrait des hommes que Reinhard a l'imprudence de voir habituellement, et il m'a assuré que de pareilles gens n'auraient jamais la confiance du gouvernement français.

Quant au système de l'unité, je vous le répète, mon cher Ministre, il est établi ici par nos soins dans l'opinion des hommes d'état les plus éclairés, et le gouvernement français n'oserait jamais, quand même quelques fonctionnaires influens différeraient d'opinion sur ce point, nous la prescrire en dépit de nos besoins et du vœu national. — Il faut déclarer constamment que nous ne voulons pas subir le sort de la Ligue achéenne et de la Pologne....

(30.) N° 378. *Paris, ce 7 Mars 1801.*

LE MÊME AU MÊME.

...nous ne cessons d'éclairer tous les hommes marquans par leurs fonctions ou leurs talens, que nous pouvons approcher, sur les vrais intérêts des deux Républiques, et nous avons la satisfaction de trouver tous ceux avec lesquels il nous est possible de raisonner la matière avec un peu de suite, favorables au système de l'unité. En effet, qu'un Autrichien, qu'un traître de sa patrie ou qu'un paysan ignorant, qui attribue l'ancien bien-être de la Suisse à des causes qui lui étaient parfaitement étrangères, rappelle notre ancien chaos fédératif, cela se conçoit et ne doit étonner personne. Mais qu'un républicain français éclairé, qu'un bon Suisse veuille empêcher notre nation de reprendre des forces et de la considération par l'union de ses moyens, c'est une chose tellement monstrueuse qu'il n'y a que l'ignorance, l'esprit de parti ou la trahison, qui puisse inspirer une opinion aussi désastreuse.

J'ai eu avec le citoyen Talleyrand une conversation satisfaisante sur la question de l'unité, et la passion avec laquelle Fitte déclame contre le système dont elle est la base, est une preuve qu'il n'est pas écouté sur ce point....

———

(31.) N° 379.   *Paris, ce 9 Mars 1801.*

LE MÊME AU MÊME.

... A l'audience d'hier, le Premier Consul a passé rapidement devant les ministres des grandes puissances. Il s'est borné à dire brièvement au citoyen Glayre qu'il était fâché de la mésintelligence qui avait régné entre son gouvernement et le citoyen Reinhard, mais que cela devait finir...

... Les citoyens Terrier de Montciel et Desportes de Crassi sont les seuls qui (de notre su) travaillent le gouvernement français pour l'engager à fédéraliser l'Helvétie.

Mais il suffit de répondre à tous les partisans du fédéralisme que nous ne voulons pas le sort de la Pologne, que l'histoire de la dissolution et de l'asservissement de toutes les confédérations depuis la Ligue achéenne jusqu'à la catastrophe de 1798 ne sera pas perdue pour nous, et que le *Mengaud actuel,* trouvant plus d'union à la fois et plus d'expérience dans nos autorités, ne réussira pas aussi bien à nous diviser et à isoler les uns des autres que le Mengaud de 1798. Ces déclarations claires et fortes ne manquent jamais de produire leur effet...

(32.) N° 380. *Paris, ce 10 Mars 1801.*

Le même au même.

... Ce qui nous tourmente le plus, c'est la cruelle incertitude dans laquelle nous sommes toujours sur les véritables intentions du gouvernement français.

Veut-il nous fédéraliser pour nous affaiblir, et pour régner plus sûrement par la division? Veut-il bien réellement notre indépendance et notre bonheur, et n'est-ce que la durée de ses doutes sur le véritable vœu de la nation helvétique et sur les bases de la constitution qui lui convient, qui tient en suspens sa résolution et l'empêche de se prononcer avec plus de clarté? Bonaparte veut-il se créer en Suisse une classe de gouvernans qui lui doivent leurs places et dont il soit sûr à l'avenir dans tous les cas où l'appui du peuple helvétique ou le dévouement de troupes étrangères pourrait lui devenir utile ou nécessaire? — Dans le délabrement toujours existant des finances françaises, veut-on encore tirer de la Suisse tout-ce-qu'il sera possible de lui arracher par des moyens directs ou indirects, avant de lui donner une organisation stable et définitive?...

... Le gouvernement français veut, comme l'amant de Julie dans le roman de J. J., avoir les avantages du vice et la gloire de la vertu. Il ne connaît aujourd'hui que deux freins, *la force* et *l'opinion*. Nous ne pouvons invoquer le premier; emparons-nous du second. Or on agit sur l'opinion de diverses manières: on la gagne par le courage et la fermeté ; on se l'assure à jamais par le désintéressement et la vertu. — Considérez la question de l'unité comme décidée, son système comme inébranlable. Continuez à le professer dans les deux autorités ; faites vous présenter des adresses dans son sens. La crise actuelle doit avoir réveillé de leur léthargie tous les amis de la liberté ; il sera facile de réunir les villes municipales et les campagnes avec les hommes éclairés, vertueux et impartiaux des anciens privilèges. Formez des associations pour l'unité. — Pourquoi n'imiterions-nous pas l'exemple des peuples qui ont maintenu leurs droits en les demandant avec force ? — N'est-ce-pas aux associations volontaires que l'Angleterre doit la préservation de son admirable constitution des atteintes du Jacobinisme ? N'est-ce pas aux bataillons d'Indépendans que l'Irlande devra enfin son émancipation ? Le plus petit peuple ne se fond pas à volonté dans le moule dans lequel on veut le jeter, quand il a une volonté et qu'il la déclare. Les gouvernemens les plus prépondérans savent aujourd'hui qu'un peuple contraint par la violence ne peut être dirigé, même par la plus grande puissance, et finit toujours par se placer dans la situation exigée par ses besoins.

Vous avez tout l'avantage de la possession, et c'est le plus grand de tous. C'est bien ici le cas de dire : *Beati possidentes*. La Suisse est aujourd'hui gouvernée par le système de l'unité ; ce système est conforme aux vœux des hommes les plus probes et les plus éclairés — et ce système s'écroulerait devant une poignée d'intrigans méprisables ? Si cela arrive, ce sera la faute des gouvernans. Car, soyez en sûr, la France n'usera d'aucune violence.

Parmi les moyens d'opinion, est le respect dû aux autorités établies. — Comment souffre-t-on que le gouvernement soit insulté aussi ouvertement qu'il l'a été dans une feuille volante, adressée au citoyen Pfiffer par trois individus qui se disent membres de l'ancien gouvernement de Berne? Les anciens États de la Suisse auraient-ils jamais souffert la millième partie des injures qu'on dit aujourd'hui au gouvernement helvétique impunément? La liberté illimitée de la presse est incompatible avec le bon ordre et encore plus avec la considération dont un gouvernement établi en temps de révolutions a besoin pour se maintenir.

Les actes d'indulgence sont pris ici pour des preuves de faiblesse, d'impuissance et de marasme qui déconsidèrent tout-à-fait le gouvernement...

(33.) N° 381.   *Paris, ce 22 Ventose an 9 (13 Mars 1801).*

LE MÊME AU MÊME.

... Fitte est plus passionné que jamais; apparemment parce qu'il voit échouer toutes ses machinations et les phrases contre le langage de la raison et l'inconduite de son Reinhard. J'ai surtout fait valoir la puérile vanité avec laquelle ce dernier est allé lisant les dépêches de Talleyrand à toutes les caillettes bernoises, et l'inconvenable bêtise qui lui a fait annoncer au gouvernement auprès duquel il est accrédité qu'il avait reçu l'ordre du sien de se procurer plus d'influence dans les affaires de la Suisse. Mais quand on a de pareilles bévues à relever, il ne faut pas être bien adroit pour jeter un ridicule ineffaçable sur la personne qui s'en est rendue coupable...

(34.) N° 382. Paris, ce 15 Mars 1801.

LE MÊME AU MÊME.

... Nous tâchons de former l'opinion; les fédéralistes qui sont ici (comme J.-H. Meister, Desportes, plusieurs Bernois) s'efforcent à faire envisager les Suisses comme désirant le retour d'une confédération. Mais soyez tranquille; je crois que la victoire est décidément à nous...

(35.) N° 385. Paris, ce 25 Mars 1801.

LE MÊME AU MÊME.

Avant-hier, à l'audience des ambassadeurs, le Premier Consul, après m'avoir salué et demandé des nouvelles de la Suisse, entra avec moi en conversation relativement à la cession du Valais et me dit : *Pourquoi traînez-vous cette négociation si fort en longueur? Je suis bien impatient d'en finir sur ce point.*

Réponse : Je puis vous assurer, Citoyen Consul, qu'autant que vous, nous désirons terminer promptement cette affaire avec toutes celles qui sont encore en suspens.

L'état provisoire où nous nous trouvons est bien pénible et désastreux sous tous les rapports. *Bonaparte :* Il faut avant toutes choses que vous cédiez le Valais; c'est un préliminaire de rigueur. — Avez-vous des pouvoirs pour terminer? *R.* C'est le citoyen Glayre, qui est seul chargé de cette négociation et muni des pouvoirs nécessaires à cet égard. — *Bonaparte :* Eh bien! pourquoi ne finit-il pas? Il nous devient absolument nécessaire de communiquer avec la Cisalpine par le Valais et de disposer d'une route militaire dans cette partie. — *R.* Mon gouvernement est dans une position d'autant plus difficile et embarrassante pour des hommes d'honneur que votre demande s'étant ébruitée par la suite des conversations du citoyen Reinhard qui l'a annoncée à qui l'a voulu entendre, les Valaisans ont été saisis de tristesse et d'effroi. Ils ont témoigné par les adresses les plus énergiques et les plus touchantes leur vœu de rester unis à leurs frères les Helvétiens. — *Bonaparte :* C'est une raison de plus pour terminer incessamment. Il ne faut pas leur laisser le temps de multiplier de pareilles adresses. — *R.* Leur gouvernement leur doit au moins de ne pas transiger sur leur existence et sur tout ce qu'ils ont de plus cher, avant qu'il ait fait tous les efforts qui dépendent de lui pour leur conserver le sort qu'ils préfèrent.

Bonaparte : On ne peut pas toujours avoir égard au vœu d'une fraction du peuple. Si on se laissait paralyser par la volonté de pareilles fractions, jamais il ne se ferait rien de bon ni de grand.

R. Indépendamment de cette considération, le gouvernement helvétique a ses devoirs à observer vis-à-vis de la nation entière, dont le Valais forme une partie intégrante infiniment intéressante et au moins la quinzième partie du territoire. — Il ne peut, sans se déshonorer et sans encourir une très grave responsabilité, aux dangers de laquelle vous êtes trop généreux pour vouloir exposer de braves gens et de fidèles alliés, aliéner une portion si considérable de toute la République, s'il ne peut justifier ce sacrifice aux yeux de la nation par des compensations territoriales ou des avantages politiques majeurs qu'il obtiendrait en revanche.

Bonaparte : Mais nous vous donnons le Frickthal contre.
R. Il n'y a aucune proportion entre le sacrifice et son prix :

une population de 15,000 contre 90,000, un sol épuisé contre un terrain vierge. — *Bonaparte :* Nous ne vous demandons que ce qu'il nous faut pour notre route militaire. R. C'est plus des deux tiers de tout le Canton.

Bonaparte : Le Valais est un pays de rochers, d'aucune valeur. R. C'est le pays le plus riche en productions de toute la Suisse, et même le seul qui puisse se suffire parfaitement à lui-même et encore exporter au-dehors. Sous une bonne administration il fournira abondamment des métaux de diverses espèces.

Bonaparte (souriant) : Ah ! si vous parlez des espérances de l'avenir, nous n'en finirons pas.

R. Les publicistes et les minéralogues vous confirmeront tout ce que je viens de dire.

Mon gouvernement ne peut pas aliéner un pays aussi important sans montrer à la nation des compensations équivalentes, en face du sacrifice. Parmi celles que nous vous avons demandées, la reddition de Bienne et de l'Erguel, situés dans l'enceinte de la Suisse au-delà du Mont Jura, paraît surtout être aussi juste que naturelle et aucunement préjudiciable à la France dont le système de limites repousse cet accroissement.

Bonaparte : J'ai les mains liées là-dessus par une loi qui a réuni Bienne à la République françoise.

R. La loi dont vous parlez ne regardait pas Bienne, et la preuve est que la République françoise a traité avec ce petit État, comme avec un État indépendant helvétique au moment où la loi sur la réunion du pays de Porrentruy fut rendue. Quoiqu'il en soit, Bienne a toujours fait partie intégrante du Corps helvétique. Les députés assistaient régulièrement aux Diètes.

Bonaparte. La loi ne peut qu'être entendue de tous les États de l'évêque de Bâle.

Il nous faut absolument le Valais.

R. — Il y a parmi les compensations que nous vous demandons, des choses qui sont entièrement en votre pouvoir, et qu'il est même de votre intérêt de nous accorder, comme une réponse approbative à la communication que le citoyen Glayre a eu l'honneur de vous faire du projet de constitution helvétique et le renouvellement du traité d'alliance sur les bases de la neutralité.

Bonaparte : — Il faut qu'avant tout le Valais nous soit cédé. Cela doit être, vous le sentez bien. Il ne sert à rien de tergiverser et de traîner en longueur une affaire tout-à-fait simple. Je vous assure qu'elle retarde toutes vos autres affaires.

Là-dessus le Premier Consul me quitta, au moment où je voulais lui rappeler que le consentement à la cession du Valais du Lac à Brigg avait été remis au citoyen Talleyrand comme article d'un nouveau traité dont la sanction assurerait à la France la possession du pays qu'elle demande, à des conditions infiniment inférieures au sacrifice.

J'aurais peut-être mieux fait de commencer par cette observation, et je regrette beaucoup que le citoyen Glayre n'ait pas pu aller avec moi à cette audience. — Il aurait certainement tiré un meilleur parti de cette conversation, roulant sur un objet de son ressort et qu'il connaît infiniment mieux que moi.

Bonaparte paraît être tout de bon indisposé contre nous, à raison de la résistance que le citoyen Glayre lui a opposée durant cette négociation.

Recevez etc. etc.

(36.) N° 387. *Paris, ce 2 Avril 1801.*

LE MÊME AU MÊME.

... La lettre de Paul à Bonaparte apportée par l'ambassadeur russe dit mot-à-mot : vous êtes le premier guerrier de l'Europe; vous avez mieux mérité de monter sur le thrône que les Bourbons; mais vous devez être juste. Les Bourbons possédaient en France des biens patrimoniaux pour huit millions de rente. Rendez les leur ainsi que les biens de l'ordre de Malte à ses chevaliers. C'est à ces procédés que je connaîtrai si vous êtes digne d'occuper le thrône de France. — Bonaparte a proposé de conquérir à frais communs la Morée et de la céder aux Bourbons et à l'ordre de Malte. On attend la réponse. ...

(37.) *Paris, ce 4 Avril 1801.*

LE MÊME AU MÊME.

.. Le lendemain je trouvai le ministre [1] et lui remis la note dont j'ai l'honneur de mettre sous vos yeux une copie. Elle devint le texte d'une conversation qui fut très animée de part et d'autre. Je tâchai de mettre dans son plus grand jour tout l'odieux des ordres donnés par le général Macdonald [2] et l'impossibilité où nous nous trouvions de supporter plus longtemps le fardeau du passage et de l'entretien des troupes françaises. Je dis au ministre: „Je sais que vous êtes accoutumé aux plaintes; mais celles-ci sont d'une nature particulière;

---

[1] Talleyrand.
[2] Commandant l'armée des Grisons, établissant alors son cantonnement en Helvétie.

l'Europe s'attend à y voir faire droit un gouvernement qui a gagné l'opinion publique en grande partie par la conviction où on était qu'il ferait contraster sa conduite vis-à-vis de l'Helvétie avec celle de la tyrannie directoriale." Je lui fis observer que, comme rien au monde n'avait fait plus de tort à la cause française que cette conduite, rien ne ferait au gouvernement français tant d'honneur que sa justice, sa générosité envers un peuple qui avait sauvé la France par sa neutralité, qui s'était dépouillé pour nourrir ses armées pendant trois années consécutives et qui avait plus qu'aucun autre des droits aux bienfaits de la paix continentale, conquise par des triomphes qu'il avait facilités. J'ajoutai qu'en cas que les maux qui l'accablaient dussent encore durer, je souhaitais qu'il se contentât d'en appeler à la Providence rétributrice; mais que le caractère connu de mes concitoyens et l'état affreux de pénurie où la guerre les avait réduits, me faisaient craindre que leur détresse ne les portât à des excès déplorables et que les Français ne fussent peut-être encore une fois appelés à tuer des femmes et des enfans se battant en désespérés aux côtés de leurs pères et de leurs époux.

.... Je lui demandai ensuite pourquoi les dernières dépêches du citoyen Glayre étaient restées sans réponse? Il me dit qu'il ne me cacherait pas que le Premier Consul avait été très mécontent de la roideur que nous avions mise dans la négociation au sujet du Valais; mais que depuis qu'il était à la Malmaison, il n'avait pas encore annoncé le dessein de la renouer.

Nous parlâmes de la constitution.... J'insistai pour qu'il énonçât au moins quelques-uns des principes que le gouvernement français aimerait à voir préférablement servir de fondement à notre organisation sociale, et il me répondit très catégoriquement que *l'unité* serait une des bases que le premier Consul approuverait.

———

(38.) N° 379. *Paris, ce 10 Avril.*

LE MÊME AU MÊME.

... Nous avons frappé à toutes les portes et essayé tous les moyens pour pénétrer jusqu'au Premier Consul; mais la jalousie du ministre Talleyrand a jusqu'ici réussi à nous fermer tout accès. Elle va au point que chaque audience publique lui donne des tourmens et le fait intriguer pour savoir au juste tout ce que Bonaparte peut avoir dit aux ambassadeurs. Ma conversation avec le Premier Consul au sujet du Valais ayant été plus longue que de coutume, Talleyrand en a été singulièrement inquiet, jusqu'à ce qu'il ait su qu'elle s'était bornée à défendre les intérêts de mon pays. Au reste cette anxiété ne nous concerne pas seuls; elle s'étend sur tous les autres ministres. M. de Lucchésini ayant eu une fois la bonne fortune d'un bout de conférence avec Bonaparte, n'a jamais depuis pu parvenir à en obtenir une seconde.

... Fitte, Meister, de Portes, les Bernois qui sont ici, Salis-Taxstein, très lié avec Talleyrand, et les Français qu'ils fréquentent nous décrient ici comme des Jacobins et dépeignent tous les unitaires sous les mêmes couleurs. Ils disent que le citoyen Glayre a été membre de ce Comité de Lausanne qui a attiré à la Suisse tous les maux qu'elle a soufferts et que Rengger et moi, nous sommes des brouillons révolutionnaires, des métaphysiciens dangereux qui prêchent l'unité pour réaliser leurs creuses et funestes théories. Les membres du Conseil exécutif ne sont pas plus épargnés. Le général Mortier, chef de la 17e division et habitué des Tuileries, me disait, il y a trois jours, qu'on faisait passer les membres du gouvernement pour des têtes exaltées. On s'efforce à persuader au Premier Consul que ce n'est qu'une faction, maîtresse des premières places, qui veut l'unité comme moyen de satisfaire à son ambition, et non pas l'intérêt de la nation qui la commande....

.... nous apprenons par un canal très sûr que Fitte a demandé sa démission. Nous voilà donc débarrassés du plus actif et du plus acharné de nos ennemis.

Il faut espérer que toutes nos affaires se ressentiront de son éloignement. Car c'est lui et Hauterive qui nous ont fait le plus de mal.

Vous me renvoyez, mon cher Ministre, dans une de vos dernières lettres à vos mémoires, pour me pénétrer de toute l'importance du Valais. J'en suis, on ne peut pas plus, convaincu et je me suis exposé à l'humeur du Premier Consul pour défendre les intérêts de ce pays. Mais les raisonnemens ne sont pas de grand poids, quand Bonaparte s'est mis une chose fortement dans la tête. Les ministres les plus influens ne les hasardent pas, quand sa volonté sur un point est connue. L'Europe entière ne lui ferait pas abandonner un projet favori. La possession du Valais est une des choses qui lui tiennent le plus à cœur, et il est étonnant qu'il ne nous ait pas éloignés à cause de la résistance que nous lui avons opposée à cet égard. Je persiste néanmoins à croire que le gouvernement helvétique doit plutôt s'exposer à tous les effets de la colère du Premier Consul que céder sans compensation équivalente une partie si importante de la République helvétique.

Je crains au reste beaucoup que ce ne soit pas le dernier sacrifice qu'on exige de nous, sans nous en dédommager convenablement.

Le général Dumas a achevé de fortifier Bonaparte dans son système de se maintenir dans la possession de tous les points importans pour la défense de l'Helvétie. Soit politique qui le fait caresser et développer des idées qu'il sait d'avance flatter les opinions favorites du Premier Consul, soit conséquence de ses vastes combinaisons militaires, dont il a esquissé la théorie dans le précis dont il a été le premier rédacteur, il soutient que la France ne peut se passer ni du Valais, ni de l'Erguel. Il conseille d'affaiblir l'Helvétique pour disposer plus facilement des débouchés qu'elle commande, et son attachement au système fédératif n'a pas d'autres motifs que celui de nous paralyser. Il a exhorté dernièrement les députés grisons qui sont ici, à ne se réunir à l'Helvétie que par un lien fédéral. En un mot, il nuit de toutes manières à nos intérêts...

(39.) N° 391.   Paris, ce 20 Avril 1801.

LE MÊME AU MÊME.

... ce journal [1] ayant parlé d'une manière fort imprudente de la rupture de la Russie avec l'Angleterre, rupture qu'il disait avoir été fort impopulaire en Russie, le ministre de la Police [2] saisit cette occasion pour le dénoncer au Premier Consul, comme servant la cause de l'aristocratie.

[1] Le Publiciste.
[2] Fouché.

Entre autres griefs il allégua la phrase qui se trouve au Publiciste du 26 germinal et qui parle de *formes monarchiques* comme celles qui favorisent le plus la véritable liberté et la prospérité des états.

Le Premier Consul dit qu'il trouvait cette phrase pleine de raison et pour „son particulier cette expression lui a fait grand plaisir"; mais le ministre de la Police l'a citée dans son arrêté comme un des motifs de la suspension momentanée du départ du Publiciste. . . .

Je n'ai pas besoin de vous dire, mon cher Ministre, que le sens dans lequel on a pris ou voulu prendre cette expression de *formes monarchiques*, est tout-à-fait contraire à tout le contexte de la lettre, qui ne respire que républicanisme d'un bout à l'autre, et à la signification que l'auteur de la lettre lui avait évidemment attachée. Il ne pouvait y être question d'une monarchie absolue ou héréditaire ou à vie, mais d'un Président, d'un Consul, d'un Chef de gouvernement temporaire, comme la plupart des républiques anciennes et modernes l'ont eu, et comme nos Bourgemaîtres et Avoyers régnans l'étaient en partie. Les explications données par le rédacteur ont parfaitement satisfait le Premier Consul. . . .

(10.) N° 392.   *Paris, ce 21 Avril 1801.*

LE MÊME AU MÊME.

. . . „Je crois avoir trouvé le moyen de faire adopter le projet de constitution tel qu'il a été présenté. Il serait aussi inutile que dangereux de vous détailler ces moyens et je vous prie d'attendre tranquillement les résultats."

„Il y a quatre jours que Hauterive vint me trouver par ordre de Talleyrand, pour entendre mes observations sur un projet de constitution qu'il dit avoir infiniment plû au Premier Consul. C'est le fédéralisme tout pur avec une masque unitaire. Aussi mes collègues en furent tellement effrayés qu'ils consentirent à ce que je fisse une tentative du seul genre qui peut réussir pour écarter ce fléau de notre patrie."

Je ne puis pas vous dire davantage.

(41.) N° 393.   *Paris, ce 11 Floréal an 9.*

LE MÊME AU MÊME.

. . „Bonaparte a voulu se faire proclamer Empereur des Gaules. Aujourd'hui il a changé de projet. On lui attribue celui de se faire nommer Grand-Duc de Milan. Il réunirait la Cisalpine et le pays et conserverait la dignité du Premier Consul."

(42.) N° 394.   *Paris, ce 8 May l'an 1801.*

LE MÊME AU MÊME.

. . . Je lui [1] peignis . . dans les termes les plus énergiques l'état de souffrance et de détresse inexprimable dans lequel nous plongeait la présence et le passage de trop de troupes françaises, et je le conjurai au nom de l'humanité et de l'intérêt bien entendu du gouvernement français de mettre fin à cette déplorable situation d'un malheureux pays accablé de tous les genres de maux.

[1] A Bonaparte, à l'audience du jour précédent.

Ces plaintes et cette demande parurent déplaire au Premier Consul. Le ton amical et même affectueux sur lequel il avait commencé à me parler, se changea tout-à-coup et il me déclara avec humeur que nous nous plaignions outre mesure, que nous devions apprendre à supporter, comme les autres, les maux inévitables de la guerre, que les armées françaises nous avaient garantis de l'envahissement total des troupes autrichiennes qui nous auraient bien autrement fait souffrir, que je devais demander aux envoyés d'Hollande et d'Italie ici présens, si leurs pays n'avaient pas souffert beaucoup davantage. Je répliquai qu'aucun peuple n'avait fait depuis plus de trois ans plus de sacrifices en tous genres pour la France que le nôtre, et que le Premier Consul devait se rappeler sans cesse que nous étions la nation la plus pauvre de l'Europe. „Aussi, dit-il, vous ménage-t-on autant qu'il est possible; mais il est impossible que les troupes françaises ne passent en Suisse pour revenir chez elles. Je ne puis pas les faire passer par les nues, ni dans des ballons."

En général l'audience fut très courte, elle ne dura pas un quart d'heure. . . .

(13.) N° 395.   Paris, ce 11 Mai l'an 1801.

LE MÊME AU MÊME.

. . . Je crois, en relatant ma conversation avec le Premier Consul à la dernière audience, avoir oublié de vous dire qu'il insista beaucoup sur l'opinion publique d'une grande partie de la Suisse, qui, m'assurait-il, le prie de laisser les troupes en Helvétie. C'est ainsi, mon cher Ministre, que des traitres diminuent ou détruisent par leur correspondance particulière l'effet de mes plaintes et de mes démarches officielles.

Je crois néanmoins que ces plaintes énergiques et non interrompues auront, si non allégé le fardeau, au moins empêché que le mal ne devînt encore plus grand qu'il n'est déjà actuellement.

(11.) N° 396. *Paris, ce 16 Mai l'an 1801.*

Le même au même.

... Le projet de constitution, tel qu'il m'avait été communiqué d'abord par Hauterive, était sans doute d'une exécution bien dangereuse et ne promettait pas d'assurer la tranquillité de la Suisse, ni de satisfaire à ses besoins; mais il nous venait d'une source trop puissante pour que nous puissions le rejeter haut à la main. Après que nos efforts, pour l'écarter et obtenir l'approbation de celui du gouvernement, eussent échoué contre la volonté inébranlable du Premier Consul, nous les bornâmes à y faire apporter les changemens que nous crûmes propres à concentrer davantage le pouvoir, et à nous rapprocher du système de l'unité. Il est résulté de cette discussion un second projet essentiellement amélioré, que le Premier Consul nous présente comme le seul qui puisse nous convenir. Son vœu à cet égard est fortement prononcé; il a déclaré qu'il n'en favoriserait pas d'autre, et il tient d'autant plus à celui-ci qu'il en est lui-même l'auteur.

Ce projet est sans doute bien différent de celui de notre Commission législative, mais on ne peut pas dire qu'il s'éloigne entièrement des bases que nous avons désirées. L'unité que nous demandions, se trouve à la vérité modifiée par une grande latitude donnée aux administrations cantonales; mais cette latitude elle même est renfermée dans des bornes précises. Les attributions de l'autorité centrale sont parfaitement distinctes de celles des autorités cantonales...

Je dois vous dire au reste, Citoyen Ministre, que le citoyen Talleyrand m'a positivement assuré qu'il n'entrait pas dans l'intention du Premier Consul de nous empêcher de rien ajouter au projet de constitution, mais qu'au contraire il verrait avec plaisir des développemens, surtout ceux qui auraient pour but de renforcer les conditions d'éligibilité, de manière à éloigner des places ceux dont le manque de lumières les rendrait incapables à les bien remplir et par là nuisibles à la chose publique.

Il est bon que vous sachiez que le citoyen Reinhard a reçu pour instruction de se concerter avec le gouvernement helvétique pour rendre la Diète aussi illusoire que possible...

(15.) N° 397. *Paris, ce 20 Mai l'an 1801.*

LE MÊME AU MÊME.

... Je dois encore ajouter que les articles qui continuent à paraître en Helvétie sur la constitution, m'inspirent les plus vives alarmes. Le citoyen Talleyrand m'a déclaré à plusieurs reprises que le Premier Consul voyait avec le plus grand déplaisir ces communications inconvenantes, et je ne garantis point les suites que ces indiscrétions pourront entraîner...

(16.) Paris, ce 21 Mai l'an 1801.

LE MÊME AU CONSEIL EXÉCUTIF DE LA RÉPUBLIQUE
HELVÉTIQUE.

Citoyens Magistrats,

A l'audience du 22 mai le Premier Consul me dit avoir reçu des lettres du citoyen Reinhard qui lui faisaient espérer que la constitution à laquelle il avait donné son approbation, rallierait tous les hommes sages et modérés en Helvétie. Sur l'observation que je lui fis, que je n'avais point de nouvelles qui m'instruisissent officiellement de la manière dont elle avait été reçue, mais que je présumais qu'on la trouverait chez nous susceptible d'améliorations, il répondit qu'il n'insistait point sur les détails, que c'était à nous à les arranger, en conservant les bases qui lui paraissaient être les seules adaptées aux besoins de l'Helvétie.

Je lui parlai ensuite de ce que le séjour et le passage des troupes nous faisait souffrir. Il m'assura que, d'après les plaintes que j'avais portées, il avait donné l'ordre de les diminuer jusqu'à 3,000 hommes et qu'il était instruit que dans ce moment elles n'excédaient pas ce nombre en Suisse. Je le remerciai de ces ordres, mais je lui dis qu'ils étaient bien éloignés d'être remplis, puisque d'après les lettres de mon gouvernement, s'appuyant sur des états authentiques, il n'y avait pas chez nous actuellement moins de 15 à 18,000 hommes. Le Premier Consul répéta fortement que cela était impossible, qu'il n'y avait aujourd'hui certainement pas plus de trois mille hommes, et que, si mon gouvernement le désirait, il retirerait toutes les troupes sans exception. Je l'assurai que cette promesse ferait grand plaisir au Conseil exécutif et que je la lui transmettrais immédiatement.

59

Je crois en conséquence qu'il faudrait prendre de deux partis l'un, me donner ordre de demander, en conformité à cette promesse du Premier Consul, l'évacuation complète de la Suisse par les troupes françaises, ou, si vous trouviez pour le moment des inconvéniens à ce qu'elles nous quittassent toutes, de préciser dans une note officielle le nombre que vous jugez encore nécessaire au maintien de la tranquillité du pays.

Après cette démarche nos plaintes futures ne porteraient plus sur le vague et on pourrait désigner nommément les corps qui, d'après les conventions, devraient s'éloigner de notre territoire.

„Je suis prévenu que le ministre de la Guerre a fait un rapport en notre faveur pour le payement des créances. Mais il a été rejeté par le Premier Consul. Il dit qu'on avait assez fait pour la Suisse et qu'il ne leur accorderait rien jusqu'à ce qu'ils eussent enfin cédé le Valais."

Le Premier Consul passa droit devant le marquis de Lucchésini sans lui parler ni même le saluer...

Recevez etc. etc.

STAPFER.

(17.) N° 398.   Paris, ce 26 Mai l'an 1801.

LE MÊME AU CITOYEN BÉGOS, MINISTRE DES RELATIONS EXTÉRIEURES.

Ce n'est pas sans un véritable effroi que j'ai vu dans le numéro 140 du 20 mai de l'*Allgemeine Zeitung* un article daté de Berne du 13 mai qui rapporte des fragmens de ce que le Premier Consul nous a dit à la Malmaison le 30 avril. Il est inconcevable qu'on se permette de pareilles indiscrétions et je n'en garantis point les suites. Le Premier Consul s'est plaint plus d'une fois de ces publications inconvenantes, et l'article de la lettre du ministre Talleyrand qui y était relatif, a été inséré par les ordres du Premier Consul...

Le général Moreau est à sa campagne près de Paris. „On fait entendre au Premier Consul qu'il serait plus à l'abri d'atteinte nouvelle contre sa vie, s'il avait un successeur désigné, et il est fort question de nommer Moreau. Un sénatus-consulte expliquera la constitution de manière à justifier cette élection anticipée."

(18.) N° 400. *Paris, ce 1er Juin 1801.*

LE MÊME AU MÊME.

J'ai dîné avant-hier avec le comte de Livourne. Il a du sens et une excellente tenue. Son rôle était assez difficile à jouer et il s'en acquitte à merveille.

Bonaparte y met de son côté toute la grâce et la dignité possible sans gêne et sans étiquette.

Quand le prince arriva à Malmaison, il se jeta dans les bras de Bonaparte. On lui proposa une chasse qu'il refusa par la raison qu'il préférait les amusemens que Paris lui offrait. On fit des jeux dans le parc et le Premier Consul fit tomber la princesse dans l'eau qui se chaussa avec ce qu'on lui fournit pour pouvoir se rendre à l'opéra où Bonaparte les voulait laisser aller seuls.

A peine le comte de Livourne fut-il parti que les souvenirs de cris de *vive le Roi* entendus à Bordeaux lors

61

du passage de ce prince, inspirèrent à Bonaparte une inquiétude qui ne lui permit pas de se fier aux rapports de la police sur l'accueil que le public ferait au comte. Il le suivit donc presque immédiatement et assista à l'opéra dans sa loge grillée.

„Les royalistes veulent beaucoup de mal à ce Bourbon d'être venu à Paris et de s'asseoir à table à côté de Cambacérès et de ceux qui ont voté la mort de son cousin."

„Il est très probable que le général Dumas ira en Suisse. Je l'ai vu hier chez Talleyrand; il a parlé avec intérêt de notre pays et nous recommande fort de ne pas nous laisser influencer pour le choix des nouvelles autorités par des agens étrangers. D'après des renseignemens qui me viennent de bonne part, vous pouvez être sûrs de l'approbation du Premier Consul sur plusieurs changemens essentiels à la constitution et espérer le retranchement de la sanction des Cantons et un mode d'élection des Diètes cantonales qui nous garantisse de la tourbe des paysans et des exagérés dans tous les sens."

Recevez etc. etc.

(49.) N° 101.   *Paris, ce 14 Plairial an 9 (3 Juin 1801).*

LE MÊME AU MÊME.

... Je suis impatient de recevoir les ordres de mon gouvernement relativement aux différens objets consignés dans la dernière lettre du ministre Talleyrand. Quelque convaincu que je sois, que la constitution serait encore susceptible d'amendemens essentiels, mon devoir m'oblige de vous avertir que le Premier Consul rejettera probablement de nouvelles modifications et qu'il a dit au citoyen Talleyrand: „Vous me consultez sans cesse, vous ne faites rien de vous-même, je ne veux plus entendre parler de la Suisse."

Cette information vient de bonne source. . . .

(50.) *Paris, ce 5 Juin 1801.*

LE MÊME AU CONSEIL EXÉCUTIF DE LA RÉPUBLIQUE HELVÉTIQUE.

Citoyens Magistrats,

En vertu de ce que vous m'avez fait l'honneur de m'écrire sous date du 27 mai, j'ai déclaré hier au citoyen Talleyrand que je présumais que le projet de constitution aurait déjà été accepté par les autorités suprêmes helvétiques. J'ajoutai cependant que mon gouvernement, d'accord avec tous les hommes sages et modérés, n'était pas sans de vives craintes sur le résultat des choix populaires d'après le mode prescrit par la constitution, que nous risquions de voir les Diètes cantonales qui devraient fixer les destinées de leurs Cantons par la rédaction de leurs organisations particulières, se composer de campagnards et d'exagérés dont les idées constitutionnelles et les nominations aux autorités centrales porteraient nécessairement l'empreinte de l'ignorance, de la passion et de l'inimitié des villes; qu'il était donc fort à désirer que le gouvernement provisoire eût la faculté de diriger et de modifier les opérations de ces assemblées cantonales, si elles ne devaient pas devenir des sources de troubles et de confusion, et qu'il lui fût surtout délégué le pouvoir de déterminer les conditions d'éligibilité pour les places, soit cantonales soit centrales, de manière à obtenir des fonctionnaires propres à remplir les devoirs qui leur seraient imposés.

Le ministre partage nos appréhensions et m'a autorisé à vous déclarer formellement, Citoyens Magistrats, au nom du Premier Consul que plus vous renforceriez et rendriez nombreuses les conditions d'éligibilité pour les places quelconques de fonctionnaires publics, et plus le Premier Consul donnerait d'approbation et d'appui à vos travaux constituans.

J'ai cru, Citoyens Magistrats, devoir vous transmettre incessamment une déclaration aussi rassurante pour le repos de notre patrie et le succès de la constitution qu'elle a été positive et solennelle.

Recevez etc. etc.

P.-A. STAPFER.

(51.) N° 405.   Paris, ce 17 Juin 1801.

LE MÊME AU CITOYEN BÉGOS, MINISTRE DES RELATIONS EXTÉRIEURES.

... „La cession du Valais solennellement faite par nos Conseils en vertu de la constitution, me place sur un terrain fort désavantageux. On me dit: Vous nous demandez des compensations pour ce que nous avons déjà et ce que vous avez donné sans condition." ..

(52.) N° 407.   Paris, ce 23 Juin 1801.

LE MÊME AU MÊME.

... Vous me demandez, mon cher Ministre, où en est l'état des négociations pour les bons? Je vous répondrai:

Là où en sont toutes les affaires dont une foule de gens se mêlent, quoiqu'elles demandassent ensemble, secret, unité. Le citoyen Marcel avait par le moyen de Gâcon obtenu un rapport du ministre de la Guerre demandant au premier Consul un crédit de trois millions pour un à compte à payer au gouvernement helvétique. Ce rapport qui nous était très favorable, fut mal reçu, et Bonaparte déclara à cette occasion qu'on avait assez fait pour les Suisses et qu'il ne voulait plus entendre parler de leurs bons, d'autant moins qu'ils lui avaient refusé le Valais de très mauvaise grâce...

(53.) N° 408. *Paris, ce 27 Juin 1801.*

LE MÊME AU MÊME.

J'ai eu hier une dernière conférence avec le ministre des Relations extérieures avant son départ pour les eaux de Bourbon-l'Archambault....

Il a été aussi question de la constitution. Le ministre m'a dit qu'il serait fort à souhaiter que tout se passât tranquillement chez nous, et que nous accélérassions autant que possible l'établissement de la constitution adoptée par les Conseils, que le retour de la tranquillité en Suisse produirait un excellent effet en Europe : il ajouta qu'on avait beaucoup parlé de nos affaires à Malmaison et qu'on trouvait qu'il n'y avait pas assez d'ensemble dans les opérations de nos autorités constituées.

Je ne pus m'empêcher de lui observer là-dessus qu'après toutes les tentatives qui avaient été faites pour nous désunir et pour ôter au gouvernement les forces et l'ascendant qu'il devrait avoir pour le bien public, il était étonnant qu'il y eût encore tant de tenue, de plan et d'unité dans les travaux des autorités suprêmes. Je lui annonçai que nos appréhensions sur la tournure que prendraient nos affaires dans les mains des paysans et de quelques meneurs des deux partis extrêmes, élémens qui vraisemblablement composeraient nos Diètes, allaient toujours en croissant, et qu'il était impossible de prévoir leurs résultats et difficile de nous garantir de l'anarchie, puisque le gouvernement central n'avait pas été chargé de fournir aux Cantons les bases de leurs constitutions et de guider le choix de leurs Diètes particulières.

Ici se termina notre entretien....

(54.) N° 410.   *Paris, ce 16 Messidor an 9 (5 Juillet 1801).*

LE MÊME AU MÊME.

... J'avoue, mon cher Ministre, qu'il me paraît bien important de ne pas abandonner les Diètes cantonales à leur propre impulsion, et je préférerais un comité central d'électeurs, surtout s'il était bien composé, aux résultats incertains et presque toujours funestes des choix populaires. Je crois que les Conseils sont parfaitement libres d'adopter le mode qui leur paraîtra le plus conforme aux intérêts de la patrie. „Imitons les Bataves, qui suivent les principes sans se laisser influencer."

(55.) N° 411.   *Paris, ce 7 Juillet 1801.*

LE MÊME AU MÊME.

... Le citoyen Caillard[1] me parla ensuite du désir que le gouvernement français avait de voir les nominations pour la Diète centrale se faire par un corps électoral, composé des membres les plus éclairés et les plus estimés des deux Conseils et de quelques autres citoyens, pris dans la classe des hommes instruits et propriétaires.

Je crus pouvoir affirmer que ces vues étaient parfaitement conformes à celles de mon gouvernement, et que le ministre Reinhard aurait réussi à les faire adopter, s'il n'avait pas irrité et effarouché les esprits par une phrase qui réveillait l'esprit de parti. Le citoyen Caillard convint que cette phrase était parfaitement gauche, et dit qu'il ne pouvait plus être question de castes ou de classes, et qu'on devait prendre les fonctionnaires partout où on trouverait des principes libéraux, des propriétés et lumières. ...

(56.) N° 412.   *Paris, ce 11 Juillet 1801.*

LE MÊME AU MÊME.

..... il[2] m'assura que son gouvernement voit avec peine que l'idée d'un comité électoral ait été rejetée. Le Premier Consul désirerait qu'on y revînt et que ce corps fût composé d'hommes éclairés et marquans, pris dans les Conseils exécutif et législatif. On voit avec peine ici que nos élections

[1] Chargé du portefeuille des Relations extérieures pendant l'absence de Talleyrand.
[2] Caillard.

soient abandonnées pour ainsi dire au hasard et à l'influence purement populaire....

(57.) N° 413.   Paris, ce 15 Juillet 1801.

LE MÊME AU MÊME.

Je me rendis hier à l'audience dans l'espoir que j'aurais peut-être occasion de donner au Premier Consul quelques détails sur notre situation intérieure. Mais il ne parut pas vouloir entrer dans des éclaircissemens. Après m'avoir demandé quelles nouvelles j'avais de mon pays, et sur ma réponse qu'il était travaillé dans ce moment par les ambitieux de toute espèce, il fit l'observation que l'époque des élections populaires était toujours celle des intrigues. Il me demanda ensuite, comment je croyais que cela tournerait. Je dis que nous espérions nous en tirer sans voir notre patrie devenir la proie des démagogues ou des contre-révolutionnaires, surtout, s'il continuait à nous appuyer de ses bons conseils.

J'attendais qu'il me ferait quelques questions; mais il se borna à dire qu'il souhaitait beaucoup le bonheur de l'Helvétie, mais que son respect pour son indépendance lui interdisait de se mêler de son organisation intérieure...

(58.) N° 415.   Paris, ce 23 Juillet 1801.

LE MÊME AU MÊME.

... veillez sur tous les mouvemens des malveillans, préservez-vous d'un coup de main par la fermeté et la vigilance, mettez l'attachement du parti protégé par Reinhard aux intérêts de l'Angleterre à chaque occasion dans le plus grand jour, et en gagnant l'époque de la Diète générale, vous aurez beaucoup gagné.

Tout dépend d'une contenance ferme et calme. Le gouvernement français ne peut ni ne veut rien établir chez nous par la force...

(59.) N° 416. Paris, ce 27 Juillet 1801.

LE MÊME AU MÊME.

... On m'assure que le citoyen Montenach de Fribourg a été ici et qu'il a eu une conversation particulière avec le citoyen Hauterive. Comme cette notice me vient de bon lieu, j'ai cru devoir en parler. Il vous sera facile de savoir s'il a été absent de son Canton pendant quelque temps. Il serait fort étrange qu'un membre de la Diète fût venu ici pour conférer avec un chef de division aux Relations extérieures, sans donner un signe de vie au ministre de la nation, ni prendre chez lui les renseignemens préalables que la bienséance et la prudence exigeaient qu'il prît...

(60.) N° 417. Paris, ce 31 Juillet 1801.

LE MÊME AU MÊME.

... Mais ce qui intéresse bien plus [1] encore le Premier Consul, est la négociation du Valais. Le citoyen Talleyrand ne m'a pas caché que le Premier Consul était infiniment blessé

---

[1] Que les affaires de la Suisse.

par les retards que l'exécution de son plan éprouvait, et qu'il était surtout mécontent de l'indiscrétion avec laquelle on avait permis aux journalistes d'en parler. Il aurait désiré qu'on n'eût pas divulgué le contenu de la note qui m'avait été en dernier lieu adressée par le citoyen Talleyrand à cet égard.

Je vous supplie d'insister de nouveau sur la plus grande réserve; il n'y a rien qui discrédite un gouvernement comme la divulgation successive de tous les incidens d'une négociation avant qu'elle soit terminée...

(61.) N° 118.   *Paris, ce 4 Août 1801.*

LE MÊME AU MÊME.

„Je viens d'avoir une nouvelle conférence avec Talleyrand dans laquelle il s'est beaucoup plaint des articles des journaux, portant que l'objet de la négociation du Valais était renvoyé à la Diète. J'ai cherché de mon mieux à lui donner le change, en l'assurant que je n'avais pas l'ordre de rompre les négociations, et qu'au contraire j'étais prêt à les reprendre dès qu'il le jugerait à propos, mais qu'il était nécessaire d'être plus coulant sur les conditions."

„Le renvoi de Reinhard parait décidé. Talleyrand a l'ordre de proposer son successeur et d'indiquer le dédommagement qu'on pourrait donner au premier."

„J'ai entretenu sur nos affaires messieurs Cobentzel et Lucchésini et principalement le dernier. La cour de Prusse, toujours bien intentionnée pour nous, a dans ce moment des affaires trop importantes sur les bras pour pouvoir se prononcer ouvertement en notre faveur. Mais son ministre m'assure qu'à la première occasion opportune elle fera connaître l'intérêt qu'elle prend à l'indépendance et au bonheur de l'Helvétie. On lui a déjà fait de la part de la France quelques ouvertures au sujet du Comté de Neufchâtel que celle-ci demande sous le prétexte de vouloir le céder à la Suisse.". .

(62.)   N° 419.   *Paris, ce 6 Août 1801.*

LE MÊME AU MÊME.

. . . Le Premier Consul me demanda [1] des nouvelles de mon pays. Je lui dis que l'incertitude du résultat des travaux, confiés aux Diètes cantonales, nous faisait flotter entre la crainte et l'espérance, mais que je ne devais pas lui dissimuler que la nature des choix faits dans les districts était plus propre à nous pénétrer de la première qu'à nous inspirer la seconde, qu'ils étaient généralement tombés sur les extrêmes et que nous devions redouter la lutte qui en naîtrait vraisemblablement, soit dans les Assemblées cantonales particulières soit dans la Diète centrale de la République. „Les hommes, ajoutai-je, propres à être portés aux fonctions publiques sont de trois espèces bien différentes: de vieux routiniers illibéraux, étant par préjugés ou par esprit de domination portés à rappeler de leurs vœux ou de leurs efforts l'ancien régime; des démagogues qui flattent les passions du peuple aux dépens des intérêts de leur patrie, pour se saisir du pouvoir à l'aide de sa faveur, et enfin les républicains modérés et libéraux qui veulent le règne des principes et de la justice, et qui ne caressent ni des pré-

[1] A l'audience du jour précédent.

jugés surannés ni la cupidité du peuple. Ces derniers ont été presque entièrement exclus dans les élections, et les factions extrêmes s'en sont, pour ainsi dire, seules emparées."

Bonaparte. Dans quel sens la majorité des choix a-t-elle été faite?

Réponse. Dans le sens populacier, la conduite de la légation française et les nominations connues de quelques villes ayant effarouché les campagnards et provoqué, par réaction, des élections dans un sens tout opposé.

B. C'est, à ce qu'il paraît, une guerre entre les villes et les campagnes, comme il y en a eu déjà en Allemagne dans les anciens temps.

R. Dès le moment de la révolution, les dernières ont adopté pour maxime que les bourgeois avaient assez longtemps régné, et que c'était maintenant le tour des paysans. On ne pouvait donc obtenir des choix raisonnables et homogènes que par l'intervention d'un comité électeur central.

B. Mais c'est l'idée que nous avions adoptée; nous l'avions proposée; pourquoi l'avez-vous rejetée?

R. La manière et le tact sont pour beaucoup dans le succès de toute chose et surtout dans celui des négociations délicates.

B. Il faut espérer que tout finira plus heureusement que cela ne s'annonce aujourd'hui, etc....

... tout ce qui regarde le Frickthal est un point bien délicat, „vu que le Premier Consul continue à témoigner beaucoup d'impatience et de mécontentement au sujet du Valais. C'est à tel point que je suis étonné de ne pas m'en ressentir encore personnellement."...

(63.) N° 420.   *Paris, ce 10 Août 1801.*

LE MÊME AU MÊME.

... J'ai eu hier avec le ministre Talleyrand une très longue conférence sur notre situation politique et l'ai mis au fait des intrigues de nos contre-révolutionnaires, ainsi que de la conduite incroyable de la légation française. Il m'a assuré que le Premier Consul voulait laisser aux Suisses la jouissance complète de leur indépendance, mais qu'il désirait que le gouvernement futur de l'Helvétie fût composé d'hommes libéraux, estimés et éclairés, qui abandonnassent toute idée de retour aux préjugés de l'ancien régime, et qui fussent pour la France républicaine ce qu'avait été le Corps helvétique d'autrefois pour la Monarchie française. Il a ajouté que le gouvernement français désirait surtout que celui de l'Helvétie déployât la plus grande énergie contre les malveillans et les perturbateurs de l'ordre public.

La conduite de Fitte a particulièrement été l'objet de notre entretien, et j'espère que les observations accompagnées de faits positifs que j'ai présentés, ne seront pas restées sans fruit.

„Il paraît qu'on est charmé d'avoir le secret des oligarques par Fitte et celui des républicains par Kernen. Du moins on se flatte d'être par leur moyen dans la confidence de tous leurs projets."

On commence à ouvrir les yeux sur les rapports de nos incorrigibles avec la cour de Londres. J'ai la certitude que M. Freudenreich, agent des patriciens illibéraux, a vu plusieurs hommes de marque, entr'autres Lord Sheffield qui doit l'avoir mis en rapport avec les ministres....

(64.) N° 421.   Paris, ce 12 Août 1801.

Le même au même.

... Ne doutez pas, mon cher Ministre, que le but du parti oligarchique ne soit uniquement d'empêcher qu'un bon gouvernement s'affermisse et s'organise en Helvétie, de mettre le comble à la confusion par des réclamations et des scènes scandaleuses et de provoquer quelque coup d'autorité de la part de l'étranger, qui fasse disparaître un État républicain qui n'est plus leur patrie, depuis qu'ils n'y dominent plus exclusivement, et dont la prospérité, désormais indépendante de leur autorité, serait un tourment perpétuel pour leurs âmes rétrécies et remplies de fiel.

„ Je suis convaincu qu'on profitera volontiers de la disposition de ces incendiaires pour entretenir chez nous le trouble et pour nous maintenir dans cet état de faiblesse, d'où on ne veut pas que nous sortions aussi longtemps qu'il est de l'intérêt de certaines puissances de conserver de grands efforts disponibles pour applanir les difficultés éventuelles, qui pourraient encore s'opposer à l'exécution de leurs projets et accélérer la conclusion d'une paix générale et avantageuse." ..

———

(65.) N° 422.   Paris, ce 16 Août 1801.

Le même au même.

„ Enfin nous avons obtenu le renouvellement de la légation française. Reinhard est décidément rappelé. Verninac, préfet de Lyon, est nommé à sa place."

„ Les ambassadeurs de l'Angleterre ont remis aux ministres de toutes les cours une note de la plus grande force contre le système d'influence française chez les alliés, en assimilant la conduite consulaire en tout point à celle du Directoire. L'effet que cette note a produit rendra la France plus circonspecte que jamais, et nous n'avons pas à craindre que son ministre chez nous porte atteinte à l'indépendance de notre gouvernement. Les ambitieux, qui en appelèrent à Reinhard dans la Diète cantonale de Berne, n'auront pas le plaisir de provoquer un coup d'autorité de la part de la France. "

Le gouvernement français commence à ouvrir les yeux sur la différence des trois partis qui se mêlent des affaires de la Suisse, et à être persuadé que ses vrais amis, ainsi que ceux de l'Helvétie, sont les républicains modérés, réunis aux ex-patriciens libéraux.

Agréez etc. etc.

(66.) N° 423.   *Paris, ce 20 Août 1801.*

LE MÊME AU MÊME.

J'ai la satisfaction de vous annoncer le prochain départ du citoyen Verninac, le nouveau ministre français en Helvétie. . . .

Vous trouverez en lui un homme de formes très aimables et de principes libéraux.

Il appartient à cette classe estimable des premiers amis de la révolution, qui ont voulu la diriger vers le bien de l'humanité, et qui, malgré tous les excès auxquels ils se sont opposés, n'ont cessé de bien augurer de ses résultats pour le bonheur des peuples.

Il a été avant la révolution conseiller au châtelet de Paris, déjà connu par ses lumières et son mérite.

Je lui ai dit que nous nous attendions à bon droit qu'il tâcherait de faire oublier à l'Helvétie ses souffrances, comme il avait déjà réussi à cicatriser les plaies de Lyon. Il part avec les meilleures intentions, rempli d'estime pour notre nation et fort disposé à s'attacher de préférence au parti des républicains modérés, qui veulent assurer l'organisation de l'Helvétie sur les principes avoués par la saine raison et réclamés par le progrès des lumières...

(67.) N° 425. *Paris, ce 21 Août 1801.*

Le même au même.

„Je sais de très bonne part qu'on a été sur le point de suspendre l'exécution du projet de constitution et de donner à l'Helvétie un gouvernement provisoire, présidé par un commissaire français. Ce projet est écarté pour le moment futur, mais il peut se reproduire et se reproduira certainement, si la Diète centrale ne déploye dans les premiers instants à la fois énergie et sagesse. Quels que soient les vices de la constitution nouvelle, je suis averti que si des changemens essentiels étaient apportés à ses bases, et qu'un parti quelconque de la nation en témoigne du mécontentement, on saisirait avidement ce prétexte pour établir une domination militaire dont on accueille le projet. Ainsi, au nom de Dieu et de la patrie, qu'on ne se presse pas de faire les modifications majeures, quelque bonnes qu'elles puissent être en elles-mêmes, qu'on évite de toute manière d'agiter de nouveau les esprits et qu'on cache au public autant que possible ce qui se passe dans l'intérieur. Chaque article de gazette qui annonce une dissidence ou une opposition, est une calamité et provoque l'oppression. Verninac a pour instruction de tâcher de porter aux places importantes des hommes qui cèdent le Valais sans difficulté; il devra s'attacher à ceux qui dans la Diète centrale jouiront du plus grand crédit; et comme on croit avoir meilleur marché du parti démagogique que de celui des républicains modérés, il est à craindre qu'on ne fasse aujourd'hui un essai avec cette extrême, après que la tentative d'influencer la Suisse au moyen de l'autre à échoué."

„Les avis que je vous donne ici sont aussi importans que sûrs, et ne peuvent être négligés sans le plus grand danger pour notre patrie. Point de division, une attitude ferme et imposante; point d'agitation nouvelle pour des modifications à la constitution. Sans cela le sort du Piémont nous attend."

J'ai eu hier une conférence très satisfaisante avec le ministre Talleyrand. Après lui avoir présenté le tableau actuel de l'Helvétie, je lui fis observer qu'il y avait une vingtaine d'hommes distingués par leurs lumières, leurs principes libéraux et leurs sentimens de justice, auxquels la nation se rallierait tôt ou tard; que si le ministre français, en s'attachant tantôt à l'un, tantôt à l'autre des deux partis, opposés dans les extrêmes à ces républicains modérés, suivait un système de bascule, il prolongerait infiniment les agitations et les malheurs de l'Helvétie; mais s'il coopérait sincèrement et loyalement avec ces amis de la justice, un gouvernement sage et la tranquillité à sa suite ne pouvaient manquer de s'établir en Suisse très promptement.

Il convint de la vérité des mes observations et de la probabilité des bons résultats d'une parfaite union entre le ministre français et les républicains modérés, et m'assura que le citoyen Verninac avait reçu des instructions parfaitement analogues à ces apperçus, que ces instructions étaient telles que nous en serions très contens, et que, si sa conduite ne parvenait pas à ramener la tranquillité et le bonheur chez nous, nous serions censés *irramenables*.

Comme mes plaintes avaient surtout porté sur monsieur le marquis de Soucy qui se nomme Fitte depuis la révolution, il m'annonça qu'il reviendrait incessamment. Je le remerciai de nous avoir délivré d'un homme, dont les manières insolentes et l'affectation de hanter exclusivement les oligarques les plus incorrigibles avaient principalement contribué à enflammer les passions, à entretenir une inquiétude funeste; et j'ajoutai que ce n'était jamais, sans être peiné, que je m'étais plaint de la conduite de Reinhard, honnête homme au fond, mais vaniteux et sans tact, égaré par Fitte et par la société habituelle d'hommes aigris et illibéraux, mais que c'était avec amertume et indignation que j'avais toujours parlé des déportemens de ce Fitte, aussi ridicule par son arrogance que nuisible aux intérêts de mon gouvernement par la prédilection qu'il affectait pour les incorrigibles...

(68.) N° 426. *Paris, ce 28 Août 1803.*

Le même au même.

..."Verninac s'attachera à ceux qui à l'ouverture de la Diète centrale déployeront le plus de caractère et d'adresse."...

(69.) *Paris, ce 1er Septembre 1801.*

Le même au Conseil exécutif de la République Helvétique.

Citoyens Magistrats,

... „Le Premier Consul commence à ouvrir les yeux sur la conduite de ses agens et à se convaincre de la justice de mon observation, qu'ils se trouvent à Berne entourés d'une société qui doit leur faire voir les affaires de la Suisse de la même manière que les diplomates étrangers verraient celles de la France dans les salons d'Orléans."

„Je crois donc que nous aurons facilement raison des actes de Montchoisi.[1] Mais ce que j'offre infiniment plus, est l'effet de nos discussions sur le Premier Consul. Je ne puis assez répéter que, si la Diète n'opère pas .. avec autant d'harmonie que de vigueur, nous sommes menacés du sort de la Pologne. Verninac a pour instruction spéciale de se tenir sur la ligne du gouvernement français et d'observer tous les partis, sans s'attacher à aucun."

Recevez, etc. etc.

STAPFER.

(70.) N° 428. *Paris, ce 5 Septembre 1801.*

Le même au citoyen Bégos, ministre des Relations extérieures.

„Hier le Premier Consul me demanda à la séance publique si la difficulté[2] survenue entre le Conseil exécutif et Montchoisi

---

[1] Refus de ce général de remettre au Conseil exécutif les clefs de la commune de Berne, où le gouvernement résidait.

[2] Refus du général M. de concourir avec ses troupes à réprimer les mouvemens insurrectionnels d'Unterwalden.

était levée. Je lui dis qu'elle tenait à l'honneur et aux droits d'une nation libre et respectable, et je lui expliquai le fait en ajoutant que j'espérais que le général se rendrait aux loix de la justice et de la convenance. Tout cela, répondit-il, s'arrangera."

„Les envoyés de Gênes ont donné à Joseph Bonaparte un magnifique présent pour le traité de Lunéville. Ceux de Hollande et de la Cisalpine m'ont demandé si nous suivions l'exemple des Liguriens. Mais j'ai cru devoir prendre sur moi d'assurer que mon gouvernement ne songerait pas, dans la pénurie où nous sommes, de faire des cadeaux pour une déclaration d'indépendance qui était pour nous la reconnaissance d'un fait et non un bienfait de la France."

„Le Premier Consul passa droit devant le ministre de Prusse, sans le saluer."

„Je dois avoir aujourd'hui avec Cobentzel une conférence que je crois d'autant plus importante que, retournant incessamment à Vienne, il parlera nécessairement de nos affaires. L'influence de ce diplomate sur le cabinet de France est très marquante."

„Les bruits qu'on répand en Suisse sur sa réunion à la France produisent ici un funeste contre-coup. Le gouvernement devrait prendre des mesures très sérieuses contre ces allarmistes." . .

(71.) N° 429. *Paris, ce 9 Septembre 1801.*

LE MÊME AU MÊME.

. . . „Je tâche, à tout événement, de préparer ici les esprits des gouvernans à accueillir les changemens que la constitution pourrait subir, surtout à l'avantage du système de l'unité, aussi favorables que possible."

J'ai eu une conversation très satisfaisante avec monsieur de Cobentzel avant son départ. Je lui ai dit que notre devise était: neutralité envers et contre tous, mais des rapports d'amitié étroite envers la France! Il m'a paru sentir la nécessité de ce système et l'approuver.

„Je lui ai fait sentir les avantages du système de l'unité sur le fédéralisme, par rapport à la défense de nos frontières et au maintien de notre neutralité." ...

(72.) N⁰ 433. *Paris, ce 26 Septembre 1801.*

LE MÊME AU MÊME.

Le Premier Consul me témoigna avant-hier, à l'audience publique, qu'il voyait avec beaucoup de peine nos divisions. „Votre république, dit-il, est déjà assez faible et peu considérable par elle-même au milieu des Etats de l'Europe, pour que vous puissiez supporter encore l'affaiblissement qui est une suite naturelle des troubles qui continuent à vous agiter. Je répondis que l'immense majorité des Helvétiens et de leurs représentans étaient d'accord, et que les oppositions qui s'étaient manifestées méritaient plutôt le nom d'intrigues et de révoltes que de dissensions civiles." ...

„Je dois vous prévenir que le citoyen Gandolphe [1] est tout-à-fait dévoué à Barthélemy et à son parti, et que Talleyrand ne l'a nommé que pour donner à Verninac, accusé de pencher trop pour les républicains, un contre-poids et au

---

[1] Secrétaire de légation, successeur de Fitte.

gouvernement un moyen de connexion continuelle avec les ci-devant. Barthélemy a été formellement prié de lui procurer la connaissance de ses amis."...

(73.) N⁰ 434. Paris, ce 30 Septembre 1801.

LE MÊME AU MÊME.

... Le ministre des Relations extérieures me dit dans une de nos dernières conférences : „Comme les esprits paraissent se rapprocher chez vous, j'ai voulu faire à votre gouvernement une déclaration qui lui fût agréable, et en conséquence de ce que vous m'avez dit, l'autre jour, sur vos craintes au sujet de l'Angleterre, j'ai chargé le citoyen Verninac d'assurer le gouvernement helvétique, de la part du Premier Consul, que ses intérêts seraient soignés avec zèle et compris dans les articles, comme si c'étaient ceux de la France même."

Cette notification m'a fait d'autant plus de plaisir que, d'après des renseignemens que j'ai lieu de croire exacts, je ne suis pas sans appréhension sur l'effet des démarches de nos ci-devant auprès du cabinet de St-James. ...

(74.) N⁰ 436. Paris, ce 8 Octobre 1801.

LE MÊME AU MÊME.

Le citoyen Reinhard fut présenté hier à l'audience des ambassadeurs par le ministre des Relations extérieures au Premier Consul, auquel il remit la réponse du gouvernement helvétique.

„Bonaparte le reçut très froidement et lui dit à peine deux mots."

Le Premier Consul me demanda quelles nouvelles j'avais de Suisse? Je lui dis en substance ce que j'avais appris des opérations de la Diète, et ajoutai que la paix [1] glorieuse qu'il venait de conclure contribuerait beaucoup à rétablir la tranquillité en Helvétie et à faciliter les opérations de la Diète.

« Et Berne? répliqua-t-il; on m'écrit qu'on va transférer autre-part le siège du gouvernement? » Ayant répondu que je n'avais rien encore appris de positif à cet égard, le Premier Consul observa que c'était une modification peu essentielle du plan de constitution.

„Le ministre des Relations extérieures redevient très pressant au sujet du Valais — je me conforme exactement à mes instructions." ...

(75.) N⁰ 438.　　　　　　　　　　*Paris, ce 16 Octobre 1801.*

LE MÊME AU MÊME.

J'ai eu hier avec le ministre des Relations extérieures une conversation, dont je dois d'autant plus vous communiquer les traits saillans que son intention a sans doute été que j'en instruisisse mon gouvernement. ...

Quant à la Diète, il me dit qu'on voyait, avec surprise, une assemblée qui n'existait que par le projet de constitution, et dont tout le pouvoir se bornait à accepter ou à rejeter ce projet, s'arroger les droits d'une assemblée constituante

[1] D'Amiens.

et décréter, article par article, une organisation politique qui risquait de n'avoir point d'ensemble.

Il parla ensuite du gouvernement : il me demanda avec quoi il soutenait les dépenses publiques, et s'étonna fort qu'on n'exigeât pas les impôts avec rigueur. „Vous laissez, dit-il, prendre des habitudes révolutionnaires au peuple helvétique, en le dispensant de payer des contributions publiques qu'il sera forcé d'acquitter tôt ou tard. En attendant vous vivez de ressources extraordinaires, et l'Europe ne croit pas à la solidité d'un gouvernement qui ne subsiste que par ce moyen là, au lieu de s'ouvrir des sources permanentes et régulières."

„Moins d'indulgence, plus de fermeté, une marche plus prononcée et une attitude plus imposante, voilà, dit-il, ce qui conviendrait à votre gouvernement et ferait grand bien au pays." . . .

(76.) N° 439. *Paris, ce 20 Octobre 1801.*

LE MÊME AU MÊME.

Je ne dois pas vous dissimuler que le ministre des Relations extérieures témoigne, à chaque fois que nous nous voyons, un grand mécontentement des opérations de la Diète. Le Premier Consul s'attendait à apprendre que la Diète aurait accepté ou rejeté purement et simplement ce projet de constitution, en vertu duquel seul elle existe.

Si des modifications paraissaient absolument nécessaires, on aurait désiré ici qu'elles eussent été faites, pour ainsi dire, d'un seul jet, dans un plan proposé et adopté en masse.

84

Car il paraît impossible au ministre Talleyrand qu'une assemblée, telle qu'elle soit, puisse décréter, article par article, une bonne constitution, l'unité et la parfaite cohérence de l'ensemble ne pouvant jamais être le résultat des délibérations d'une assemblée nombreuse et divergente dans les opinions de ses membres.

En général, le gouvernement français aurait vu de meilleur œil que les autorités provisoires eussent proposé un plan de constitution à la sanction du peuple immédiatement, qu'il ne peut voir les longues délibérations d'une Diète, qui provoquent ou entretiennent les agitations du pays, et dont les résultats ne peuvent être ni prévus par la sagesse, ni assurés par aucune autorité quelconque....

(77.) N° 440.   *Paris, ce 24 Octobre 1801.*

LE MÊME AU MÊME.

Je dois vous entretenir encore de l'effet qu'a produit ici la métamorphose de la Diète en Assemblée constituante. Le ministre Talleyrand continue de s'en plaindre, et le Premier Consul paraît la voir de très mauvais œil.

Quel que soit au reste le résultat des travaux de la Diète, il faudra bien qu'elle établisse un gouvernement. Il me semble qu'il est urgent de sortir à tout prix du provisoire. Si les choix pour l'administration future sont bons, elle saura améliorer les défauts de la constitution. Une expérience de dix ans a prouvé que tout dépend des hommes et très peu de quelques modifications de plus ou moins dans les constitutions, pourvu que les grands principes de tout ordre social y soient consacrés.

Le gouvernement constitutionnel de l'Helvétie va entrer en lutte avec tous les genres de résistance, d'égoïsme, de préjugés et d'ambition. Si ce gouvernement ne débute pas par le déploiement d'une grande énergie et l'ascendant d'une autorité salutaire et prépondérante, je désespère de sa durée et de l'indépendance de mon pays. Les gouvernemens étrangers, et nommément celui de la République française, sont aux aguets.

(78.) N° 441.   *Paris, ce 30 Octobre 1801.*

LE MÊME AU MÊME.

Je dois vous donner connaissance d'une nouvelle extrêmement fâcheuse, dont, à la vérité, je n'ai encore aucune certitude officielle, mais qui me vient de trop bonne source, pour me permettre de la révoquer en doute.

Le général Turreau a reçu l'ordre de se rendre incessamment en Valais, de prendre possession de tout le pays situé entre Villeneuve et Brigg, d'y établir le mode d'administration française et de s'y procurer les ressources nécessaires pour l'entretien permanent de deux mille hommes de troupes.

Je vais faire à ce sujet les représentations les plus fortes; mais elles resteront, je le crains bien, sans succès. C'est l'article sur l'intégrité du territoire helvétique, qui nous vaut cette mesure violente de la part du Premier Consul. Il me reste peu d'espoir de l'en faire revenir....

(79.) N° 112. Paris, ce 3 Novembre 1801.

LE MÊME AU MÊME.

... Il a dû percer depuis longtemps dans ma correspondance un grand mécontentement des opérations de la Diète, et le désir de voir se rallier autour de l'acte constitutionnel du 29 mai les hommes sages de tous les systèmes et de tous les partis. Je ne m'en suis pas caché dans mes entretiens avec le ministre des Relations extérieures : les réflexions frappantes de vérité et de force sur l'état de la Suisse et la marche de la Diète, consignées dans le délibéré et le message ainsi que dans le décret du 28 octobre, en ont souvent été le sujet. Mes appréhensions sur le résultat des fautes de la Diète étaient même si fortes, que je craignais qu'il ne fût pas possible de nous tirer des bords de l'abîme sans l'intervention directe du gouvernement français. Heureusement que la sagesse de ceux qui ont dirigé le mouvement, nous a fait sortir du labyrinthe sans avoir recours à la coopération immédiate de l'étranger, et quel que soit le changement que la journée du 28 octobre amène dans ma position, je ne puis qu'en bien augurer pour mon pays, et je puis dire avec vérité que je la crois aussi salutaire dans ses effets, qu'elle a été nécessaire dans les circonstances où nous nous sommes trouvés. Les nominations exclusives de la Diète n'auraient jamais pu améliorer notre sort. Il fallait une fusion des hommes et des systèmes et une constitution fortement garantie....

Il faut espérer que cette révolution sera la dernière et qu'elle calmera enfin toutes les agitations. Il est temps d'en finir. Nous présentions, au milieu de la pacification générale de l'Europe, après le refroidissement de toutes les têtes et le retour de tous les hommes sages à des vues pratiques et médiatrices, un singulier spectacle à l'Europe civilisée. Livrés à des discussions interminables et sacrifiant une constitution réelle, doublement garantie, et par l'opinion publique et par notre puissant allié, à des abstractions théoriques dans un pays qui peut moins qu'aucun autre s'y prêter, nous risquions de perdre et notre considération et la bienveillance des puissances européennes, et le moyen de nous replacer au rang que la nature et l'estime constante de l'Europe nous ont jusqu'ici assigné...

(80.) N° 443.　　　　　　　　*Paris, ce 5 Novembre 1801.*

LE MÊME AU MÊME.

... Ce que je me suis plu à faire ressortir jusqu'ici dans cette révolution, est 1° la fin d'une scission désastreuse qui ne pouvait cesser que par la dissolution de la Diète; 2° la fusion de tous les systèmes et de tous les partis, opérée par la nomination au Sénat d'hommes qui à des opinions politiques très disparates réunissent tous le même attachement à leur patrie et un zèle égal pour sa prospérité.

C'est le dernier résultat surtout qui fait une bonne impression, puisque le Premier Consul l'a eu particulièrement en vue, et en France et dans tous les pays révolutionnés. Je souhaite donc sincèrement que tous les membres du Sénat acceptent l'honorable charge que le Conseil législatif leur a offerte, et qu'ils oublient leurs différens systèmes de constitution, pour ne s'attacher qu'à celle qui fut proclamée le 29 mai, et opérer par son moyen tout le bien que nous sommes en droit d'en attendre.

Le ministre Talleyrand m'a fait la judicieuse observation qu'un gouvernement suisse ne serait bon que quand il parviendrait à asseoir et à percevoir avec facilité, et sans porter atteinte à la prospérité nationale, le peu d'impositions dont nous pouvons avoir besoin...

(81.) N° 447. *Paris, ce 19 Novembre 1801.*

LE MÊME AU MÊME.

... Il ne m'est pas possible de vous donner de nouveaux renseignemens au sujet du Valais, si ce n'est que le ministre Talleyrand m'a fait espérer qu'on modifierait les ordres donnés, et que Villeneuve ne serait pas compris dans la mesure. „Il parait que le ministre russe a fait au nom de son maître des représentations à cet égard."...

(82.) N° 448. *Paris, ce 21 Novembre 1801.*

LE MÊME AU MÊME.

... on voit assez généralement dans le 28 octobre le 18 brumaire de l'Helvétie. C'est une expression dont je me suis toujours servi de préférence, parce qu'elle m'a paru réveiller les idées et les espérances les plus flatteuses et les plus fondées dans la nature des choses. La magie des mots est grande partout, et particulièrement en France, où la grande mobilité d'imagination et la vivacité des esprits donnent à une expression bien trouvée la plus grande influence sur l'opinion publique, et où un terme heureux parvient souvent à la fixer irrévocablement. Il me semble que le même rapprochement devrait produire un bon effet en Suisse. Du moins ici je l'ai employé avec succès. . . .

(83.) N° 449. *Paris, ce 23 Novembre 1801.*

Le même au même.

. . . J'ai eu hier une conversation avec le ministre des Relations extérieures. On augure toujours bien des résultats du 28 octobre; mais on trouve que le nouveau gouvernement s'organise lentement, et on s'impatiente d'apprendre les nominations des Landammanns et des Conseillers, ainsi que les mesures que ces magistrats prendront tout de suite pour mettre fin à l'anarchie, et prévenir la dissolution de la République helvétique. Je vous ai déjà mandé que le point sur lequel on a surtout les yeux ouverts, sont les finances. Le gouvernement seul, qui pourra enfin se procurer, sans exciter le mécontentement de la majorité nationale, des ressources régulières, suffisantes et permanentes, paraîtra assis solidement et propre à rendre aux Suisses leur tranquillité et leur antique indépendance. . .

(84.) N° 450. *Paris, ce 27 Novembre 1801.*

Le même au même.

. . . Vous remarquerez avec peine dans l'exposé de la situation intérieure et externe de la République, offert au Corps législatif par le Premier Consul, un passage touchant l'Helvétie qui annonce le mécontentement et le chagrin d'avoir vu ses conseils salutaires si peu suivis par nos autorités et surtout par la Diète helvétique. Si vous réfléchissez à la circonspection et à la mesure que le gouvernement français met constamment, depuis le 8 brumaire an 8, dans toutes les pièces publiques qui ont trait aux relations diplomatiques, vous sentirez toute la force de ce passage; vous sentirez surtout ce que veut dire l'épithète *froidement écoutés* dans la bouche de l'arbitre des destinées de l'Europe, qui, au milieu des occupations innombrables qui l'environnent, avait consacré un temps considérable et un soin particulier à l'examen des différens plans d'organisation sociale qui pouvaient nous convenir, et qui a vu son temps et ses soins perdus par les opérations de la Diète.

Il y a lieu d'espérer que la sagesse de notre gouvernement actuel et son empressement à réaliser la constitution que Bonaparte croit adaptée à nos besoins, et qui par là même a une garantie qu'on chercherait en vain dans un autre projet quelconque, ramèneront peu à peu le héros à des sentimens de bienveillance plus prononcés envers les autorités de l'Helvétie.

Bonaparte déteste les changemens et innovations perpétuelles, qui empêchent qu'aucune partie du service public ne prenne de la consistance et ne s'affermisse sur ses bases. Il n'est pas homme à revenir sans cesse sur ses premières idées....

(85.) N° 452. *Paris, ce 1er Décembre 1801.*

LE MÊME AU CITOYEN THORMANN, SECRÉTAIRE D'ÉTAT.

... Je dois vous prévenir, Citoyen Secrétaire d'État, que tous les membres du gouvernement français me parlent sans cesse de la fusion si nécessaire des hommes de tous les partis, et qu'ils paraissent ne pas trouver dans les nominations faites en Suisse pour chaque classe sociale cette garantie de ses intérêts contre les préventions ou les empiétemens des autres, qui est aujourd'hui par tous les publicistes reconnue indispensable pour constituer un gouvernement stable, libéral et populaire.

Je m'efforce à détruire les préjugés conçus; mais je crains que le grand mouvement qu'il y a eu dans les places, par des démissions ou des destitutions qui tendent à n'offrir que des hommes de la même couleur, mouvement qui est essentiellement contraire aux principes que le Premier Consul a constamment suivis en France, et qu'il désirerait voir adoptés dans toutes les Républiques alliées, n'empêche le gouvernement français de donner à celui de l'Helvétie tout l'appui et tous les encouragemens qu'on aimerait à lui voir accorder. . . .

Quant à moi, je dis partout que je suis fier de voir à la tête de ma nation l'homme qui le dernier a défendu son indépendance contre l'étranger [1], et les membres du gouvernement français sont assez justes, ont des sentimens assez élevés pour me tenir gré de ce langage. . .

―――――

(86.) N° 453.   *Paris, ce 7 Décembre 1801.*

LE MÊME AU MÊME.

Le Premier Consul me parla hier à l'audience beaucoup du mécontentement qu'on lui a, à ce qu'il paraît, annoncé exister dans le Pays-de-Vaud. Je l'assurai que le seul sujet

―――――

[1] Reding, Premier Landammann.

véritable d'inquiétude pour la nation était la durée de notre état provisoire, qui brûlait à petit feu le faible reste de ressources que la révolution et la guerre nous avaient encore laissées; que le peuple suisse désirait à tout prix sortir de ce provisoire, et que la fixation d'un établissement définitif par un acte de sa part qui reconnaîtrait le gouvernement helvétique, contribuerait infiniment à ramener l'ordre et la paix.

Après dîner il m'honora d'une longue conversation dans laquelle je me plus à lui donner la plus haute idée possible des vertus et de l'énergie de notre Premier Landammann, afin de l'engager à donner à sa démarche et aux demandes qu'il lui adresserait toute l'attention que la nation helvétique espère lui voir prêter.

Le ministre des Relations extérieures m'a dit qu'il serait charmé de faire la connaissance d'un homme d'un aussi grand mérite que le citoyen Reding....

(87.) N° 455. *Paris, ce 11 Décembre 1801.*

LE MÊME AU MÊME.

... Avant-hier le ministre Talleyrand a reçu notre Premier Landammann et le citoyen Diesbach[1]. Il s'est engagé à leur procurer au premier jour une entrevue avec le Premier Consul; il a assuré au citoyen Reding qu'il inspirait un grand intérêt à Bonaparte, et que ce dernier serait charmé de prendre de lui des renseignemens exacts et détaillés sur l'état actuel de la Suisse.

[1] Arrivés à Paris le 7 décembre au soir.

Voilà donc nos affaires en bon train, et nous avons lieu d'en espérer un dénouement aussi prompt que satisfaisant.

J'aurai soin de vous tenir au courant du progrès de la négociation importante dont le Premier Landammann a eu le courage patriotique de se charger lui-même....

(88.) N° 457. Paris, ce 17 Décembre 1801.

LE MÊME AU MÊME.

... le Premier Consul a tenu, dans son entrevue avec le Premier Landammann, le propos qu'il avait été sur le point d'envoyer un courrier en Suisse, pour désavouer tout ce qui s'était fait depuis le 28 octobre, lorsqu'il apprit le départ du citoyen Reding....

... Le citoyen Talleyrand m'a dit devant notre Premier Landammann : *Ne répondez jamais vous-même dans les journaux ; cela ne convient pas ; vous risquez qu'on vous réponde des sottises, et je vous assure que les gazettes n'ont aucune influence sur le gouvernement français....*

... La démarche du Premier Landammann flatte infiniment Bonaparte et amènera certainement d'heureux résultats....

(89.) N° 460. Paris, ce 29 Décembre 1801.

LE MÊME AU MÊME.

... J'ai vu avec bien du chagrin dans le Journal des Débats de ce matin un article beaucoup trop détaillé sur le contenu des premières dépêches de notre digne Landammann. Le gouvernement français a recommandé si sérieusement et à tant de reprises la discrétion sur les objets de négociations encore pendantes, que je suis d'avance certain du déplaisir qu'il éprouvera en voyant les promesses du Premier Consul déjà spécifiées. La publication de la première conférence du citoyen Glayre a dans le temps fait ici une sensation très désagréable, et il serait à souhaiter qu'on se bornât à soutenir l'espérance du public suisse par des assertions générales, sans entrer dans trop de détails....

———

(90.) N° 464. Paris, ce 10 Janvier 1802.

Le même au même.

Le Premier Landammann est parti hier, à deux heures après-midi, accompagné du citoyen Diesbach. Comme je compte qu'il arrivera presque en même temps que cette dépêche, je crois superflu d'entrer dans le détail des bonnes nouvelles qu'il vous apportera.

Je me bornerai donc à vous dire que le Premier Landammann a reçu à son audience de congé, de la bouche de Bonaparte en présence du citoyen Hauterive, la confirmation des promesses qu'il lui avait faites, lors de sa première entrevue devant le ministre Talleyrand. En conséquence de ces déclarations réitérées, il ne doit plus rester aucun doute qu'après que l'augmentation des membres du Sénat, que le gouvernement français exige, aura eu lieu, nous n'obtenions et l'évacuation de l'Helvétie par les troupes françaises et le rétablissement de notre neutralité, et la restitution des contrées helvétiques de l'ancien Évêché de Bâle et tous les avantages particuliers dont les deux notes que le citoyen Reding a remises au ministre des Relations extérieures, en date du 20 décembre, contiennent l'énumération.

Si le préjugé ou une méfiance déplacée faisait révoquer en doute la réalité des intentions du Premier Consul, il faut dire aux incrédules que les citoyens Talleyrand et Hauterive ont été l'un et l'autre témoins de la conversation du Consul avec le Premier Landammann, et que, ce dernier se référant aux promesses de Bonaparte dans les différentes conférences qui ont eu lieu au département des Relations extérieures et auxquelles j'ai pris part, ces citoyens sont convenus de l'exactitude des allégations du Premier Landammann, et que le citoyen Hauterive surtout a été surpris d'entendre le Premier Consul articuler ses promesses d'une manière beaucoup plus positive qu'il n'avait d'abord paru croire, avant d'en être lui-même le témoin.

(91.) N° 467.   *Paris, ce 20 Janvier 1802.*

LE MÊME AU MÊME.

... L'existence indépendante du Pays-de-Vaud est une des choses sur lesquelles le Premier Consul insiste le plus. Elle tient dans son esprit à l'honneur national, les Vaudois étant Français par leurs mœurs et leur langue, et l'idée qu'une peuplade française est gouvernée par des Allemands répugnant infiniment à Bonaparte. D'ailleurs j'ai observé que ces adresses et les articles de gazettes qui en font mention, réveillent plus que d'autres l'esprit de parti et provoquent la malveillance, en lui donnant des armes et en l'irritant par le côté le plus sensible.

Le Premier Landammann vous dira .... combien le citoyen d'Hauterive a fortement appuyé sur la nécessité de faire cesser, pour le moment, toutes mesures tendantes à opérer la réunion des Cantons de Vaud et de Berne.

———————

(92.) N° 470. *Paris, ce 1ᵉʳ Février 1802.*

LE MÊME AU MÊME.

... Hier le marquis de Lucchésini me dit que sa cour l'avait chargé de m'annoncer qu'elle faisait les vœux les plus sincères pour que le gouvernement helvétique pût se consolider promptement, et que, dès que la nouvelle organisation aurait pris de la consistance, elle s'empresserait de renouer avec l'Helvétie les rapports de bon voisinage et d'amitié qui avaient toujours subsisté entre les deux États, et qui étaient plus que jamais chers à S. M. le roi de Prusse. Il ajouta qu'il avait ordre de m'inviter à transmettre ce vœu et ces sentimens à mon gouvernement, et m'assura qu'il avait personnellement fait et ferait encore tous les efforts qui dépendraient de lui, pour présenter à sa cour dans le jour le plus favorable les mesures et les intentions du gouvernement helvétique.

D'après cette ouverture, je ne doute pas un moment que le roi de Prusse n'envoie un ministre résider auprès du Sénat, aussitôt qu'il paraîtra être définitivement organisé. ...

(93.) N° 471. *Paris, ce 5 Février 1802.*

LE MÊME AU MÊME.

L'audience des ambassadeurs a eu lieu hier, comme de coutume, et a été fort brillante, par le grand nombre de présentations qui ont été faites au Premier Consul. Nous avons ensuite dîné aux Tuileries avec les principaux officiers généraux et quelques membres des premières autorités.

Le Premier Consul, en m'abordant, me demanda comment les affaires allaient en Suisse. Je répondis que le Sénat avait été augmenté de six nouveaux membres, et que, les engagemens du Premier Landammann étant remplis, rien n'empêchait plus que les intentions justes et bienveillantes du Premier Consul, à l'égard des points convenus avec le citoyen Reding, n'eussent leur plein et entier effet. Là-dessus il me demanda si les nouveaux membres avaient accepté; et sur ma réponse que je n'avais encore aucune communication officielle à ce sujet, mais que je comptais sur cette preuve de dévouement patriotique de leur part, il me dit qu'il désirait infiniment voir s'arranger tout en Suisse promptement, et me quitta pour parler à mon voisin.

J'ai reçu .. les pièces affligeantes, concernant les procédés inouïs du général Turreau... En conséquence des ordres du Premier Landammann que vous me transmettez, j'ai présenté une note énergique, relative à cet objet, dont j'aurai honneur de vous envoyer copie par le premier courrier. Votre lettre au ministre français m'a paru contenir tout ce que le cas exigeait, et je n'ai cru mieux faire qu'en la prenant pour modèle de celle que j'ai écrite au ministre Talleyrand.

(94.) N° 472. *Paris, ce 7 Février 1802.*

LE MÊME AU MÊME.

J'ai l'honneur de vous transmettre copie de la note [1] que j'ai présentée au sujet des actes de violence, exercés par le général Turreau dans le Valais. J'y ai ajouté de bouche tout ce que j'ai cru propre à faire sentir les suites, contraires aux intérêts mêmes du gouvernement français, que de pareils procédés doivent nécessairement entraîner. Le ministre m'a dit qu'il prendrait connaissance de l'ensemble des pièces, et qu'il me ferait connaître la réponse du Premier Consul.

———————

(95.) N° 477. *Paris, ce 23 Février 1802.*

LE MÊME AU MÊME.

„Le cabinet de Londres, réveillé par la phrase de Bonaparte à M. Reding, a fait demander à Amiens une explication claire, en déclarant que l'Angleterre ne pourrait consentir à voir la Suisse traitée comme la Cisalpine. Il n'a rien été répondu; mais je suis prévenu que le plénipotentiaire d'Angleterre ne lâchera pas prise. De mon côté, je ne néglige rien de ce qui peut donner l'éveil; seulement il faut de la prudence, parce que la certitude que nous cherchons secours autre part nous écraserait. Lucchésini m'a dit qu'au premier moment où le Premier Consul annoncerait aux cours de l'Europe qu'il existe un gouvernement en Suisse, son roi enverrait un ministre à Berne, mais il attend ceci. Il m'a confié que

___
[1] Elle manque.

la suspension, dans laquelle on nous tient, ne cessera qu'au moment où le Premier Consul saura s'il peut garder le Piémont ou non."

(96.) N⁰ 478.   *Paris, ce 27 Février 1802.*

LE MÊME AU MÊME.

... J'ai reçu vos numéros 474 et 475 et 476 ...

Leur contenu m'afflige d'autant plus que, malgré tous mes efforts et mes visites réitérées, je n'ai jusqu'ici pu arracher autre chose pour réponse au ministre des Relations extérieures que l'assurance que le Premier Consul répondrait incessamment lui-même à la lettre du Premier Landammann.

Dans notre position malheureuse, c'est au moins une consolation de voir que le gouvernement helvétique, ainsi que l'immense majorité de la nation, manifeste une volonté ferme de maintenir son indépendance politique, et qu'au moins le prétexte d'un vœu émis par le peuple ne pourra colorer aucune espèce d'usurpation ou d'envahissement. En revanche, on ne cesse ici de s'appesantir sur l'impossibilité où nous serons de nous gouverner nous-mêmes après tant d'orages révolutionnaires et dans une République devenue fédérative, dont les différentes parties manquent d'une autorité assez forte pour les mettre en harmonie. Je vous avoue ... que je crains beaucoup que sous ce prétexte on ne tâche de nous tenir longtemps en tutèle. Vous recevrez par une occasion sûre des développemens ultérieurs. ...

(97.) N⁰ 479. Paris, ce 1ᵉʳ Mars 1802.

LE MÊME AU MÊME.

... J'ai été, depuis quelque temps, chaque jour chez le ministre des Relations extérieures, pour le conjurer d'obtenir le terme et le redressement des procédés odieux du général Turreau, et en même temps une réponse satisfaisante aux lettres du Premier Landammann; mais je n'ai pu en arracher que ces paroles: „Le Premier Consul répondra lui-même au citoyen Reding; quant au Valais, cela s'arrangera."

Dans le cours de la conversation d'hier, je pris occasion de lui dire franchement que le retard, apporté aux engagemens pris en réciprocité vis-à-vis le citoyen Reding, et les mesures outrageantes de Turreau répandaient de plus en plus l'inquiétude en Suisse; que la crainte de voir se réaliser enfin des projets de partage ou de réunion allait toujours croissant; que je n'y ajoutais aucune foi, mais que ces inquiétudes lui démontraient la nécessité de nous tirer une bonne fois d'incertitude, en tenant les promesses faites au Premier Landammann. Sa réponse fut: „Bah! tout ça sont des bêtises; comment pouvez-vous y mettre quelque importance! Vous êtes constamment alarmé et vous vous affligez sans nécessité. Allez! tranquillisez-vous, je vous en prie; tout ira bien."

„Citoyen Ministre, répliquai-je, vous me dîtes cela depuis dix-huit mois." ...

———

(98.) N⁰ 480. Paris, ce 5 Mars 1802.

LE MÊME AU MÊME.

... Je ne cesse d'obséder, d'importuner, de harceler le ministre des Relations extérieures: je n'ai, depuis un mois, quitté le chevet du lit de mon épouse malade que pour aller, chaque jour une ou deux fois, chez lui le sommer, le conjurer, le supplier de remplir les engagemens pris vis-à-vis le Premier Landammann. Que dois-je, que puis-je faire de plus? Ai-je trois cent mille hommes à mes ordres? Puis-je pénétrer jusques chez le Premier Consul? Le Premier Landammann sait aussi bien que moi que Bonaparte ne donne plus d'audiences particulières aux ministres étrangers, et que c'est vainement qu'on lui en demande. Je lui ai écrit à cet effet, sans obtenir de réponse.

Il faut donc se contenter de faire sans cesse des représentations au ministre; et Dieu sait si je les fais avec chaleur et persévérance. Mais quand, pour toute réponse aux plus vives instances, je n'obtiens que ces mots: *Le Premier Consul répondra au premier jour lui-même; je ne puis vous dire ce qu'il répondra; mais, croyez moi, tout ira bien, tranquillisez-vous; vous vous agitez beaucoup trop; laissez faire le temps; allez! vous serez à la fin content de nous,* et autres phrases dans ce genre dont un diplomate a toujours des magasins à commande, que me reste-t-il à faire qu'à insister de nouveau, et à réitérer mes sollicitations le lendemain?

Quant au Valais, je n'ai pas encore pu lui arracher un mot. Que voulez-vous donc que je vous en écrive? Des lamentations? Les affaires en avanceront-elles? Vous avez ma dernière note à ce sujet sous les yeux. N'était-elle pas aussi forte que possible? Eh bien! je suis encore sans réponse. Il n'est pas étonnant que, pendant que les ambassadeurs des premières puissances échouent ici dans la plupart de leurs demandes, le ministre d'un petit État qui est entièrement dans les mains de la France, ne puisse, malgré tout son zèle et tous ses efforts, obtenir le redressement des griefs et l'accomplissement des promesses. ...

(99.) N⁰ 181.   *Paris, ce 7 Mars 1802.*

LE MÊME AU MÊME.

Je ne croyais pas devoir relater minutieusement toutes mes conversations avec les ministres français, surtout quand elles n'étaient suivies d'aucun résultat. Mais comme, d'après votre dépêche du 27 février, on suppose très équitablement que je reste les bras croisés, et que je ne fais ni dis rien que ce qui est contenu dans ma correspondance officielle, je me vois forcé d'entrer dans des détails qui sont en eux-mêmes très inutiles, mais qui, à ce qu'il me paraît, deviennent nécessaires pour ma justification. Voici donc la dernière partie d'une de mes conférences les plus récentes avec le ministre des Relations extérieures.

Talleyrand : Les engagemens pris avec le citoyen Reding seront remplis, n'en doutez pas, mais en temps et lieu.

Moi : Qu'appellez-vous temps et lieu ? Le Premier Consul, en votre présence et en présence du citoyen Hauterive, a solennellement promis au Premier Landammann que, dès que l'amalgame serait consommé au gré du gouvernement français, les différens points demandés par le citoyen Reding, et contenus dans les notes du 20 décembre passé, seraient mis en exécution sans délai. Aujourd'hui l'amalgame est opéré, et il n'a pu l'être que sur l'assurance positive du Premier Landammann qu'il serait suivi immédiatement par les divers avantages énumérés dans ces notes.

Le Ministre: Cela n'était point entendu ainsi. Je vous répète que les promesses faites par le Premier Consul seront scrupuleusement remplies; mais ce ne peut être qu'après la mise en activité de toute votre organisation. Il faut que nous connaissions premièrement la constitution générale et les organisations particulières qui émaneront du Sénat et des Comités nommés pour ce but, et que l'ensemble ait obtenu la sanction de la nation helvétique, avant que nous puissions juger si les autorités actuelles auront travaillé dans l'esprit que la France a droit d'exiger.

Moi: Citoyen Ministre, cette explication des engagemens pris ici mutuellement par le Premier Consul et le Premier Landammann, est tout-à-fait nouvelle et aussi effrayante que nouvelle. Il était évidemment convenu qu'immédiatement après l'entrée des nouveaux membres dans le Petit-Conseil, l'exécution des promesses du Premier Consul aurait lieu. Ce n'est que dans cette supposition que le citoyen Reding s'est engagé à déterminer le Sénat à l'amalgame. J'en appelle au témoignage du citoyen Hauterive et au vôtre propre; Citoyen Ministre, jugez donc combien la position du Premier Landammann est affreuse, si le Premier Consul tarde à lui tenir parole.

Talleyrand (avec vivacité): Le Premier Consul ne manquera pas à sa parole; mais il veut aller sûrement. Nous ne pouvons abandonner la Suisse à elle-même, jusqu'à ce que nous vous voyions organisés sagement, et non pas d'une manière contraire aux principes libéraux et aux intérêts des deux pays. Vous voulez *finasser* avec le gouvernement français.

Moi: Il m'est impossible de comprendre en quoi nous finassons. Nous demandons que des engagemens contractés reçoivent leur exécution, à l'époque où il était solennellement convenu qu'elle aurait lieu; et je reviens sur la position du citoyen Reding qui est des plus pénibles. Il n'est ni juste ni généreux, de ne pas l'en tirer aussi promptement que possible.

Talleyrand : Et moi, je vous réitère l'assurance qu'on tiendra tout ce qu'on lui a promis, quand vous serez arrangés. M. Reding aura rempli la mission la plus glorieuse, et les avantages qu'il aura obtenus doivent bien le dédommager de quelques peines passagères.

Moi : Je veux le croire. Mais, en attendant, comment voulez-vous qu'il soutienne le crédit dont il a besoin, pour mener les choses à une fin heureuse. Qu'au moins le Premier Consul réponde à sa lettre d'une manière satisfaisante, et qui prouve, tant à ses collègues qu'à son pays, qu'il n'a pas bercé ses compatriotes et le Sénat helvétique de vaines espérances.

Talleyrand : Tout cela se fera; mais il faut, auparavant, que nous vous voyions un peu plus avancés. Nous ne pouvons nous former encore aucune idée du caractère de votre gouvernement et de la marche qu'il prendra. Il faut que nous l'observions un peu, auparavant d'établir notre opinion sur le degré de confiance qu'il pourra mériter.

Moi : Mais vous nous dites sans cesse que nous sommes indépendans, et que vous ne voulez que notre bonheur. Si vous en agissiez avec nous d'après ces assurances, vous obtiendriez, avec notre amitié la plus sincère, l'approbation de l'Europe.

Talleyrand (une pause et point de réponse).

Moi: Vos procédés dans le Valais sont gratuitement révoltans. Que gagnez-vous à aliéner les cœurs et à avilir le gouvernement helvétique? (Je dois ajouter en parenthèse que je m'en suis amèrement plaint au ministre de la Guerre qui n'a fait que sourire.)

Talleyrand: Tout cela s'arrangera.

Moi: Mais, au nom du ciel! dites moi donc quelque chose de clair et de consolant.

Talleyrand: Vous pouvez écrire que Verninac a été mis à même de répondre à tout d'une manière satisfaisante. Il a reçu, sur vos instances, toutes les instructions nécessaires.

Voilà tout ce que j'ai pu en tirer. Il m'avait dit, dans une précédente conversation, que nous n'avions point encore de gouvernement; mais il se rétracta tout de suite et dit: *A la bonne heure, vous avez un gouvernement; mais nous ne savons pas encore comment il marchera.*

... Hier le Premier Consul, à l'audience, me salua affectueusement. „Eh bien! Citoyen Stapfer, dit-il, comment vont vos affaires?" *Moi:* Elles s'arrangent; mais toute la nation attend avec impatience l'accomplissement des promesses que vous avez daigné faire au Premier Landammann, en revanche des engagemens qu'il a pris et maintenant exécutés.

Le Premier Consul: Votre ministre a été reçu à Vienne?

Moi: Oui, Citoyen Consul, et celui de l'Empereur est attendu tous les jours à Berne.

Le Premier Consul: Tout ça ira bien; vous aurez à la fin un gouvernement convenable.

J'allais revenir sur la lettre du Premier Landammann et lui parler du Valais; mais il rompit la conversation et s'adressa au prince de Nassau qui était à côté de moi.

Il parla fort longtemps à M. Jackson et aux Anglais qui étaient avec cet ambassadeur. Je tiens d'un d'eux, le lord Henri Petty, la substance de l'espèce de harangue qu'il leur fit : „Il n'y a que deux nations, leur a-t-il dit, les Français et les Anglais. Il faut pour le bonheur du monde qu'elles soient unies. La civilisation périrait sans elles. Elles savent seules perfectionner utilement les arts et les sciences, et elles ont besoin de la paix pour s'y livrer avec succès et sans entraves."

Ce discours a fait de la peine à beaucoup de monde, parce qu'on a voulu en tirer la conséquence que c'est la situation des affaires à Amiens, qui a provoqué l'expression de ces vœux pacifiques. . . .

(100.) N° 482.   *Paris, ce 9 Mars 1802.*

LE MÊME AU MÊME.

. . . Je présente aujourd'hui deux nouvelles notes, une relative au Valais, l'autre pour insister de nouveau sur l'accomplissement des engagemens pris avec le Premier Landammann. . . .

. . . Je ne suis pas sans espoir d'obtenir le rappel du général Turreau. On commence à sentir tout le mal qu'il fait aux propres intérêts du gouvernement français. Il paraît que vraiment il a outre-passé ses instructions par des actes de violence non autorisés.

(Copie.)

LE MINISTRE PLÉNIPOTENTIAIRE DE LA RÉPUBLIQUE HELVÉTIQUE
A PARIS
AU CITOYEN TALLEYRAND, MINISTRE DES RELATIONS EXTÉRIEURES.

Citoyen Ministre,

Les procédés violens et les abus de force que le général Turreau s'est permis dans le Valais, en destituant des fonctionnaires estimés et en les remplaçant par des hommes sans considération, ont produit l'effet auquel on devait s'attendre : les esprits s'aigrissent de plus en plus et sont aujourd'hui tellement aliénés de la République française, qu'il sera impossible de faire émettre un vœu conforme aux intentions du gouvernement français.

J'ai en conséquence reçu l'ordre, Citoyen Ministre, de vous communiquer copie de l'adresse ci-jointe, preuve touchante du dévouement inaltérable des Valaisans pour leur antique patrie, et de vous prier de la mettre sous les yeux du Premier Consul.

Je dois en même temps avoir l'honneur, Citoyen Ministre, de vous rappeler un principe, consacré dans la note du Premier Landammann, du 2 janvier, en ces termes :

„ Le gouvernement helvétique ne peut jamais consentir à
„ l'aliénation d'une portion du territoire suisse, à moins que
„ ses habitans n'y aient donné, par un vœu librement émis
„ et légalement constaté, un plein et entier assentiment. "

D'après des protestations aussi formelles et aussi générales que celles contenues dans la pièce ci-jointe, il est impossible au gouvernement helvétique d'envisager, comme vœu librement émis, l'opinion de quelques individus, revêtus d'une autorité qui n'émane pas de leurs concitoyens; et je suis chargé, Citoyen Ministre, de témoigner au gouvernement français, de la part de mes commettans, le désir qu'il veuille se contenter d'une route militaire construite à ses frais, comme l'on en était d'abord convenu en suite de la note du 20 décembre 1801.

Je vous prie, Citoyen Ministre, de m'honorer d'une prompte réponse et d'agréer les assurances réitérées etc.

Paris, ce 18 Ventose an 10.

Signé : STAPFER.

Pour copie conforme.
Paris, ce 20 Ventose an 10.

Le ministre plénipotentiaire
STAPFER.

(101.) N° 181.   *Paris, ce 15 Mars 1802*

LE MÊME AU CITOYEN THORMANN, SECRÉTAIRE D'ÉTAT.

... J'insiste tous les jours auprès du ministre des Relations extérieures, pour que le Premier Consul tienne enfin parole au Premier Landammann.

Avant-hier je finis par lui dire : „Comment est-il possible que vous laissiez dans la position la plus pénible un homme d'honneur qui a rempli tous ses engagemens et qui attend le fruit de sa loyauté dans l'accomplissement des vôtres?" A cela le ministre ne répondit que ces mots : „Vous êtes toujours si angoissé, si pressé ; les choses ne s'arrangent pas dans un clin d'œil ; soyez persuadé que les vôtres iront bien et au gré de votre gouvernement. Le temps est un grand moyen de salut ; il guérit et arrange tout ; laissez le faire un peu."

Moi : Citoyen Ministre, si je ne parlais pas à un homme d'esprit, je lui dirais que ces lieux communs ne portent ni baume sur nos plaies, ni consolation dans nos cœurs. Il nous faut des réalités, et non pas des promesses. Et la véritable gloire de la France, ainsi que son intérêt, est de nous rendre incessamment à nous-mêmes et de regagner son affection par de bons procédés, ce qui arrivera immanquablement, si vous êtes justes envers nous.

Le Ministre : Je répondrai au premier jour à vos deux notes.

Il est bien à désirer que la constitution décrétée par le Sénat soit bientôt adoptée et surtout exécutée; qu'on s'y tienne et qu'on la considère comme devant être définitive. Vous n'avez pas d'idée du mauvais effet que produiraient de nouveaux changemens dans l'esprit du public en général, et surtout dans celui des cours étrangères. Il est en vérité temps de présenter à l'Europe un établissement politique stable et inébranlable.

Je suis convaincu qu'en nous ralliant fortement autour d'une organisation quelconque, nous sortirons triomphans de la lutte, et que, par une volonté nationale ferme, nous anéantirons tous les projets qui pourraient avoir été formés ou se former encore contre notre indépendance.

... La cérémonie du 18 ventose qui a eu lieu aux Tuileries chez madame Bonaparte, était calquée sur celle qui était autrefois en usage chez la reine; et il paraît que le Premier Consul attache du prix à ce qu'elle se renouvelle régulièrement, et que la réunion soit complète. Car il remarqua l'absence de ma femme et demanda pourquoi elle n'était pas venue.

Le prince d'Orange m'a fait visite avec sa suite. Il paraît être fort attaché au souvenir des troupes suisses qui ont autrefois servi en Hollande; il ma surtout demandé avec intérêt des nouvelles des familles Sturler et Steiguer. . . .

(102.) N° 486. Paris, ce 19 Mars 1802.

Le même au même.

. . . Le marquis de Lucchésini m'a communiqué verbalement que le ministre Talleyrand l'avait fortement assuré que le gouvernement français était déterminé à rétablir l'indépendance de la République helvétique; le marquis a ajouté qu'en conséquence le citoyen Lentulus serait bien reçu par le roi son maitre.

. . . J'ai l'avantage d'avoir une Parisienne pour femme, qui, se connaissant au prix des choses, m'épargne une partie des surcharges que tous les étrangers ont à supporter; j'ai de plus de grandes facilités par la proximité de quelques terres qui appartiennent aux plus proches parens de ma femme, et qui fournissent le ménage sans frais de comestibles infiniment chers au marché, et néanmoins ma dépense annuelle s'est montée à L. 35,000; et je dois supposer que celle du citoyen Zeltner a été énorme et même ruineuse, d'après ce qui m'est connu du pied sur lequel il a fait les honneurs de la nation.

. . . J'ai conjuré hier de nouveau le citoyen Talleyrand de déterminer le Premier Consul à fixer l'époque à laquelle les troupes françaises évacueraient la Suisse; mais je n'ai pu en obtenir d'autre réponse que celle-ci: „Le Premier Consul répondra très prochainement à la lettre du citoyen Reding."

(103.) N⁰ 487.   *Paris, ce 21 Mars 1802.*

    Le même au même.

... Si je vous ai témoigné avoir été affligé par votre numéro 478, c'est que reconnaissant en vous un ami de sa patrie et un homme disposé à rendre justice, même à ceux dont il a différé d'opinion, je ne pouvais supporter l'idée que vous me supposassiez les bras croisés, pendant que vous en Suisse, vous êtes dans les plus cruelles angoisses.

(104.) N⁰ 488.   *Paris, ce 25 Mars 1802.*

    Le même au même.

... Quant à nos affaires, j'ai tous ces jours-ci, et encore hier, insisté auprès du ministre des Relations extérieures, pour qu'il détermine le Premier Consul à accomplir ses engagemens. Je me suis surtout attaché à lui faire sentir tout l'odieux et l'impolitique des violences du général Turreau, et n'ai cessé de lui représenter que sa destitution serait à la fois une satisfaction due au gouvernement helvétique, et un moyen préparatoire à une réparation de nos souffrances.

Il s'est borné à me faire les réponses vagues dont vous connaissez la teneur; il a cependant réitéré la promesse qu'au premier jour il répondrait officiellement à mes deux dernières notes.

... J'ai trouvé ici un homme influent qui me promet de stimuler le Premier Consul avec instance en notre faveur. C'est le général Macdonald: il me paraît très porté à rendre service aux Suisses qu'il plaint et qu'il estime. Je dois ajouter que le citoyen Haller me seconde de son mieux....

(105.) N° 489. *Paris, ce 27 Mars 1802.*

LE MÊME AU MÊME.

... Je suis désolé... d'avoir à accompagner une aussi bonne nouvelle [1] de l'envoi d'une lettre aussi affligeante que l'est celle que j'ai reçue hier du ministre des Relations extérieures, et dont j'ai l'honneur de vous transmettre ci-joint la copie. [2] Toutes réflexions sur son contenu seraient d'autant plus superflues que les vôtres se rencontreront certainement avec les miennes sur la fausseté des raisonnemens qui doivent servir à justifier les abus de la puissance. Ce n'est que la force, vis-à-vis de la faiblesse, qui puisse se permettre des déductions semblables à celle qui est fondée sur la distinction de République et de Confédération helvétique. Si nous n'étions pas un petit État sans moyens de résistance, j'espère qu'on se donnerait au moins la peine de faire des raisonnemens moins pitoyables, et qu'on tâcherait de justifier l'usurpation et la violence avec un peu plus d'adresse.

Je ne sais, au reste, pas ce que le ministre entend par l'appui que nous sommes censés avoir cherché chez les puissances étrangères; et j'ai cru, sans attendre des ordres, devoir répondre aujourd'hui par une note où je me borne à relever la fausseté des allégués de celle du ministre....

---

[1] C'est-à-dire la nouvelle du traité de paix signé le 4 germinal (25 mars) à Amiens.
[2] Elle manque.

(106.) N° 490. Paris, ce 29 Mars 1802.

LE MÊME AU MÊME.

... Le Premier Consul me demanda des nouvelles de la Suisse. Je lui dis que l'organisation constitutionnelle faisait de grands progrès, et que la paix définitive ne manquerait pas de contribuer efficacement à sa consolidation; mais que je ne devais pas lui dissimuler qu'il y régnait une grande consternation sur les procédés du général Turreau. — Il ne me laissa pas achever, m'interrompit en m'observant qu'il était bien à désirer que nous puissions enfin nous réunir, et se tourna vers mon voisin.

Je fus le même jour chez les ministres des Relations extérieures, de la Guerre et du Trésor public; chez le premier, pour le conjurer de nous faire participer à l'allégresse générale, en retirant les troupes de l'Helvétie et en mettant un terme aux attentats à l'indépendance nationale et aux vexations dans le Valais.

Il m'assura de nouveau que le Premier Consul tiendrait immanquablement et strictement sa parole; mais qu'il était profondément blessé par la manière dont le gouvernement helvétique provoquait et accueillait les députations des Valaisans opposés à la réunion.

Je lui demandai comment il était possible que le gouvernement helvétique refusât d'écouter le vœu d'une partie si intéressante de ses gouvernés. „Certainement, Citoyen Ministre, m'écriai-je, si mon gouvernement en agissait autrement, vous seriez les premiers à le mépriser pour sa lâcheté, à l'accuser de manquer à ses devoirs, et à le déclarer indigne d'être chef d'une population aussi énergique et aussi attachée à la commune patrie."

114

„Aussi longtemps, ajoutai-je, aussi longtemps que vous nous traiterez avec si peu de justice et avec tant de dureté, aussi longtemps vous ne pouvez espérer que nos cœurs ulcérés s'ouvrent à la confiance et reviennent à vous."

Je demandai ensuite au ministre pourquoi il n'était point fait mention de nous dans le traité, ne fût-ce qu'indirectement, pour stipuler la levée du séquestre mentionnée dans les préliminaires.

Il me répondit que l'article des préliminaires était toujours valable, et qu'il n'y avait nul besoin de le répéter dans le traité définitif. Quant à nos droits et à notre existence indépendante, aucun doute ne pouvait, dit-il, raisonnablement s'élever à cet égard; et pour nous tranquilliser, il m'assura solennellement qu'il n'y avait aucune espèce quelconque d'article secret annexé au traité.

(107.)   N° 491.   *Paris, ce 31 Mars l'an 1802.*

LE MÊME AU MÊME.

... Je croyais, d'après ce que m'avait dit le marquis de Lucchésini, que le citoyen Lentulus était attendu à Berlin. Le ministre Talleyrand m'a dit, dans une de nos dernières conversations, que le gouvernement helvétique faisait bien d'annoncer son existence, et d'en prendre, pour ainsi dire, acte par l'envoi de ministres auprès des cours les plus importantes de l'Europe.

J'ai de nouveau insisté hier sur le rappel de Turreau, comme un moyen d'expiation des torts préparatoire à un arrangement définitif, et ai dit au ministre qu'il était scandaleux de voir un homme couvert des souvenirs affreux de la Vendée vexer, au nom du gouvernement français, un pays déjà si malheureux et si digne d'être traité avec douceur et justice.

.... On prétend dans les cercles du haut parage que c'est une lettre de Bonaparte au roi d'Angleterre, qui menaçait ce dernier d'une invasion dans le Hannovérat en cas d'un prolongement des négociations d'Amiens, qui a arraché la signature de la paix; mais j'ai quelque difficulté à croire cette anecdote. En revanche, je suis assez certain que le Premier Consul avait fixé le jour, passé lequel, il romprait le fil des discussions d'Amiens pour reprendre l'épée.

Quoi qu'il en soit, ce qu'il importe le plus de savoir, c'est qu'il n'y a point d'articles secrets. Le citoyen Talleyrand me l'a déclaré officiellement; le Premier Consul l'a dit à différentes reprises aux députations des autorités suprêmes, et comme il n'y a pas un ombre de motifs pour lesquels Bonaparte ferait gratuitement une pareille déclaration, si elle était contraire à la vérité, nous n'avons aucune raison de la révoquer en doute. ...

(108.) N° 492. *Paris, ce 2 Avril 1802.*

LE MÊME AU MÊME.

... J'ai de nouveau pressé hier vivement le ministre des Relations extérieures de rompre le silence sur la note que je lui ai adressée relativement à l'accomplissement des promesses faites au Premier Landammann.

Talleyrand : Vous demandez la chose impossible. Comment voulez-vous qu'on réponde à une pareille note autrement que par des faits? Et ces faits seront tous en votre faveur;

116

mais il faut premièrement que votre organisation sociale soit achevée.

Moi : Je ne vous dissimulerai pas que la présence des troupes françaises, si longtemps après la paix continentale, dans un pays indépendant nous afflige autant qu'elle nous étonne et alarme.

Talleyrand (d'un ton très positif): Soyez sûr qu'elles vous quitteront toutes....

... Je ne cesse de solliciter du marquis de Lucchésini ses bons offices pour appuyer la demande de l'envoi d'un ministre Prussien en Helvétie. ...

———

(109.) N° 493. *Paris, ce 6 Avril 1802.*

Le même au même.

Je n'ai malheureusement rien encore de consolant à vous annoncer. Au contraire, la dernière note que j'ai adressée au ministre des Relations extérieures sur le Valais et que ce dernier a mise sous les yeux du Premier Consul, paraît avoir déplu fortement par son contenu. Peut-être qu'il aurait été plus dans la règle d'attendre de nouvelles instructions de votre part, avant de répondre à la lettre du citoyen Talleyrand. Mais j'avoue que j'aurais cru manquer à mes devoirs à la fois et à la délicatesse, de ne pas me charger, aussi pour ma part, du mécontentement qui résulte des efforts faits par le gouvernement pour conserver à la République une des parties les plus intéressantes de sa population et de son territoire.

Il est hors de doute que l'affaire du Valais, en indisposant le Premier Consul, nuit essentiellement à tous nos autres intérêts et contribue à retarder l'accomplissement des promesses qu'il a faites au Premier Landammann. Mais l'honneur va avant tout, et le gouvernement helvétique n'a aucun droit d'acheter les bonnes grâces de celui de la République française aux dépens des pauvres Valaisans. J'ai déclaré au ministre des Relations extérieures que le rappel de Turreau était une mesure préalable nécessaire, si on voulait en user avec les égards dus à une nation indépendante et violée de la manière la plus révoltante.

A l'audience d'hier le Premier Consul m'a salué, mais n'a pas voulu entrer en conversation sur les affaires de la Suisse....

(110.) N° 494.   *Paris, ce 10 Avril 1802.*

LE MÊME AU MÊME.

... A la suite de ma protestation contre le soupçon erroné que le gouvernement helvétique ait appelé à son secours l'intervention des puissances étrangères, j'ai à différentes reprises interpellé le ministre Talleyrand de me dire quels étaient les fondemens de ce soupçon; mais il a gardé le plus profond silence et m'a laissé répéter mon interpellation sans vouloir s'expliquer d'aucune façon.

Le rétablissement du culte cause une satisfaction beaucoup plus générale que le traité définitif de paix qui a été reçu avec une indifférence scandaleuse.

... Mon cœur est tellement flétri, mon âme si profondément navrée par les dégoûts et le cruel jeu de promesses sans effet et de reproches sans fondement, dont nous sommes depuis si longtemps objets et victimes, que j'ai besoin d'être encouragé, pour ne pas perdre avec toute espérance le ressort d'esprit si nécessaire dans des négociations délicates.

J'avoue cependant que la patience m'échappe quelquefois, et que j'outrepasse la ligne des convenances diplomatiques. Par exemple, hier dans une conférence avec le ministre des Finances au sujet du Leimenthal et de la gêne qui pèse sur les villages en-deçà de la Birs, je n'ai pu retenir l'expression de l'amère douleur dont je suis pénétré, lorsque le ministre, après tant de notes et de représentations, me déclara avoir encore, avant de prendre une décision, besoin du préavis de la régie des douanes.

J'exhalai mon indignation sur cette série de vexations aussi injustes qu'impolitiques qu'on nous fait éprouver, et je confirmai sans doute l'opinion que les gouvernans français ont des Suisses et qu'ils énoncent sans cesse sur notre compte, que nous sommes intraitables et que nous nous plaignons outre mesure....

(111.) N° 495. *Paris, ce 11 Avril 1802.*

Le même au même.

... J'ai eu, le onze de ce mois, l'avis aussi fâcheux qu'inattendu, que les citoyens F. et R. Moutach... avaient été arrêtés et conduits au Temple....

... j'espère que leur détention ne sera pas longue, et je ferai tout ce qui dépendra de moi pour l'abréger. M. Rodolphe ne paraît pas être gravement inculpé; mais il paraît que son cousin Fritz Moutach a tenu des propos vraiment très répréhensibles, le jour de la parade (le 15 germinal), sur la machine infernale et ses effets affreux. Il est probable que les espions de la police ont encore, d'après leur coutume, exagéré la virulence de ces propos.

... Malheureusement la correspondance du ministre français en Helvétie avait fourni, sur la personne de M. Frédéric Moutach, un fait dont j'avais eu connaissance secrète dans le temps. Il y a environ trois mois qu'on me fit part d'un article d'une des dépêches du citoyen Verninac, qui mandait que Frédéric Moutach avait tenu à Brunerarden [1] chez le citoyen Jenner devant plusieurs témoins, parmi lesquels se trouvait même un membre du Sénat helvétique, quelques propos relatifs à la solidité du gouvernement français; qu'il avait dit, entre autres choses, que ce gouvernement sauterait, que tout était calculé et préparé, et qu'à Berne on serait incessamment prévenu de l'exécution du complot.

D'après cet avis du citoyen Verninac, qui a nécessairement dû mander un pareil propos à son gouvernement, la police a fait suivre ici messieurs Moutach pendant tout leur séjour à Paris, où ils paraissent s'être conduits, pour ne rien dire de plus, avec beaucoup de légèreté, parlant, jasant et plaisantant chez des restaurateurs, dans des cafés et autres lieux publics avec une imprudence inconcevable.

Je suis convaincu, et j'ai tâché de donner la même conviction à la police, qu'ils n'ont pas plus conspiré contre le gouvernement que moi; mais que leur fougue et leur manque de tact les ont fait bavarder dans un sens auquel leur caractère et leur honnêteté répugnent. Mais il est toujours fâcheux qu'ils aient donné tant de prise sur eux, par un bavardage aussi déplacé qu'inutile.

[1] Lisez *Brunnadern*, campagne près de Berne, alors appartenante à M. Jenner.

... Ce qui m'était déjà revenu d'autre part et que j'avais eu l'honneur de vous mander, que le Premier Consul avait été très mécontent de ma dernière note, m'a été confirmé avant-hier par le ministre des Relations extérieures. Voici un bout de notre conversation : „Je dois vous dire que le Premier Consul a été personnellement très offensé de votre dernière lettre sur le Valais; il l'a considérée comme ayant uniquement pour but de le braver et de faire votre traité de paix avec la majorité du Sénat helvétique. L'effet que votre note a produit en Suisse, est très mauvais: elle a de nouveau encouragé à une résistance inutile. Qu'aviez vous besoin de répondre de votre chef et avec tant d'aigreur? Vous deviez transmettre ma lettre et attendre les ordres de votre gouvernement."

A cela je répondis en substance: que je n'avais pas besoin d'instructions nouvelles pour pouvoir sur-le-champ réfuter les raisonnemens contenus dans la note du ministre par des actes et des faits notoires; qu'il aurait été peu généreux de me soustraire, à ma part individuelle, du mécontentement du Premier Consul; que d'ailleurs je ne concevais pas comment on pouvait envisager l'empressement que j'avais mis à établir les droits de l'Helvétie sur le Valais comme un moyen de me concilier les suffrages de sénateurs qui étaient censés avoir d'autres principes politiques que les miens; que les honnêtes gens de tous les partis étaient du même avis sur ce point, et que j'étais nommément sûr que les six nouveaux membres du Petit-Conseil, dont les sentimens avaient le plus d'analogie avec les miens, souscriraient volontiers à ma protestation au sujet du Valais, etc., etc.

J'ai peu d'espoir de voir prendre à cette négociation une meilleure tournure, et en attendant toutes nos affaires souffrent prodigieusement.

Je fus hier soir chez le ministre de la Police pour plaider en faveur de messieurs Moulach. Il me promit de leur permettre de communiquer avec leurs amis et de les mettre bientôt en liberté. „Il faut, dit-il, leur apprendre que dans un pays étranger il doivent se comporter avec le respect dû à ses institutions et à ses autorités. *Au reste*, ajouta-t-il, *à tout péché miséricorde; soyez tranquille sur leur compte.*" ...

(112.) N⁰ 496.   *Paris, ce 17 Avril 1802.*

Le même au même.

... Le ministre de la Police m'a tenu parole, en donnant l'ordre qu'on laissât les citoyens Moulach communiquer avec leurs parents, amis et domestiques. Les citoyens Steiguer de Monnaz, Jenner de Lucens et Zeerleder ont en conséquence été admis à leur parler. J'ai conseillé, par mesure de prudence, aux citoyens Fischer et Sinner [1] de ne pas aller au Temple, et j'espère que les citoyens Moulach seront incessamment relâchés; j'en ai la promesse positive du ministre. Ainsi je vous prie de tranquilliser leurs épouses et leurs familles, en attendant l'annonce prochaine de leur liberté.

Je suis toujours en discussion animée et presque amère avec le ministre des Relations extérieures au sujet du V̇... is et de l'évacuation de la Suisse par les troupes françaises. Le ministre m'a déclaré que le Premier Consul ne se départirait pas des dernières instructions qu'il a transmises au citoyen Verninac.

[1] Arrêtés avec messieurs Moutach et conduits au Temple, mais sur-le-champ mis en liberté.

122

... La cérémonie de demain sera parée de toute la magnificence dont le gouvernement restaurateur se plaît à orner aujourd'hui les temples profanés par l'irréligion révolutionnaire. J'ai reçu du Premier Consul l'invitation de l'accompagner à Nôtre-Dame dans une berline attelée de quatre chevaux.

(113.) N° 497. *Paris, ce 20 Avril 1802.*

Le même au même.

... Comme le ministre des Relations extérieures m'avait dit à plusieurs reprises que j'avais outrepassé mes devoirs et mes pouvoirs, en répondant sur-le-champ à sa note du 4 germinal par la mienne du 27 mars, au lieu d'attendre de nouvelles instructions, et que le Premier Consul était d'autant plus blessé de cette démarche de ma part que j'avais été, l'année passée, autorisé par le Conseil exécutif à céder la rive gauche du Rhône, je lui ai répondu par une lettre en date du 13 avril, où je m'exprime comme suit :

„ Quels que soient les bienfaits que l'Helvétie doive au
„ Premier Consul et à vous, Citoyen Ministre, je ne puis vous
„ considérer autrement que comme exposant à un péril im-
„ minent et l'indépendance de l'Helvétie et plusieurs sources
„ essentielles de sa prospérité, si vous persistez à vouloir
„ en détacher une portion aussi intéressante que le Valais.
„ J'ai déjà développé cette opinion dans la note que j'eus
„ l'honneur de vous présenter, il y a près d'un an, le 22 prairial,
„ et ce n'est pas le changement de circonstances qui m'a
„ fait changer de langage. Il est vrai que je fus alors autorisé

„ à signer la cession de la rive gauche du Rhône; mais je
„ ne pus cependant m'empêcher de m'étendre sur les con-
„ séquences désastreuses de ce sacrifice. Daignez relire cette
„ note, Citoyen Ministre, et vous verrez que j'ai su ap-
„ précier et redouter l'effrayante responsabilité, à laquelle
„ les membres du gouvernement d'alors allaient s'exposer
„ dans des intentions pures, en signant l'acte de cession d'un
„ des districts les plus importans de l'héritage de nos ancêtres."

„ Depuis, le Premier Consul a déclaré au citoyen Reding
„ que l'intérêt de la France n'exigeait pas ce sacrifice dans
„ toute son étendue; il est convenu qu'une route militaire
„ lui suffisait, et c'est sur cette base seule que mon gou-
„ vernement m'a permis de négocier."

„ J'ai l'honneur de vous assurer itérativement, Citoyen
„ Ministre, que je ne pouvais agir autrement que je n'ai
„ fait, sans m'exposer soit au blâme soit aux soupçons des
„ honnêtes gens de tous les partis politiques sans exception."

„ Il court en Suisse le bruit que la cession du Valais
„ sera le prix des premières places dans la nouvelle organi-
„ sation. Je sais que c'est une fable; mais elle est tellement
„ accréditée, qu'elle placera toujours dans la position la plus
„ cruelle les gouvernans qui ne veulent pas s'exposer à des
„ soupçons injurieux. Quel est après cela le gouvernement
„ helvétique qui osera se prêter aux vues du Premier Consul,
„ sans avoir préalablement tenté l'impossible pour diminuer
„ le sacrifice exigé?"

„ La gloire du Premier Consul remplit le globe; mais il
„ manquera un rayon à cette gloire, elle sera même offusquée
„ aussi longtemps qu'il n'aura pas, par sa justice et par sa
„ générosité, réparé les maux qu'a faits gratuitement aux
„ malheureux habitans, au plus ancien, au plus utile et au

„ plus fidèle des alliés du peuple français, la funeste politique
„ du Directoire. "

„ Tous les peuples de la terre aiment et estiment les
„ Suisses; tous les esprits cultivés de l'Europe leur portent
„ une affection composée de souvenirs, de pitié et d'espérance.
„ L'Helvétie a, aux yeux de l'humanité, un prix d'opinion que
„ n'ont pu acquérir de grands empires, et son restaurateur
„ s'assurerait une gloire nouvelle dans l'histoire. "

„ Il est digne du Premier Consul d'ajouter encore ce
„ fleuron à son immortelle couronne, et parmi toutes ses
„ victoires celle de reconquérir le cœur de tous les Suisses
„ doit particulièrement flatter le sien. "

„ Interrogez l'Europe; elle vous dira que l'état de la
„ Suisse est le seul sujet de plaintes fondées qui reste encore
„ aux détracteurs de la République française. Je désire, par mille
„ motifs, que le Premier Consul les expulse de ce dernier
„ retranchement." ...

(114.) N° 498. *Paris, ce 26 Avril 1802.*

LE MÊME AU MÊME.

... J'ai l'honneur de vous ... remercier ... de la communication de l'arrêté du 17 avril.

La franchise que j'ai toujours mise dans les affaires publiques, me défend de vous cacher ... que cet arrêté m'a paru réparer l'injustice commise envers la nation par le mode à la fois bizarre et illusoire qu'on avait adopté pour faire nommer les dix membres des Comités cantonaux.

Les opérations de ces Comités devant fixer les destinées de la génération présente et de nos neveux, leur composition devait présenter à la nation les représentans des vœux et des intérêts de toutes les classes et non d'une nuance particulière d'opinion, qui ne pouvait manquer d'y dominer d'après le mode d'élection qu'on avait prescrit.

(115.) *Sans date, reçu le 29 Avril.*

Le même au Petit-Conseil de la République helvétique.

Citoyens Landammanns et Conseillers d'Etat,

Aussi longtemps qu'il fut douteux si l'acte constitutionnel et la loi organique du 26 février ne nous procureraient pas des Diètes particulières et une Diète centrale, capables de concilier tous les intérêts et de former des institutions fortes et libérales, je crus de mon devoir de donner une bonne opinion des résultats que promettaient les travaux des autorités suprêmes; tant j'étais pénétré de la nécessité de présenter à l'étranger le plutôt possible une nation unie et constituée. Mais dès le moment où il devint évident que la constitution projetée par la majorité du Sénat, bien loin de servir de point de ralliement à tous les bons Suisses, allait encore augmenter la confusion et prolonger l'état de faiblesse et d'incertitude, dans lequel nous plonge le manque d'une organisation définitive et consolidée, je m'attachai à préparer le ministre des Relations extérieures au changement qui vient de s'opérer et dont vous m'avez fait l'honneur de m'instruire; je lui fis sentir les défauts, l'incohérence et la tendance illibérale de cet acte constitutionnel, et je tâchai de le convaincre de l'impossibilité qu'il fût mis en exécution.

Je n'ai eu, Citoyens Landammanns et Conseillers d'État, à la réception de votre dépêche, qu'à lui annoncer un événement que les amis des deux Républiques devaient également désirer. C'est ce que j'ai fait, en me rendant sur-le-champ à Neuilly où il résidera pendant la belle saison.

Je trouvai le ministre instruit de la mesure prise par le Petit-Conseil, et je lui donnai tous les éclaircissemens que je crus propres à la lui faire envisager sous son vrai point de vue. Je lui fis remarquer que la constitution, du 26 février, avait eu pour but de paralyser le Petit-Conseil, d'établir dans les Cantons des Diètes et des organisations dévouées à la majorité du Sénat, et conformes à ses principes contre-révolutionnaires ; je m'étendis sur les détails de la loi organique, du 26 février, et n'eus pas de peine à lui prouver qu'elle était une insulte aux droits et au bon sens de la nation, et que son résultat devait être tel qu'il a été, un découragement général et le relâchement de tous les liens sociaux. — Il ne m'a pas non plus été difficile de lui montrer que la rage secrète qui animait la majorité du Sénat contre tout ce qui tenait aux principes libéraux et à nos rapports avec la République française, aurait entravé et semé d'épines le cours des négociations qui doivent enfin régler les relations et les intérêts réciproques des deux nations.

Il me répondit qu'il ne pouvait fixer ses idées sur ce dernier changement, qu'en voyant ses effets subséquens sur la tranquillité et l'organisation de la Suisse, — que les bouleversemens se succédaient si rapidement dans notre pays, que le gouvernement français devait, dans les premiers momens qui suivaient une nouvelle révolution en Helvétie, se borner à faire des vœux pour qu'elle nous amenât enfin dans le port désiré ; qu'il les faisait bien sincèrement, ces vœux, mais qu'il m'assurait que le Premier Consul ne se mêlerait en rien de nos discussions, et qu'il laisserait sa liberté entière et son plein essor à l'opinion publique et à la volonté nationale.

... le Premier Consul témoigne de l'humeur toutes les fois qu'on lui parle de la Suisse, et ... il trouve nos affaires plus épineuses et difficiles à arranger qu'aucune de celles qui l'ont occupé.

J'espère que, la crainte du retour de l'ancien régime que la majorité du Sénat tenait depuis quelques mois suspendue sur nos têtes une fois détruite, il sera maintenant plus facile de rallier la nation autour d'institutions sages, fortes et libérales. Je dois le dire : si cette espérance ne commence pas bientôt à se réaliser par des symptômes d'esprit public renaissant, de confiance ranimée et d'union franche et cordiale entre les gens modérés de tous les partis, nous tomberons dans une déconsidération qui provoquera ou justifiera tous les projets qu'on pourrait former contre notre indépendance.

... je ne dois pas vous laisser ignorer que l'apparition de M. Necker sur la liste des notables nationaux ne semble pas produire un bon effet sur le gouvernement français. Le citoyen Talleyrand me dit que c'était le plus grand désorganisateur existant, et qu'il suffisait que son nom fût mêlé dans une entreprise politique ou financière pour la discréditer et la faire manquer.

A cela je répliquai que M. Necker était appelé comme grand propriétaire et homme de marque; que l'auteur du livre *Sur le pouvoir exécutif* s'était placé à côté de *Montesquieu*; qu'il était visiblement entré dans le plan du Petit-Conseil de réunir des hommes estimés qui avaient jusqu'ici été étrangers aux agitations des partis en Helvétie; que M. Necker jouissait d'une réputation méritée de probité et de capacité administrative; qu'au reste il avait été parfaitement étranger et au projet et à son invitation, et qu'il était fort probable qu'à son âge il ne voulût pas quitter sa retraite pour se rendre à cet appel, quelqu'honorable qu'il fût pour lui. . . .

(116.) Paris, ce 28 Avril 1802.

LE MÊME AUX CITOYENS LANDAMMANNS ET CONSEILLERS D'ÉTAT DE LA RÉPUBLIQUE HELVÉTIQUE.

. . . Malgré cette apparente neutralité que le gouvernement français déclare vouloir observer pour le moment, différentes circonstances me persuadent qu'il a vu avec plaisir passer la direction des affaires des mains de la majorité du Sénat dans celles de la minorité du Petit-Conseil. . . . la réserve dont il use dans ses communications officielles n'est que la suite d'une déclaration faite aux cours étrangères, qu'il laisserait les Suisses eux-mêmes terminer leurs différends et leur organisation sociale, sans exercer une influence gênante et contraire au traité de Lunéville. . . .

. . . Je désirerais beaucoup, Citoyens Landammanns et Conseillers d'État, que vous puissiez engager encore quelques magistrats de l'ancien régime, modérés et portant des noms connus, comme les citoyens Watteville de Féchy, Bonstetten de Nyon etc., à prendre part aux affaires publiques. L'effet sur l'opinion ici serait très avantageux, et elle n'est pas sans influence sur la manière d'envisager qu'adoptent les gouvernans.

J'espère que M. Necker n'aura pas accepté. Il est vraiment singulier, combien on s'est attaché ici à une circonstance aussi peu essentielle; mais il n'est pas du tout bien vu ici. Le ministre m'a dit que, s'il était notable en Suisse, il était très noté ici. Voilà comme des misères exercent souvent une influence aussi nuisible que majeure....

(117.) N° 499. *Paris, ce 2 Mai 1802.*

LE MÊME AU CITOYEN THORMANN, SECRÉTAIRE D'ÉTAT DU GOUVERNEMENT HELVÉTIQUE.

... Je suis désolé, Citoyen Secrétaire d'État, de ne pouvoir encore vous annoncer la sortie des citoyens Moutach. Quelques efforts que j'aie faits sans cesse, je n'ai obtenu que des promesses. On leur a cependant rendu leurs papiers, et le ministre de la Police ainsi que le chef de division Desmarets m'ont promis de les faire incessamment mettre en liberté. Il paraît qu'on exigera pour condition qu'ils n'aillent pas d'ici en Angleterre.

Je me suis porté garant de leur conduite et de leur moralité pour accélérer le moment de leur délivrance. Si leur captivité devait durer encore quelque temps, je craindrais sérieusement pour la santé du citoyen Frédéric Moutach dont l'imagination vive ajoute encore aux ennuis de la captivité. ...

(118.) N° 500. *Paris, ce 14 Floréal (4 Mai) 1802.*

LE MÊME AU CITOYEN MULLER-FRIEDBERG, SECRÉTAIRE D'ÉTAT AD INTERIM DE LA RÉPUBLIQUE HELVÉTIQUE.

... Les citoyens Reinhard et Fitte n'ont cessé de dépeindre ici les unitaires comme des factieux et des révolutionnaires théoristes, sacrifiant tout à leurs idées métaphysiques et ne jouissant d'aucune considération en Suisse. Un des hommes auxquels le dernier a tâché de faire adopter sa façon de voir, est le respectable sénateur Desmeuniers avec lequel je sais que vous êtes en bonne relation, ainsi qu'avec d'autres Français proscrits pendant la terreur. Connaissant vos sentimens modérés et vos principes également éloignés des deux extrêmes, ils ne pourront que prendre une bonne opinion du gouvernement qui vous a appelé aux fonctions importantes de secrétaire d'État.

Je désirerais beaucoup que pour le bien de la chose vous prissiez la peine d'écrire au sénateur Desmeuniers une lettre ostensible sur l'état de la Suisse et les projets contre-révolutionnaires de la majorité du Sénat. Comme Desmeuniers jouit de la confiance de beaucoup de fonctionnaires importans et entr'autres de celle du ministre Talleyrand, il pourrait contribuer à faire considérer la dernière révolution comme le résultat des vœux de la très grande majorité de la nation.

Nous n'avons pas, au reste, lieu de craindre que les changemens opérés par le 17 avril soient envisagés de mauvais œil. J'espère surtout que la déclaration du Petit-Conseil sur la loyauté qu'il mettra dans ses rapports avec la République française, contenue dans la dépêche dont il m'a honoré sous date du 18 avril, déclaration que j'ai communiquée par la note incluse au ministre des Relations extérieures, contribuera à concilier au gouvernement helvétique actuel la confiance et la bienveillance du Premier Consul.

Le ministre Talleyrand m'a réitéré hier l'assurance que le gouvernement français ne formait d'autre vœu que celui de voir tourner à l'avantage du peuple helvétique la révolution du 17 avril, et que ses agens en Helvétie se tiendraient sur la ligne de la plus parfaite neutralité.

(119. Copie.) *Paris, ce 11 Floréal an 10.*

LE MINISTRE PLÉNIPOTENTIAIRE DE LA RÉPUBLIQUE HELVÉTIQUE
AU CITOYEN TALLEYRAND, MINISTRE DES RELATIONS
EXTÉRIEURES DE LA RÉPUBLIQUE FRANÇAISE.

Citoyen Ministre,

Vous m'avez fait l'honneur de m'annoncer dans votre note, du 4 germinal, que le Premier Consul avait des raisons de supposer que le gouvernement helvétique avait eu, pour l'appuyer dans ses négociations avec le gouvernement français, recours à des puissances étrangères.

Je n'ai eu aucune connaissance de ses démarches; et, si elles ont réellement été faites, je puis affirmer qu'on ne m'en a jamais donné communication; mais, en revanche, j'ai l'honneur de vous assurer, Citoyen Ministre, que le Petit-Conseil actuel évitera jusqu'à l'apparence d'un pareil soupçon.

Voici ce qu'il m'écrit à ce sujet, sous date du 17 avril: „Vous vous prononcerez surtout, dit-il, hautement sur l'in-
„tention que nous avons de n'établir en Helvétie qu'une cons-
„titution qui puisse plaire au Consul, et de renouer par une
„diplomatie franche et loyale les liens naturels par lesquels
„l'Helvétie tient à son grand allié, liens qu'une défiance
„déplacée, de petites idées de grandeur et des arrière-
„pensées ont détruits si malhabilement. Nous allons compter
„sur la générosité du Consul et la mériter, parce que nous
„connaissons la véritable position et les intérêts réels de
„la patrie."

Ce passage me paraît être digne d'être mis sous les yeux du Premier Consul.

Recevez, Citoyen Ministre, l'assurance de ma haute considération.

(Signé) STAPFER.

Pour copie conforme.
Paris, le 4 Mai 1802.

Le ministre plénipotentiaire:
STAPFER.

(120.) N° 501. *Paris, ce 6 Mai l'an 1802.*

LE MÊME AU CITOYEN MULLER-FRIEDBERG, SECRÉTAIRE D'ÉTAT DU GOUVERNEMENT HELVÉTIQUE.

... Vous me recommandez de tâcher d'apprendre ce qui est relatif aux démarches du citoyen Aloys Reding près du Premier Consul et à leur effet sur son esprit. Voici ce que je crois de plus positif. Il lui a écrit pour se plaindre de l'arrêté du 17 avril, comme d'un abus de confiance et d'amitié de la part des membres du Petit-Conseil qui y ont participé. Il lui dénonce ensuite la conduite tenue par le citoyen Verninac qu'il accuse d'être diamétralement opposée à ce que le Premier Consul était convenu avec lui, Aloys Reding, à Paris. Il finit par en appeler de l'autorité du Petit-Conseil, qu'il appelle usurpatrice, à la loyauté du Premier Consul.

Quant à l'effet de ces plaintes, j'ai lieu de croire qu'il ne se fera pas sentir d'une manière désavantageuse. Il paraît que le système adopté par le gouvernement français est d'observer le développement des résultats du 17 avril; et comme il ne peut manquer d'y voir, par la suite, l'empreinte du vœu national et l'approbation de tous les vrais amis de la liberté et des deux Républiques, nous ne devons pas craindre qu'on favorise d'aucune manière l'opposition factieuse d'une petite minorité qui s'est rendue odieuse à la masse de la nation, en tenant pendant six mois le glaive de la contre-révolution suspendu sur sa tête.

Hier à l'audience le Premier Consul, après m'avoir salué, me dit sur le ton de la plaisanterie : *Eh bien! vous voilà encore en révolution! Tâchez donc de vous en fatiguer.* J'eus à peine le temps de lui répondre : *La dernière n'est qu'un retour aux principes et au vœu du peuple : il cherchait son niveau et il l'a trouvé.*

Avant le dîner, où nous fûmes invités ma femme et moi, il me salua de nouveau très gracieusement et allait me parler, quand on vint avertir que la table était servie.

Je ne dois pas vous laisser ignorer . . . que M. de Markow m'a fait la première visite avec le prince héréditaire de Weimar. Jusqu'ici il n'avait fait que rendre les visites. J'en conclus que le gouvernement helvétique était reconnu par l'empereur de Russie, et j'en reçus hier la confirmation par M. de Markow.

Cet ambassadeur m'a fait l'ouverture formelle qu'il avait ordre de sa cour d'entrer en relations diplomatiques avec moi, et qu'il désirait beaucoup s'entretenir avec moi sur l'état de la Suisse.

Je lui ai répondu avec la politesse et la déférence dues à la puissance qu'il représente; mais j'ai cru devoir user de la plus grande réserve, surtout après les plaintes que le ministre Talleyrand m'a adressées dans sa note du 4 germinal sur les démarches que le Premier Consul soupçonne avoir été faites auprès des puissances étrangères; et je me bornerai, dans mes rapports avec lui, à des conversations générales et à des témoignages de respect du gouvernement helvétique pour S. M. l'empereur.

(121.) N⁰ 502. *Paris, ce 8 Mai 1802.*

LE MÊME AU MÊME.

„L'opinion de plusieurs membres marquans du corps diplomatique est, que Bonaparte veut amener les choses en Suisse au point qu'on lui offre la présidence. Verninac doit avoir écrit à son frère qu'il est affligé du rôle qu'on lui fait jouer. Je ne vous écris ceci, que pour n'avoir pas à me reprocher d'avoir rien caché; mais j'avoue que j'ai de la difficulté à y croire. L'impression qui est restée de tout ce que je vois et ce que j'entends, est, que le Premier Consul est content du 17 avril, et qu'avec une grande énergie et une marche ferme le Petit-Conseil parviendra à sauver l'indépendance nationale et à donner une bonne constitution à la Suisse."

J'ai eu hier une longue conférence avec le citoyen Talleyrand, dont le but a été de lui démontrer la nécessité que le gouvernement français se prononçât ouvertement pour le projet de constitution qui est soumis aux notables. Je l'ai fait convenir qu'il était dans les points essentiels entièrement conforme aux vues du Premier Consul, et même plus encore que celui qui avait été le résultat de la rédaction du citoyen Glayre.

Le ministre répondit que le gouvernement français était las de se mêler des affaires de la Suisse; que jamais on n'avait voulu écouter ses conseils, et qu'il répugnait à se compromettre encore une fois, en conseillant une constitution qui peut-être serait rejetée, comme celle du 29 mai; que l'adoption d'un pacte social était une question de succès; que le gouvernement helvétique lui paraissait prendre une marche ferme et sage, et que c'était à nous-mêmes à nous conseiller et à consommer l'œuvre qui nous importait le plus.

Je lui dis qu'il serait très mortifiant pour moi de ne pas réussir dans une affaire qui tenait fort à cœur à mon gouvernement, et qui pouvait mettre enfin un terme à notre état provisoire. Je saisis cette occasion pour lui dire qu'il devait me dire franchement si un autre ministre serait plus agréable que moi au gouvernement français. A cela il répliqua : „Non, personne, je vous assure." „Cependant, lui dis-je, vous m'avez dit, vous-même, que ma précédente note sur le Valais avait déplu au Premier Consul; il m'a traité avec froideur à l'audience du 15 germinal, et je sais que le citoyen Verninac a parlé de la convenance de me donner un successeur après l'établissement du gouvernement définitif. Je me ferais, ajoutai-je, d'éternels reproches, si j'avais nui, par ma présence ici, aux affaires de ma patrie; et je vous supplie, Citoyen Ministre, de me parler clair, pour que je puisse demander ma démission et prendre à temps les arrangemens qu'un changement aussi majeur dans ma position exigerait."

Voici ce que le ministre me répondit : „Les dispositions du Premier Consul ont changé, comme vous avez dû vous en apercevoir à la dernière audience, où il vous a traité amicalement. Si le citoyen Verninac a pensé à préparer votre remplacement, c'était uniquement sur ce qu'on lui avait mandé de l'impression désagréable qu'avait produite votre note sur le Valais. Mais vous savez bien qu'elle ne subsiste plus, et vous avez dû juger, par le bon accueil du Premier Consul dans la journée d'hier, que vous étiez bien vu." J'insistai encore pour qu'il me dit s'il y avait quelqu'un en Suisse qui convint mieux au gouvernement français, et qui pût servir plus efficacement son pays. Il me répondit : „Non, personne."

J'ai cru de mon devoir d'avoir cette explication avec le ministre, et vous m'excuserez d'avoir parlé de mon individu, par la considération qu'il ne faut pas que les personnes soient un obstacle au succès des choses.

J'ai eu enfin la satisfaction de faire relâcher les citoyens Moutach, comme vous verrez par la lettre ci-jointe du ministre de la Police.[1]

... Je partage absolument votre opinion sur le Valais. Après avoir fait notre devoir, il faut tâcher de fixer son sort de la manière la moins dure pour ses habitans, et certainement l'isolement est pour eux préférable au morcellement....

(122.) N° 505. *Paris, ce 11 Mai 1802.*

LE MÊME AU MÊME.

Je vous ai de grandes obligations pour la peine que vous avez prise de me tenir au courant des fâcheux événemens du Canton Léman. Je m'attache à montrer ici qu'ils ne sont dans aucune espèce de rapport avec le 17 avril.

Je n'ai pas manqué de faire remarquer au ministre Talleyrand la modération avec laquelle le Petit-Conseil s'est borné aux changemens des fonctionnaires strictement indispensables,

---

[1] Datée du 16 floréal an 10 et signée par Fouché, qui décida qu'ils sortiraient de suite du territoire de la République française.

par des considérations de justice et d'intérêt public, et de la faire contraster avec les destitutions fréquentes et injustes, opérées par le gouvernement du 28 octobre.

Comme la maxime du Premier Consul est aujourd'hui de ne changer d'agens que par des motifs très graves, et que le revirement perpétuel des places est considéré comme une habitude révolutionnaire, funeste au succès de l'administration, cette sage et généreuse conduite du Petit-Conseil sera appréciée à sa juste valeur par le Premier Consul.

(123.) N° 506. *Paris, ce 18 Mai 1602.*

Le même au même.

… Si l'insurrection du Léman ne se termine pas par l'entière soumission des séditieux et la punition des chefs des rebelles, il est à craindre qu'elle ne relâche les liens sociaux dans un moment où il importe plus que jamais que les gouvernans et les gouvernés fassent une seule masse réunie et confondue dans les mêmes intérêts.

Le ministre Talleyrand ne cesse de me répéter que le Premier Consul ne désire que le bonheur de l'Helvétie et sa parfaite indépendance, et qu'elle voie sans délai naître dans son sein un ordre définitif et s'établir un gouvernement populaire qui inspire la confiance au dedans et au dehors, mais qu'il faut que ce gouvernement s'organise par les forces nationales pour obtenir ce but. …

(124.) N° 507. *Paris, ce 20 Mai 1802.*

LE MÊME AU MÊME.

Votre numéro 512 m'annonce l'issue des mesures prises par le gouvernement pour faire rentrer dans l'ordre les révoltés dans le Canton de Vaud. Je souhaite de tout mon cœur que l'indulgence dont on s'est vu engagé à user envers ces pillards incendiaires, n'entraîne pas des suites fâcheuses, soit pour la fortune publique, soit pour l'autorité du gouvernement.

Je dois vous prévenir que le même Junod qui a figuré au commencement de la révolution vaudoise, a été ici et a frappé à toutes les portes, à commencer par celle du général Brune. Son but ostensible était d'obtenir du gouvernement français protection contre les vexations auxquelles il prétend être exposé en Suisse. Mais le général Brune ainsi que les autres fonctionnaires auxquels il s'est adressé, l'ont tous renvoyé à moi, sans vouloir entrer en matière avec lui. . . .

(125.) N° 508. *Paris, ce 22 Mai 1802.*

LE MÊME AU MÊME.

J'ai lu avec bien du plaisir la lettre du général Montrichard, en date du 23 floréal, qui était jointe à votre numéro 513. Les bruits les plus absurdes et les plus désastreux ont couru ici comme en Suisse sur l'insurrection du Pays-de-Vaud, ses motifs secrets et la manière dont elle s'est terminée. La lettre du général commandant est très propre à les confondre.

Malheureusement les Suisses les mieux intentionnés de toutes les classes sont les plus disposés à mettre toujours les choses au pire et à s'abandonner aux conjectures les plus sinistres. S'ils savaient combien ils nuisent à leur patrie, en faisant sans cesse des suppositions aussi injurieuses pour la France que fatales pour l'Helvétie, ils s'abstiendraient de discours, et ils ne nourriraient pas des idées qui ne prendront consistance qu'à force de s'y livrer et de les répéter.

M. le comte de Markow m'a dit que l'empereur avait écrit de sa propre main au Premier Consul une lettre dans laquelle il lui avait fortement recommandé les intérêts de la Suisse, et que la réponse du Premier Consul était très satisfaisante par les assurances qu'il y donnait de maintenir son indépendance et de laisser la nation s'organiser d'après ses vœux et ses plus chers intérêts. Cette communication de M. de Markow étant officielle, je pense que le gouvernement helvétique me chargera de lui témoigner sa sensibilité pour cette preuve d'intérêt et de bienveillance que lui donne sa majesté impériale de toutes les Russies.

J'ai eu beaucoup de peine à faire sortir messieurs Moulach du Temple. Il paraît qu'ils avaient tenu des propos plus qu'imprudens et vraiment attentatoires au respect dû aux lois et aux autorités du pays dans lequel ils recevaient l'hospitalité. Ils sont partis pour Londres, où des intérêts pécuniaires les appelaient.

La légion d'honneur a beaucoup occupé les esprits. Au reste, si le parti de l'opposition a été plus fort qu'à l'ordinaire, tant au Tribunat qu'au Corps législatif, c'est principalement à la manière piquante et impérieuse, dont Bonaparte a réfuté Savoye-Rollin dans le Tribunat, qu'on l'attribue généralement. La discussion finie, Lucien, sentant qu'il avait mis dans son discours une vivacité offensante, voulut argumenter encore avec ce membre du Tribunat très estimé; mais M. de Rollin doit lui avoir tourné le dos, en disant qu'il avait eu un seul tort, celui de croire qu'on pût avoir raison contre un frère du Premier Consul. . . .

(126.) N° 509. *Paris, ce 24 Mai 1802.*

LA MÊME AU MÊME.

. . . Madame de Staël est un femme terriblement remuante qui n'a pour but que d'avoir une grande sphère d'activité. Au demeurant, la lettre insérée dans le Publiciste n'est pas du tout dans son opinion qui est très républicaine; mais, pourvu qu'elle puisse s'agiter et imprimer, tout lui est égal. . . .

(127.) N° 511. *Paris, ce 28 Mai 1802.*

LE MÊME AU MÊME.

. . . Les nouvelles que vous me donnez du parfait accord qui règne entre le Petit-Conseil et l'Assemblée des notables, me font le plus grand plaisir. Je n'en éprouve pas moins, en apprenant que les travaux concernant la constitution tirent à leur fin, et que cet acte important va incessamment être soumis à la sanction du peuple helvétique. Ma position me met à même de sentir toute l'importance de l'accélération de ce grand œuvre national; et je consentirais volontiers d'abréger ma vie d'autant d'années que je pourrais retrancher de jours à notre état provisoire, si ce sacrifice était de nature à produire cet heureux résultat. Alors au moins j'aurais l'espoir de voir le nom suisse se replacer sur le rang des nations et de laisser une patrie à nos enfants.

Hâtons-nous, je le répète, de prendre possession aujourd'hui d'un bien inappréciable qui demain peut-être ne sera plus en notre pouvoir.

Ceux qui disent aujourd'hui avec tant d'aigreur : nous préférons d'être réunis à la France ou sujets à l'Autriche que d'être gouvernés par tels ou tels, aiment-ils donc mieux être foulés aux pieds par l'étranger, servir d'avant-poste dans toutes les guerres futures et préparer à leurs enfants le sort des Savoyards?

Je sais bien que la passion est sourde aux oracles de Dieu, à la voix de l'histoire et même aux leçons de sa propre expérience; je sais que les sectes qui se ressemblent le plus, s'entrepersécutent avec le plus de rage et de fureur. Mais quand la bienveillance du héros de la France nous y convie, quand nos souffrances passées nous éclairent, quand nos maux présents nous y poussent, quand l'avenir nous menace, quand nous voyons les grandes puissances de l'Europe, avides de nouveaux moyens de s'indemniser, regarder de minute à la minute, impatientes de saisir leur proie, pour s'assurer si le moment propice est venu, si l'heure où on doit désespérer de notre raison et de la possibilité d'établir un gouvernement fort et national parmi nous, n'est pas encore sonnée; ne serait-il donc pas possible que nous oubliions un moment que nous sommes citadins ou campagnards, aristocrates ou démocrates, pour nous rappeler uniquement que nous sommes Suisses! Ne saurions-nous conserver, par le sacrifice de quelques nuances d'opinions, ce que nos ancêtres ont acquis au prix de leur sang! On ne nous demande pas de résister à un puissant monarque, on n'exige pas que nous combattions de nombreuses armées ou que nous nous précipitions sur un rempart de lances, en renonçant à la vie et à tout ce qui nous était cher. On ne nous demande que quelque considération pour nous-mêmes, quelque pitié pour nos enfants, quelque désir de repos et quelque besoin d'ordre et de bonheur. On demande que nous nous donnions de la consistance, en en donnant à un gouvernement national; que nous apprenions à l'étranger à nous respecter, en environnant de respect nos autorités !

Quelque soit la constitution qu'on offre aujourd'hui à la nation revêtue de l'approbation de l'élite de ses citoyens, quelques puissent être ses défauts, quelques soient les hommes qu'on va lui présenter comme devant composer le Conseil suprême de l'Helvétie : dans les circonstances où nous nous trouvons, j'ose affirmer, et j'en atteste le ciel, que celui qui ne s'empresse pas de leur donner son suffrage et de les environner de sa confiance et de son respect, est un homme qui veut exposer au naufrage le vaisseau de l'État et qui coupe la corde qu'on lui jette du rivage. . . .

(128.) N° 512. Paris, ce 30 Mai 1802.

LE MÊME AU MÊME.

Votre numéro 516, en m'annonçant les progrès de notre organisation définitive, ranime mes espérances. L'accord qui règne entre le gouvernement et les notables est d'un très bon augure pour le résultat du recueillement des votes par registres dans toutes les communes de l'Helvétie. Il est bien à désirer que nous soyons aussi sages que les Bataves qui, dans une circonstance tout à fait semblable, se sont comportés avec la fermeté sans laquelle on ne peut fonder aucune institution sociale, avec la circonspection que mérite l'importance d'un œuvre tel que l'acte constitutionnel d'une nation, et avec le patriotisme qui sacrifie des préventions individuelles, des préjugés de partis et des opinions de classes aux grands intérêts et aux dangers imminens de la patrie. Il n'est pas douteux que cette conduite mesurée, patriotique et ferme ne les ait sauvés de l'abîme et ne leur ait en partie valu, dans le traité de paix, des conditions infiniment plus avantageuses qu'ils n'avaient d'abord espéré obtenir.

Je souhaite ardemment que les instigateurs de l'insurrection du Léman soient punis comme ils le méritent. C'est une justice due aux loix qu'ils ont violées de la manière la plus outrageante; c'est une mesure de précaution qui seule empêchera le retour d'un pareil brigandage, et c'est enfin le plus sûr moyen d'arracher à la malveillance un sujet de calomnie contre le gouvernement. Il y a quelques phrases dans le Moniteur qui vous feront voir qu'on s'attend ici à une sévère répression de ces scandaleux délits....

(129.) N⁰ 513. *Paris, ce 1ᵉʳ Juin 1802.*

LE MÊME AU MÊME.

... J'ai déjà eu l'honneur de vous mander que le comte Cobentzel est très content du rappel du citoyen Diesbach, et qu'il m'a dit expressément que le gouvernement helvétique aurait pu se passer de cette mission. Cette désapprobation ouverte d'une des principales mesures qui caractérisent l'administration du landammann Reding est très importante dans les circonstances où nous nous trouvons, et nous prouve que le gouvernement français est aujourd'hui beaucoup plus content de l'esprit qui anime le Petit-Conseil dans la direction des affaires étrangères que des vues qui dirigent le landammann Reding et le club dont il était l'instrument.

(130.) N° 514. Paris, ce 3 Juin 1802.

LE MÊME AU MÊME.

... J'ai reçu avec votre numéro 518 la constitution qui va être proposée à la sanction du peuple helvétique. J'en ferai communication ample et prompte tant au gouvernement français qu'aux membres marquans du corps diplomatique. Les dispositions en sont si sages et si parfaitement dépouillées de tout esprit de parti, qu'elle ne peut-être assez tôt connue. Celles qui organisent les élections pour la Diète sont aussi ingénieuses que bien vues, et je suis sûr que tous les bons esprits en seront fort contens.

Les plaintes du citoyen Junod sont de très peu de conséquence. Heureusement que les temps sont passés où les intrigues ou les vociférations de pareils êtres trouvaient accès auprès du gouvernement français et de ses agens. Il prétend être victime d'une réaction; mais c'est avant le 17 avril qu'il avait quitté la Suisse. Au reste, un homme qui s'adresse à un gouvernement étranger pour le redressement de torts dont il croit avoir à se plaindre, ou pour influer ou en imposer à ses concitoyens, est un misérable qui ne mérite aucune espèce de considération....

(131.) N° 515.   Paris, ce 5 Juin 1802.

Le même au même.

Vous excuserez la brièveté de cette lettre, à raison d'une incommodité qui m'a alité avant-hier, et qui s'est accrue, parce qu'hier je me suis traîné à l'audience et au dîner chez le Premier Consul.

Il m'a abordé d'un air très gracieux, et après s'être informé de ma santé, il m'a demandé si nos affaires en Suisse s'arrangeaient. J'ai répondu que oui; que la constitution proposée à la sanction du peuple helvétique était un traité de paix entre tous les partis, et que tout annonçait son acceptation, parce que tout annonçait la confiance dans le gouvernement actuel et la fatigue de l'état provisoire. „Je suis charmé, me dit-il: je ne désire que votre tranquillité et votre bonheur."

... Les réflexions que contient votre numéro 519, sur les troubles du Léman, sont frappantes de justesse. Il n'est que trop vrai que le désir de satisfaire tout de suite à des clameurs qui s'élèvent, a souvent arraché aux gouvernements des mesures qui étaient précoces et nuisibles. Cependant je crois que la volonté ferme que le nôtre a montrée, de ne pas laisser impunis les excès des insurgés du Léman, produit un bon effet, supposé même que l'exécution de l'arrêté souffrît quelque difficulté dans la nature des délits commis, le nombre des coupables et les ténèbres dont les auteurs ont su s'envelopper.

MM. Moutach, en sortant du Temple, ont dû quitter le territoire français tout de suite; mais j'avais obtenu qu'ils porteraient leurs pas là où leurs affaires les appelaient. Ils ont donc passé en Angleterre où ils voulaient vendre des fonds. Il y a environ quinze jours qu'ils m'écrivirent de Londres, pour me prier de leur procurer la permission de retourner par la France dans leur pays, pour éviter les frais d'un détour par la Batavie et l'Allemagne. Le ministre de la Police a encore eu cette complaisance, en exigeant toutefois qu'ils traversassent la France rapidement et qu'ils ne passassent point par Paris....

(132.) N° 516.   *Paris, ce 7 Juin 1802.*

LE MÊME AU MÊME.

... Le général Moncey conserve beaucoup d'attachement et d'amitié pour l'Helvétie. Il m'entreprend chaque fois sur la nécessité de faire une bonne route par-dessus le St-Gothard jusqu'à Airolo, route qui, selon lui, ne coûterait que 100,000 écus, donnerait de l'occupation aux pasteurs oisifs, mettrait toute l'Italie en communication prompte et facile avec tout le nord, et finirait par *battre*, à ce qu'il dit naïvement, tous les projets de chemin par le Simplon.

... Les romans sur la Turquie et le partage du gâteau ont disparu pour le moment, à l'aspect de Ghalib Effendi. Son prédécesseur va, dit-on, chercher le cordon à Constantinople. Le citoyen Talleyrand lui avait déjà rendu le service de l'intercepter une fois; mais il est, à ce qu'il paraît, prédestiné à ne pas y échapper, à moins que le gouvernement français ne parvienne encore à obtenir sa grâce du Grand-Seigneur.

Le chevalier d'Azara est un homme fort intéressant, et dont j'ai cultivé l'amitié par inclination, indépendamment de l'utilité que je pourrais en tirer pour les affaires publiques.

C'est de tout le corps diplomatique le ministre le plus distingué par son érudition et son goût exquis pour les beaux arts. Il est fort aimé par le gouvernement, et surtout ami intime du citoyen Talleyrand. Doué d'une grande sagacité et d'une profonde connaissance des hommes, il est très bon à entendre et à consulter. Il m'a toujours témoigné beaucoup d'intérêt au sort de l'Helvétie, et a surtout été affecté, presqu'autant que le bon Schimmelpenninck, de ce que les promesses de Joseph Bonaparte relatives à notre indépendance n'aient pas été prises *ad protocollum* au congrés d'Amiens. Cependant il faut dire que d'Azara, en courtisan habile, fait, quoique homme fort éclairé et même ayant passé le Rubicon en fait de foi religieuse, assidûment sa cour aux prêtres, et a, en conséquence, de la prédilection pour l'abbé de St-Gall, qui lui a été recommandé par quelques prélats espagnols, mais sur lequel je crois cependant l'avoir édifié....

(133.) N° 518. *Paris, ce 13 Juin 1802.*

LE MÊME AU MÊME.

... Quelque ingénieux et bien vu que soit en théorie le mode d'élection des membres de la Diète, consacré dans le projet de constitution, j'avoue que je me suis d'abord imaginé qu'il déplairait dans les campagnes. Rien n'est plus difficile que de faire goûter à un peuple des institutions entièrement nouvelles....

(134.) N⁰ 519.   *Paris, ce 15 Juin 1802.*

LE MÊME AU MÊME.

... Votre numéro 524 m'apporte l'intéressante nouvelle de l'heureux arrangement des affaires du Valais. Je presserai de mon côté avec énergie la sanction du Premier Consul, afin que cet infortuné pays puisse se reposer promptement dans un ordre de choses stable et définitif. ...

... Ce que vous me dites des bruits qui courent sur le compte du général Turreau m'afflige profondément. L'existence seule de ces bruits, supposé même qu'ils soient dénués de fondement, est un grand mal : l'imagination une fois alarmée ne se rend pas même à l'évidence, et c'est bien le cas de l'application du proverbe que *la crainte fait venir le mal,* pendant qu'une ferme persuasion de son invraisemblance et une pleine sécurité serait le moyen à la fois le plus sûr et le plus efficace de le prévenir.

Il est, pour mille raisons, fâcheux qu'on ne se soit point rassuré encore sur l'état du Canton de Vaud. La célébrité de ce pays intéressant attire particulièrement l'attention de l'étranger. J'ai beaucoup encouragé S. A. R. Mᵐᵉ la duchesse de Cumberland à y aller passer quelque temps, en lui garantissant une parfaite tranquillité.

Mᵐᵉ Bonaparte va aux eaux de Plombières ; mais elle doit être de retour pour la fête du 14 juillet.

... Le citoyen Adrien Lezay est parti pour l'Helvétie ces jours passés avec des instructions intéressantes de la part du gouvernement français. Je lui ai donné, à sa demande, des lettres pour quelques-uns de mes amis. Comme j'ai lieu de le croire destiné à donner au Premier Consul des renseignemens sur l'opinion publique et les besoins de l'Helvétie, il serait utile qu'on lui fît bon accueil et qu'il fût bien entouré. C'est d'ailleurs un homme très éclairé et du plus grand mérite, digne à tous égards d'être connu et apprécié par vous.

(135.) N⁰ 520. Paris, ce 17 Juin 1802.

LE MÊME AU MÊME.

... Votre numéro 525 m'afflige en m'annonçant que vous avez toujours des inquiétudes au sujet du Léman. Il n'est certainement pas dans l'intention du gouvernement français de les prolonger; ses agens peuvent mettre plus ou moins de bonne volonté à remplir ses vues, mais il faut surtout se garder de croire qu'il existe un plan secret d'amener la réunion du Pays-de-Vaud avec la France. Il en est de ce projet comme des spectres qui n'existent que pour ceux qui y croient. Toujours est-il désastreux qu'on n'ait pu exécuter à la lettre les arrêtés vigoureux du Petit-Conseil. Il paraît que les mutins ne sont point domptés encore et qu'ils bourdonnent comme une ruche renversée.

J'insisterai ici pour qu'on mette plus de vigueur, de suite et de faits réels dans la conduite politique et militaire vis-à-vis le Pays-de-Vaud. Malheureusement le citoyen Talleyrand est incommodé depuis quelques jours, et quand il sera remis, son départ pour les eaux de Bourbon ne tardera pas à s'effectuer. Je le verrai cependant plusieurs fois, tant en ville qu'à la campagne, avant qu'il nous quitte.

et le conjurerai de provoquer des ordres pour les généraux Turreau et Molitor qui vous tranquillisent et mettent fin au désordre....

(136.) N° 521.   Paris, ce 19 Juin 1802.

LE MÊME AU MÊME.

... On cite des articles[1] assez intéréssans, comme par exemple la cession de la Morée faite à la France. Ce traité n'empêche au reste pas qu'on ne parle derechef beaucoup du dépècement de l'Empire turc; le citoyen Talleyrand se fâche tout de bon quand on paraît y croire. Il serait assez plaisant qu'on eût fait un traité avec la Sublime Porte au moment même où on convenait de sa dissolution avec les autres puissances....

(137.) N° 522.   Paris, ce 21 Juin 1802.

LE MÊME AU MÊME.

Je viens de recevoir du ministre des Relations extérieures la lettre ci-jointe à laquelle j'ai sur-le-champ répondu par celle dont j'ai l'honneur de vous transmettre copie. Comme la chose est délicate, j'ai cru devoir réserver à des éclaircissemens de bouche ce que ma note ne contient pas....

[1] C'est-à-dire des articles du traité conclu avec la Porte Ottomane.

(Copie.) *Paris, ce 30 Plairial an 10.*

LE MINISTRE DES RELATIONS EXTÉRIEURES DE LA RÉPUBLIQUE FRANÇAISE AU CITOYEN STAPFER, MINISTRE PLÉNIPOTENTIAIRE DE LA RÉPUBLIQUE HELVÉTIQUE.

Citoyen, le Premier Consul a appris du ministre de la Guerre que le général qui commande les troupes françaises en Helvétie avait été invité à y faire venir un régiment de cavalerie, pour rassurer ce pays contre la crainte d'une nouvelle insurrection du Pays-de-Vaud.

Le gouvernement helvétique a si souvent témoigné le désir de voir diminuer le nombre des troupes placées sur son territoire, qu'un vœu contraire a besoin d'être fondé sur les motifs les plus graves, et d'être officiellement exprimé, surtout dans un moment où l'Helvétie, s'occupant de ses affaires intérieures, doit jouir aux yeux de l'Europe de l'indépendance d'opérations qui lui est effectivement laissée. Pour mieux constater cette indépendance, le Premier Consul, bien loin de songer à faire rentrer des troupes en Helvétie, a été sur le point de rappeler celles qui y sont encore. Il devient donc nécessaire que vous veuillez bien me communiquer, sur l'objet de cette lettre, les désirs et les demandes de votre gouvernement.

Agréez, Citoyen, l'assurance de ma parfaite considération.

(Signé) CH.-MAU. TALLEYRAND.

Pour copie conforme.
Paris, ce 21 Juin 1802.

Le ministre plénipotentiaire :
STAPFER.

(Copie.) *Paris, le 1 Messidor an 10.*

LE MINISTRE PLÉNIPOTENTIAIRE DE LA RÉPUBLIQUE HELVÉTIQUE AU CITOYEN TALLEYRAND, MINISTRE DES RELATIONS EXTÉRIEURES DE LA RÉPUBLIQUE FRANÇAISE.

Citoyen Ministre,

La lettre que vous m'avez fait l'honneur de m'adresser dans la journée d'hier est une nouvelle preuve, aussi touchante que précieuse, et de l'intérêt que le Premier Consul ne cesse de prendre aux progrès de l'organisation sociale du peuple helvétique, et de son désir de laisser aux opérations qui doivent amener un ordre de choses définitif toute l'indépendance qui puisse faire considérer cet ordre comme le propre ouvrage de ce peuple.

Le gouvernement helvétique est si fort pénétré des mêmes sentimens, qu'il a évité jusqu'à l'apparence de vouloir influer sur le résultat des vœux que les citoyens helvétiques ont été individuellement appelés à émettre pour ou contre la constitution dont le projet est, dans ce moment, soumis à la sanction nationale. Il a porté le scrupule et la générosité jusqu'au point de laisser, dans les Petits Cantons, en places les hommes dévoués au parti écarté par les événemens du 17 avril, quoiqu'il s'attendît d'avance à voir ces hommes se servir de l'ascendant de leurs fonctions, pour semer la défiance et pour inspirer au peuple les plus fortes préventions contre le pacte social qui doit enfin mettre terme à la fois aux intrigues démagogiques et aux projets de l'oligarchie.

Mon gouvernement était convaincu que la grande majorité de la nation saurait apprécier ses intentions, et se rallierait avec empressement autour d'une constitution libérale et analogue à ses besoins. Cette attente n'a pas été trompée, et la satisfaction qu'il éprouve de voir l'immense majorité des citoyens donner à cet acte son assentiment, serait sans mélange, si une insurrection qu'il n'a pu ni prévoir, ni étouffer dans son principe, ne lui avait donné un sujet d'inquiétude qui n'est point encore entièrement dissipé.

Les habitans de plusieurs districts du Canton de Vaud, mis en mouvement par quelques hommes perfides ou exaltés, ont cru le moment propice pour se soustraire à jamais au paiement des dîmes et des censes dont leurs propriétés sont grevées, et dont le rachat devait s'opérer d'après les lois de la justice. Quoique ces redevances ne soient nullement féodales, quoique ce soient des effets commerçables, des valeurs d'échange qui, depuis des siècles mille fois vendues et achetées, ont librement circulé dans toutes les classes de citoyens, la cupidité s'est néanmoins plu à les confondre avec les droits féodaux, et leur abolition gratuite, au préjudice des créances, a été par le peuple des campagnes du Pays-de-Vaud obstinément regardée comme un résultat nécessaire de la révolution dont il était à-la-fois injuste et inconséquent de le frustrer.

Cette erreur et la persuasion que ces redevances étant envisagées du même œil en France, les troupes de cette puissance n'agiraient jamais contre ceux qui se refuseraient de les acquitter, ces illusions, jointes à des propos imprudens de quelques militaires français et à l'irritation générale que les projets attribués au Sénat helvétique établi le 28 octobre 1801 avaient occasionnée, donnèrent à la sédition des paysans vaudois, dès sa naissance, un caractère d'ensemble et d'audace si prononcé et si alarmant, que le Petit-Conseil ne put, tant pour ne pas dégarnir le reste de la Suisse de troupes helvétiques dans un moment où leur présence dans plusieurs autres Cantons intéressait l'ordre public, que pour en imposer plus promptement et plus efficacement aux insurgés qui déclaraient ne pas vouloir s'opposer aux intentions de la France, autrement que désirer dans cette affaire avec ardeur l'intervention de l'armée française en Helvétie.

Mais les généraux français ne jugeant pas leurs forces suffisantes pour agir contre les révoltés avec la vigueur nécessaire, le général Molitor qui commande à Grenoble fut prié d'envoyer un corps de sa division dans le Pays-de-Vaud, et ce sont ces troupes que mon gouvernement verrait avec autant de plaisir que de reconnaissance concourir avec celles qui se trouvent déjà sur les lieux, au maintien de la tranquillité encore peu affermie dans le Canton de Vaud.

Les insurgés ont si souvent et si positivement assuré qu'ils ne se permettraient aucune résistance contre l'armée française, et l'indulgence dont les généraux français ont, par humanité et par un esprit de conciliation bien louable, cru devoir user envers les chefs de la révolte, a, malgré les déclarations énergiques et loyales du ministre plénipotentiaire de France et du général Montrichard, commandant en Helvétie, tellement entretenu la masse égarée dans les illusions qu'elle se fait sur la manière dont les autorités françaises envisagent les excès auxquels elle s'est livrée, que la présence de vos troupes seule et une volonté bien prononcée de la part de vos généraux, de rechercher et de punir les meneurs coupables, peuvent aujourd'hui désabuser et contenir les révoltés.

Voilà, Citoyen Ministre, autant que je puis par ma correspondance juger de l'état des choses en Helvétie, les motifs qui font désirer à mon gouvernement de voir des troupes françaises en nombre suffisant en imposer encore quelque temps aux mutins qui veulent, par de nouvelles commotions révolutionnaires, se libérer d'une dette sacrée et souiller l'honneur de leur gouvernement, en lui extorquant par la force la sanction de leurs actes de licence.

Ces mouvemens d'effervescence populaire n'ont aucun rapport avec les opérations constitutives, et le Premier Consul peut, en accordant au gouvernement helvétique l'appui que ce dernier réclame de sa bienveillance, venir au secours de la propriété et de l'ordre attaqués par une tourbe aveugle et avide, sans que cette intervention, même en apparence, blesse d'aucune manière l'indépendance du peuple helvétique dans les arrangemens que son organisation sociale demande....

Agréez, je vous prie, Citoyen Ministre, l'assurance de ma plus haute considération.

(Signé) STAPFER.

Pour copie conforme
Paris, le 21 Juin 1802.

Le ministre plénipotentiaire :
STAPFER.

(138.) N° 521.   Paris, ce 25 Juin 1802.

LE MÊME AU CITOYEN MULLER-FRIEDBERG, SECRÉTAIRE D'ÉTAT.

... Son [1] langage, à l'égard de nos arrangemens constitutifs, est toujours le même : il manifeste le désir qu'ils soient bientôt terminés, que nous usions de toute la latitude de notre indépendance, et que les nouvelles institutions ainsi que les autorités jouissent de la confiance et de l'estime de

[1] Il parle de Talleyrand.

la nation; „sans cela, dit-il, elles seront aussi éphémères que les précédentes." „Je serais d'autant plus charmé, a-t-il dit dernièrement entr'autres choses, que vous parvinssiez à vous constituer d'une manière fixe et convenable, que j'ai, contre beaucoup de gens qui prétendaient que vous ne pourriez pas, par vos propres forces, parvenir à une organisation définitive et solide, constamment soutenu que vous étiez un peuple sage et raisonnable, qui devait nécessairement trouver son aplomb à l'aide de sa moralité et des habitudes d'ordre qu'il a contractées."

Je me garde de le contredire, quand il parle aussi honorablement de ma nation; la grande majorité mérite, sans doute, ces éloges, et la minorité turbulente, corrompue vit encore sur la réputation de nos ancêtres.

La vigueur que le citoyen Lanther déploie dans le Léman, et la loyauté avec laquelle le général Serras le seconde, sont faites pour ramener l'ordre et le respect dû au gouvernement. Le premier m'a écrit pour me prévenir que deux soi-disans députés des réunistes se rendent à Paris, pour y porter les adresses des révoltés. Je ferai mon possible pour les découvrir et pour obtenir leur arrestation. J'en ai déjà donné avis au préfet de police, ainsi qu'au ministre Talleyrand.

(139.) N⁰ 525. *Paris, ce 27 Juin 1802.*

LE MÊME AU MÊME.

... Il .. est .. fâcheux que la malveillance se soit de nouveau emparée de l'esprit méfiant et des préjugés des Petits Cantons, pour en porter les citoyens à un rejet presque unanime. Malheureusement l'étranger ne voit pas tous les fils de cette intrigue, et on ne peut pas même lui donner une idée juste de ce terrorisme populaire qui, dans ces vallées, enchaîne les meilleurs esprits et les hommes les plus libéraux au char d'une tourbe aveugle et de quelques meneurs ambitieux et hypocrites. La mémoire remplie des hauts faits de leurs ancêtres et l'imagination entraînée par les peintures idéales que les voyageurs n'en ont faites que trop souvent, on s'obstine à voir dans ces montagnes la partie essentielle de la Suisse et dans le vœu de leurs habitans celui des vrais Helvétiens.

Quant à moi, je n'ai depuis le moment où j'ai vu que le système de l'unité, auquel j'étais dévoué par conviction, serait abandonné pour un système mixte en apparence, mais fédératif en réalité, je n'ai, dis-je, cessé de désirer que les trois Cantons primitifs fussent séparés du reste de l'Helvétie et laissés à leur propre impulsion. L'expérience les ramènerait bientôt à une liaison plus étroite avec les autres Cantons de l'Helvétie, au lieu que leur orgueil, l'ambition des chefs et l'entêtement de la masse repousseront toujours les institutions auxquelles on voudra les associer ou qu'on tâchera de leur imposer. . . .

La lettre de M. Diesbach est parfaitement conséquente avec la conduite qu'il a tenue depuis le 17 avril. Le ton qu'il prend fait présumer que quelques ministres étrangers, et peut-être quelques seigneurs du parti de Thugut, le soutiennent et l'approuvent. Mais qu'en résultera-t-il en définitive? Déjà M. de Cobentzel m'a positivement déclaré que la cour de Vienne ne prenait aucune connaissance de nos arrangemens intérieurs, et qu'elle désirait simplement être en harmonie avec la République helvétique. Le gouvernement de cette

158

République ne reconnaissant plus Diesbach en sa qualité d'envoyé d'Helvétie, il est de toute impossibilité que sa M. I. et R. le considère désormais comme tel. . . .

(140.) N° 527. Paris, ce 1ᵉʳ Juillet 1802.

Le même au même.

J'ai été hier de nouveau en conférence avec le ministre des Relations extérieures pour l'engager à rappeler au Premier Consul la promesse de nous rendre Bienne, l'Erguel et la partie du Munsterthal qui nous replacerait dans nos limites naturelles du côté de l'ouest, en sorte que le Doubs depuis la pointe des trois Évêchés jusqu'à Montmelon, ensuite la crête du Jura jusqu'à Bourg et puis les anciennes frontières de l'Évêché jusqu'à Schœnbuch devinssent les lignes de démarcation occidentale entre les deux Républiques.

Le ministre m'a fait espérer que nos vœux seraient remplis, et que la sanction du projet de traité entre les trois Républiques de France, d'Helvétie et du Valais ne tarderait pas à être donnée par le Premier Consul.

Je lui ai renouvelé ensuite nos plaintes sur la conduite du général Turreau et ai fortement insisté sur son rappel, tant pour la consolation du Valais que pour la tranquillité du Pays-de-Vaud.

Le ministre a ri de nos craintes et m'a dit : „*Calmez-vous donc ; je n'ai jamais vu personne d'aussi inquiet que vous ; tout s'arrangera et vous serez content.*"

(141.) N⁰ 530. *Paris, ce 7 Juillet 1802.*

LE MÊME AU MÊME.

... Il a paru ici une brochure de Camille Jordan, anonyme et intitulée : *Vrai sens du vote national sur le Consulat à vie.* Le but de ce pamphlet, écrit avec une éloquence brûlante, est de prouver que le Premier Consul, en acceptant l'offre d'une magistrature perpétuelle, prend l'engagement de donner à la liberté les garanties qu'elle n'a pas encore, de procurer au peuple français une véritable représentation nationale, fondée sur la propriété, et d'établir, par la succession à la place de Premier Consul, un mode d'élection qui, d'un côté, ne blesse point les partisans d'une famille illustre et malheureuse, et qui, d'un autre, n'effarouche pas les républicains. Il opine pour un mode de remplacement analogue à celui qui avait été adopté dans la constitution de l'an 3 par le Directoire, et s'élève avec force contre ce qu'il appelle les idées des flatteurs du Premier Consul.

Ce n'est que sous le sceau du plus grand secret qu'un conseiller d'État m'a communiqué cette brochure, dont toute l'édition a été confisquée par la police, et dont il ne doit, dans ce moment, plus exister que trois exemplaires. On ajoute, depuis hier matin, que Camille Jordan a été arrêté avant-hier soir à neuf heures et conduit au Temple avec deux de ses amis.

J'ai quelque difficulté à croire à la vérité de cette assertion.... Quoi qu'il en soit, la publication de son écrit a fait une grande sensation, et le mystère qui l'enveloppe augmente la curiosité des Parisiens et l'intérêt qu'excite son célèbre auteur.

(142.) N° 531. Paris, ce 9 Juillet 1802.

LE MÊME AU MÊME.

Il vient d'être conclu entre la République française et le roi de Prusse un traité par lequel ces puissances se garantissent mutuellement leurs possessions et surtout leurs acquisitions nouvelles. Il est convenu par un article que le roi de Prusse s'emparera par la force des pays qui lui sont cédés en indemnités pour ce qu'il perd sur la rive gauche du Rhin, et la France lui assure la tranquille jouissance de ces compensations.

Enfin c'est un traité formel d'alliance défensive et offensive, qui peut être considéré comme le dernier acte par lequel le système Choiseul, qui depuis 1756 avait isolé la France et la Prusse, est complètement détruit et remplacé par une politique plus analogue à la position et aux autres rapports de ces deux États.

Nous devons en particulier nous féliciter de voir les nœuds qui lient ces puissances se resserrer de plus en plus, puisque ce retour au système du grand Frédéric nous garantit de toute entreprise sur notre indépendance à laquelle un rapprochement de l'Autriche et du gouvernement français aurait pu donner lieu. Nous sommes aujourd'hui plus sûrs que jamais, qu'il n'y aura pas d'identité de vues dans le système politique de ces deux empires, et que nous sommes surtout à l'abri des projets de partage desquels les imaginations mobiles et les esprits superficiels ont voulu nous alarmer.

(143.) *Paris, ce 12 Juillet 1802.*

LE MÊME AU LANDAMMANN ET AUX STATTHALTERS COMPOSANT LE CONSEIL D'EXÉCUTION DE LA RÉPUBLIQUE HELVÉTIQUE.

J'éprouve une très vive joie, en vous transmettant, par courrier extraordinaire, une lettre du ministre des Relations extérieures de la République française, dont le contenu vous donne le moyen, sans doute cher à vos cœurs, de signaler les premiers actes de votre magistrature constitutionnelle et bienfaisante, par un soulagement dont l'offre est le gage le plus sûr des intentions généreuses du gouvernement français, et qui doit fermer pour jamais la bouche tant à ses détracteurs qu'aux alarmistes qui, soit par découragement ou pusillanimité, soit dans des intentions perfides, soit enfin par l'habitude de supposer aux autres les vues de leur politique étroite et triviale, ne cessaient de révoquer en doute la volonté bien déterminée du Premier Consul de rendre les Helvétiens à l'indépendance et au bonheur.

J'espère que cette preuve évidente de confiance que le Premier Consul met dans le système loyal d'un gouvernement allié, libéral et sage, concourra à affermir vos pas dans la carrière importante à laquelle les vœux et les besoins de l'Helvétie vous ont appelés, et adoucira les peines et les travaux auxquels vous allez vous consacrer pour le bien de la patrie. Car certes, un gouvernement vacillant, illibéral, se dirigeant sur des arrière-pensées, inconciliables avec le progrès des idées, l'état actuel de l'Europe et les intérêts des deux Républiques, n'aurait jamais obtenu du Premier Consul une marque aussi éclatante de confiance et d'amitié....

P.-A. STAPFER.

Bourbon l'Archambault, le 19 Messidor an 10.

LE MINISTRE DES RELATIONS EXTÉRIEURES AU CITOYEN STAPFER, MINISTRE PLÉNIPOTENTIAIRE DE LA RÉPUBLIQUE HELVÉTIQUE A PARIS.

Citoyen, les dernières lettres du citoyen Verninac et celle que vous m'avez fait l'honneur de m'écrire le 24 messidor m'apprennent que votre gouvernement n'insiste plus sur l'envoi d'un nouveau corps de troupes françaises dans le Pays-de-Vaud. Le Premier Consul a vu avec plaisir que la révolte qui s'y était manifestée était terminée, et que le calme le plus parfait régnait en Helvétie. Son intention est que la Suisse jouisse de toute son indépendance, et que l'Europe ait, dans cette circonstance, un nouveau gage de la modération du gouvernement français.

Dans cette vue, le Premier Consul se propose de fixer au 1er thermidor prochain l'évacuation de la Suisse par les troupes françaises. Les circonstances qui avaient prolongé leur séjour dans ce pays n'existant plus, et les rapports de la République du Valais avec les gouvernemens qui l'environnent étant une fois déterminés par son organisation définitive, le Premier Consul ne pense pas que le gouvernement helvétique puisse encore avoir quelques motifs de désirer qu'il reste quelques troupes sur son territoire.

Veuillez, Citoyen, faire connaître à votre gouvernement les intentions du Premier Consul. L'Helvétie trouvera sans doute, dans cette preuve de l'intérêt qu'il prend à elle et des égards qu'il a pour son indépendance, de nouveaux motifs d'attachement au gouvernement français qui de son côté s'empressera toujours de protéger ses alliés.

Agréez l'assurance de ma plus haute considération

CH.-MAU. TALLEYRAND.

(144.) N° 533. Paris, ce 13 Juillet 1802.

LE MINISTRE PLÉNIPOTENTIAIRE DE LA RÉPUBLIQUE HELVÉTIQUE PRÈS LA RÉPUBLIQUE FRANÇAISE AU CITOYEN MULLER-FRIEDBERG, SECRÉTAIRE D'ÉTAT.

... J'ai reçu une lettre du citoyen Adrien Lezay qui est pleine d'expression de la plus vive reconnaissance pour les bontés dont vous l'avez comblé. Il a envoyé au conseiller d'État, chargé de l'instruction publique, un tableau de l'institut du citoyen Pestalozzi, en l'invitant pressamment à y envoyer des instituteurs qui puissent s'y former et rapporter en France l'excellente méthode de notre illustre concitoyen. Ce serait bien honorable pour nous, si nous étions destinés à réformer l'enseignement élémentaire d'un vaste empire tel que la France, où les plus grands esprits se sont jusqu'ici vainement tourmentés pour rendre la première instruction expéditive, populaire et instrumentale....

(145.) N° 534. Paris, ce 15 Juillet 1802.

LE MÊME AU MÊME.

... A l'audience [1] le Premier Consul me demanda *si nos affaires s'arrangeaient*. Je lui répondis qu'elles allaient à merveille, et que le gouvernement constitutionnel de la République helvétique était actuellement nommé. „*Les membres sont-ils installés?*" „Oui, Premier Consul, ils m'ont chargé de vous assurer, à la première occasion, de leur respectueux attachement et de leur profonde gratitude." *C'est bon,*

[1] Du 14 juillet.

répliqua-t-il; *mais croyez-vous que les affaires puissent marcher à présent?"* „Nul doute, fis-je; l'acceptation de la constitution et du choix des sénateurs a été parfaitement libre, grâce à vos procédés délicats et protecteurs de la tranquillité à la fois et de l'indépendance nationale." „*C'est aussi mon opinion; vous serez incessamment débarrassé de troupes; j'ai donné les ordres pour qu'elles évacuassent la Suisse incessamment.*"

... J'eus ... occasion d'annoncer au Premier Consul l'arrivée de mes nouvelles lettres de créance, le Premier Consul ayant daigné m'aborder de nouveau, après dîner, de la manière la plus prévenante et la plus gracieuse. Je lui dis que je désirais les lui remettre, avec l'espoir qu'il voudrait bien y répondre de façon à donner à la reconnaissance du gouvernement définitif par celui de la République française toute la solennité et toute l'évidence que le Conseil d'exécution devait naturellement désirer.

Il me répondit qu'il recevrait mes lettres de créance avec plaisir, et qu'il était bien aise de voir le gouvernement définitif entrer en activité. „*C'était-là*, dit-il, *mon unique but: je souhaitais rendre le repos et le bonheur à l'Helvétie.*" Je l'assurai d'un ton pénétré, et avec un accent dont il n'a pu méconnaître la source, *que nous étions profondément émus de ses procédés*; que je n'avais pas voulu le lui dire à l'audience, parce que je voulais éviter de paraître le flatter; mais que, dans l'effusion d'une conversation plus animée et moins en représentation, je ne pouvais m'empêcher de le féliciter de s'être, par sa loyauté envers l'Helvétie, placé au-dessus des Césars et acquis des droits éternels à sa reconnaissance.

... Je répétai qu'il avait conquis pour jamais les cœurs des Helvétiens que le Directoire avait aigris; qu'il pouvait autant compter sur l'affection et le dévouement inviolables de la nation helvétique que le gouvernement de l'ancien régime, et que les liens qui désormais uniraient les deux États seraient aussi forts et aussi inaltérables que les ménagemens délicats et la protection désintéressée qu'il nous avait accordée était unique dans l'histoire.

Là-dessus il me dit qu'il avait été fort mécontent du système de Reding, et que le gouvernement helvétique ferait bien de ne pas suivre ses erremens. „Tout bien considéré, ajouta-t-il, quelle opinion avez-vous à présent de Reding?« *Moi:* Je le crois un honnête homme, mais — *Bonaparte:* Mais très borné, n'est-ce-pas? *Moi:* Oui, infiniment borné, mesurant tout sur sa vallée de Schwytz, faisant de l'horizon de Schwytz son horizon politique, et sacrifiant les intérêts de sa patrie aux enfans gâtés de Schwytz dont il flattait les goûts licencieux et les caprices.

Bonaparte: Que fait-il à présent, Reding? *Moi:* J'ai lieu de croire que, s'il n'avait pas fait des prétentions déraisonnables, on l'aurait admis dans le Sénat, pour donner un nouveau gage de modération, et pour ramener plus promptement les Petits Cantons qu'une demi-douzaine de démagogues mènent.

Bonaparte: Ah! je conçois: Reding et son parti sont des gens qui veulent tout ou rien.

Quand les rapports du Valais avec les Républiques alliées seront fixés, et que le Frickthal avec les villes forestières vous aura été remis, toutes vos affaires seront terminées.

Moi: Il nous importerait infiniment d'avoir encore la lisière du Jura, qui formait la portion helvétique de l'Évêché de

Bâle. *Bonaparte :* Il n'y a pas d'obstacle ; mais Bienne en fait partie, et il vient beaucoup d'adresses de Bienne pour demander qu'elle reste française.

Moi : Ah ! Citoyen Consul, si on consultait la majorité des habitans, il est impossible que ce fût leur vœu : ils sont liés de mœurs, d'antiques habitudes, de langue, de religion etc. avec les Suisses. Je vous supplie de vous rappeler que vous m'avez assuré, il y a près de quatorze mois, que vous nous rendriez ces petits pays sans difficulté, si je prouvais qu'ils ne sont pas réunis à la France par une loi ; or rien n'est moins fondé —

Bonaparte : Nous verrons.

... J'ai engagé le citoyen Marescalchi [1] à représenter au Premier Consul, quand il travaillerait avec lui, que le gouvernement helvétique ayant très peu de troupes nationales organisées, et se trouvant placé entre deux partis extrêmes, dont les leviers sont d'un côté dans le Léman, et de l'autre dans les Petits Cantons, il pourrait peut-être lui convenir de ne voir les troupes françaises quitter tout-à-fait le sol de l'Helvétie, qu'après la reconnaissance formelle du gouvernement. Je lui ai dit que cette idée ne venait que de moi ; que je n'étais point autorisé à la mettre en avant ; mais que, comme il était dans l'ordre des possibles qu'elle fût conforme aux intentions et aux besoins de la position de mon gouvernement, il nous rendrait service de la faire goûter au Premier Consul, afin de procurer au Conseil d'exécution helvétique plus de latitude d'action et de moyens disponibles dans des circonstances délicates et importantes.

[1] Ministre et conseiller d'État de la République italienne.

Il m'a assuré qu'il parlerait au Premier Consul dans ce sens, et nous pouvons compter sur la prudence ainsi que sur la parfaite bienveillance du citoyen Marescalchi....

P. S. J'ai oublié de vous dire que, dans le cours de la conversation de l'après-dînée, le Premier Consul me demanda si on était content du citoyen Verninac en Suisse. Vous pensez bien que je rendis à ce ministre la justice que ses principes et les services rendus par lui à l'Helvétie méritent. Le Premier Consul répondit qu'il était charmé d'apprendre que nous l'aimions, et ajouta : *« Il paraît que même à Berne il est mieux vu. »*

(116.) N° 536.   *Paris, ce 20 Juillet 1802.*

LE MÊME AU MÊME.

... D'après ce que le comte Cobentzel m'a dit à plusieurs reprises sur la parfaite indifférence de la cour de Vienne, par rapport au régime intérieur et au personnel du gouvernement de l'Helvétie, pourvu que cette République fût tranquille, heureuse et disposée à maintenir ses rapports de bon voisinage et d'amitié avec la maison d'Autriche, je n'ai plus aucune inquiétude sur la manière dont le remplacement du citoyen Diesbach par M. Muller de Mullegg sera reçu et envisagé à Vienne.

Je suis charmé d'apprendre la tournée que le ministre de France fait dans les Petits Cantons. Sa sagesse et son esprit de conciliation parviendront sans doute à ramener tant la tourbe égarée que les meneurs de bonne foi ; car ceux qui ne sont animés que par la haine et l'ambition, résisteront à tous les conseils de la bienveillance et de l'autorité....

Madame Bonaparte a reçu avant-hier (17 juillet) les ministres étrangers, leurs femmes et les dames étrangères qui déjà avaient été présentées. Il ne devait pas y avoir de nouvelles présentations, parce qu'on voulait écarter poliment la duchesse de Cumberland, dont le désir d'être reçue par madame Bonaparte ne se conciliait point avec l'étiquette de la cour où elle n'a jamais pu se faire reconnaître comme duchesse de Cumberland. Elle trouva malgré cela moyen de s'introduire dans l'appartement de madame Bonaparte qui lui dit à peine un mot, et nous priva de la présence du Premier Consul qui, contre sa coutume, ne vint point dans le cercle des dames, pour éviter que madame de Cumberland ne lui fût présentée.

―――

(117.) N° 538.   *Paris, ce 23 Juillet 1802.*

LE MÊME AU CITOYEN JENNER, SECRÉTAIRE D'ÉTAT DE LA RÉPUBLIQUE HELVÉTIQUE POUR LES RELATIONS EXTÉRIEURES, A BERNE.

... J'avoue que, dès le moment où la résolution du Premier Consul de faire évacuer l'Helvétie par les troupes françaises parvint à ma connaissance, quelques craintes sur les conséquences possibles d'une sortie aussi brusque se mêlèrent à la joie vive et pure à laquelle, comme Suisse, je ne pouvais m'empêcher de me livrer. Mais je crus devoir avec abandon manifester mon émotion et ma reconnaissance, avant de donner accès à de froids calculs. La seule précaution que je crus être autorisé à prendre, fut de témoigner qu'une annonce régulière, faite préalablement au Conseil d'exécution, et une évacuation graduelle, concertée avec cette autorité suprême d'après un plan avantageux et à la troupe et à la tranquillité publique, sauveraient à la fois et les formes exigées par les égards dus au gouvernement helvétique, et les embarras dans lesquels un déplacement aussi subit des forces sur lesquelles il avait dû compter pour la police du pays le jetterait nécessairement.

La lettre dont le Conseil d'Exécution m'honora en date du 13 juillet, confirma mes conjectures sur les appréhensions qui devaient naître d'un incident aussi majeur, et j'en parlai sans déguisement tant au citoyen Durand qu'au ministre de la Guerre. L'un et l'autre me promirent de transmettre au Premier Consul mes observations sur la nécessité de faire précéder l'évacuation par un acte imposant et clair qui donnât au gouvernement helvétique une grande force morale, au moment où ses moyens de coercition et de répression physique devaient être si considérablement réduits.

... J'ai eu depuis le 25 messidor de fort longues conférences avec les deux membres les plus marquans du corps diplomatique, Markow et Lucchésini. Le premier est plus réservé et plus homme d'état que le dernier qui a trop le désir d'étaler son esprit et ses connaissances. Quoique l'amour-propre littéraire du second ne lui fasse jamais oublier les règles de la prudence, et qu'il ne se livre jamais qu'avec la mesure qu'il veut y mettre, il est cependant trop occupé de lui même, et le rôle qu'il v... ouer dans le dialogue lui fait négliger les moyens qu'il pourrait employer pour mettre en jeu l'interlocuteur, et que Markow, qui ne songe jamais à briller ou à suivre ses idées avec prédilection, ne manque jamais de manier avec infiniment de finesse et de dextérité.

L'un et l'autre avaient remarqué la conversation dont le Premier Consul m'honora, le 14 juillet, après le dîner; elle dut naturellement attirer l'attention de courtisans qui sont mis en mouvement par des choses infiniment moins signifiantes. Le marquis de Lucchésini se borna à me faire de nouvelles protestations de l'intérêt que son roi prenait au sort de l'Helvétie et de la satisfaction qu'il éprouverait d'apprendre l'établissement d'un ordre constitutionnel et définitif. Il me répéta que le roi n'attendait que l'achèvement des travaux qui étaient relatifs à notre organisation, pour nous donner des marques publiques d'amitié et d'égards; et le 17 juillet il me félicita formellement du ton ainsi que du contenu de l'article raisonné du Moniteur sur les événemens qui ont rempli l'espace de temps écoulé depuis le 17 avril jusqu'au 5 juillet. Je saisis cette occasion pour lui recommander fortement de ne parler ici en notre faveur que dans des termes qui ne pussent point nous attirer même le soupçon de vouloir recourir à d'autres puissances qu'à la justice et à la générosité du Premier Consul. Il me dit: «Soyez tranquille; nous ne compromettons jamais les amis; ce que je dirai ne vous fera jamais tort, parce que je me bornerai à déclarer que toutes les preuves de bienveillance et d'amitié que la France vous donnera, feront un très grand plaisir au cabinet de Berlin.»

Quant à Markow, il a fait une nouvelle tentative de m'effrayer et de m'exciter. Je l'avais précédemment désorienté; mais cette dernière fois je l'ai véritablement déconcerté par un manœuvre très simple et qui réussit toujours avec les hommes d'esprit: je ne l'ai jamais combattu, toujours observé, souvent appuyé dans ce qu'il disait; mais en même temps, à chaque fois qu'il croyait m'embarrasser par un raisonnement spécieux, je prenais mon point de vue un peu plus haut, et, en y ramenant ce qu'il venait de dire dans un but tout différent et plus rétréci, j'agrandissais l'horizon politique à mesure, et les propos, comme les cercles qu'une pierre tombante forme dans l'eau calme et profonde, allaient se perdre dans le vague des aperçus diplomatiques ou philosophiques, sans que sa logique ou sa bile pût y remédier. Ce genre fait sauter l'adversaire aux nues, sans qu'il ose se fâcher ou sortir des limites de la plus grande politesse; on détourne les coups en les amortissant ou en leur donnant une direction différente. Voici un échantillon.

Markow: On dit que les troupes françaises vont vous quitter?

Stapfer: Nous n'en avons jamais douté.

Markow: Vous êtes bien bons. Elles rentreront en plus grande force au premier moment où vos dissensions en fourniront le prétexte. On prévoit cet événement et on veut se mettre en mesure d'en profiter, avant que l'ordre chez vous soit tout-à-fait établi et consolidé.

Stapfer: Et si nous sommes sages?

Markow: Il ne faut pas faire des suppositions impossibles.

Stapfer: Mais à quoi bon nous alarmer, quand également vous ne pouvez y porter remède?

Markow: Nous ne pouvons venir au secours de gens qui ne veulent pas qu'on leur aide.

Stapfer: Est-ce que le général Auffenberg a bougé, quand, à quelques lieues de lui, les femmes et les enfans se faisaient égorger dans le Canton d'Unterwalden?

Markow: C'était trop tard.

Stapfer: A plus forte raison aujourd'hui.

Markow: Vous n'avez jamais rien fait pour la cause commune. Souvent il faut attaquer pour se défendre. Ne se défendre que quand on est attaqué, c'est se faire égorger.

Stapfer : Il me semble que l'Europe aurait mieux fait de ne pas attaquer : elle n'aurait pas été humiliée et forcée de subir la loi du vainqueur.

Markow : Il fallait bien se coaliser contre des barbares qui voulaient anéantir l'ordre social et la civilisation européenne.

Stapfer : Les barbares réussissent toujours dans ces projets d'invasions. Vos ancêtres ont renversé l'empire romain. Aujourd'hui ce sont les classes inférieures qui ont fait une irruption dans les classes supérieures de la société. Cet envahissement devait réussir, parce que la force luttait avec la faiblesse ; et nous sommes bien heureux qu'un grand homme ait régularisé ces conquêtes et qu'il les ait tournées au profit de l'humanité. C'est en ses vastes vues et en sa générosité que nous espérons, et non en des sentimens vagues et sans effet.

Markow : Un conquérant ne connait de lois que son ambition.

Stapfer : Les progrès de la civilisation ont ennobli les maximes des grands guerriers. Le besoin d'une gloire morale, fruit de l'esprit du siècle, est un plus sûr garant de leur générosité que les coalitions incohérentes et les faibles combinaisons de la diplomatie des cours qu'une mouche dérange et qu'un souffle détruit.

Markow : Vous vous mettez donc à la merci d'un homme ?

Stapfer : Beaucoup plus volontiers qu'à la merci du hasard. Mais, M. le Comte, les puissances de l'Europe, en nous traitant avec bienveillance et notre gouvernement avec égards, contribueront à nous donner un sentiment de fierté et une consistance politique qui rendront toute entreprise contre notre indépendance plus difficile. Au lieu donc de se plaindre sans cesse de l'esprit révolutionnaire et du dévouement des Suisses à la cause française, il serait beaucoup plus conséquent et plus véritablement conforme aux intérêts des cours de l'Europe de nous environner de respect et d'honneurs; il serait surtout dans vos vues bienveillantes pour la nation helvétique de nous procurer de la part de S. M. l'empereur de toutes les Russies des marques d'amitié et de considération.

Répondrez vous d'une manière honorable et satisfaisante à la notification officielle que je vous ferai de l'installation du gouvernement helvétique constitutionnel?

Markow. Il faudra que je prenne les ordres de ma cour. Vous ne pouvez douter de l'intérêt que S. M. prend au sort de la Suisse.

Stapfer. Bon; mais il faut que cet intérêt se prononce, se déclare, se manifeste par des actions, et c'est le gouvernement qui pour l'étranger représente une nation etc. etc.

————

(148.) N° 510.   *Paris, ce 24 Juillet 1802.*

LE MÊME AU MÊME.

... l'article important inséré dans le Moniteur, du 7 thermidor, et daté du 6 de Paris, est de nature à répondre à toutes les vues du gouvernement. Vous n'ignorez pas, Citoyen Secrétaire d'État, que les articles du journal officiel datés de Paris et insérés dans cette forme, quand ils concernent les relations extérieures et qu'ils ne contiennent pas d'indication de la source où ils ont été puisés, sont toujours de la main même du Premier Consul, sont envisagés par les puissances étrangères comme l'expression la plus marquante des intentions du gouvernement français, et qu'ils portent, aux yeux de tout le public européen, un caractère d'officialité et de force qui ne se retrouvent, au même degré, que dans bien peu d'actes solennels et authentiques du gouvernement français, et dans aucun avec plus d'évidence et d'énergie.

D'après ces données qui forment une des bases du nouveau code des usages diplomatiques, il n'y a pas l'ombre de doute que l'article en question ne soit une invitation expresse et formelle, adressée par le Premier Consul aux puissances de l'Europe et au peuple helvétique, pour engager les premières à reconnaître et les Suisses à se rallier avec dévouement et confiance autour du gouvernement actuel de l'Helvétie. Aucune déclaration n'aurait pu être plus positive ou plus signifiante; aucune n'aurait manifesté, d'une manière plus claire et plus forte, les vœux et les intentions du Premier Consul de la République. . . .

(149) N° 541. *Paris, ce 31 Juillet 1802.*

LE MÊME AU MÊME.

Le ministre des Relations extérieures est arrivé le 29 au soir. J'ai été lui faire visite à Neuilly où il passe la belle saison. . . .

Il m'a félicité de la sortie des troupes françaises; il m'a annoncé que le Premier Consul allait donner sa sanction aux arrangemens concertés pour le Valais avec le Ministre de la République française en Helvétie. Je lui ai parlé de nouveau et avec instance de Bienne et de l'Erguel; mais il paraît trouver de grandes difficultés dans cette restitution, tant parce que le Premier Consul répugne à ne pas maintenir le territoire de la République tel qu'il était au 18 brumaire an 8, que parce qu'une foule d'employés, du fisc, de l'administration et des douanes, jointe à quelques hommes anti-suisses depuis longtemps, remue ciel et terre pour empêcher le rétablissement de nos anciennes limites. Je lui fis observer qu'aucune loi n'avait prononcé l'incorporation de ces contrées dans l'empire de la République, et que l'intérêt particulier de quelques agens de la douane ne pouvait contrebalancer nos droits et le vœu général du pays; mais il paraît que le gouvernement français tient aujourd'hui plus que jamais à conserver un district où l'organisation française est en vigueur depuis quatre ans.

Il n'est pas douteux que le citoyen Reding n'ait contribué pour beaucoup à gâter cette négociation, en proclamant, avec aussi peu de tact et de prudence que beaucoup d'ostentation, la prochaine réddition de ces vallées. Cette annonce prématurée ayant nui au recouvrement des impositions et alarmé tous ceux qui ont intérêt à ce que ces pays restent français, on a travaillé ici avec d'autant plus d'ardeur et de succès à confirmer le gouvernement français dans ses intentions de maintenir l'état actuel des choses, que la conduite du système de Reding n'était nullement faite à disposer favorablement le Premier Consul, et que les membres des autorités suprêmes de France, qui sont originaires de l'Évêché de Bâle, pouvaient dresser leurs batteries d'avance contre les efforts qu'on ferait de notre part.

Dans ces circonstances . . . je ne présenterai pas de nouvelle note relative à cet objet, jusqu'à ce que vous m'en donniez l'ordre expressément.

En revanche, nous pourrons et nous devons réclamer l'annulation de tous les articles du traité d'alliance qui pourraient compromettre notre neutralité, et dont la modifi-

176

cation a été un des buts et doit être à juste titre le résultat de la déférence pour les désirs du Premier Consul à l'égard de la République du Valais.

... Je porterai .. les plaintes les plus vives contre l'acte de violence exercé par le général Turreau.

Agréez etc.

(150.) N° 542.　　　　　　　　　　　Paris, ce 2 Août 1802.

LE MÊME AU MÊME.

... La nouvelle ... que vous me donnez de la reconnaissance formelle de notre chargé d'affaires à Vienne, me fait d'autant plus de plaisir que l'espèce d'irritation qui subsiste entre la maison d'Autriche et les puissances qui viennent d'arrêter sans son concours et malgré elle le plan des indemnités, me faisait craindre que sa mauvaise humeur n'eût pu rejaillir sur nous.

Voici un fragment de conversation entre les envoyés de Prusse et d'Autriche, dont je vous garantis la fidélité mot pour mot.

Cobentzel: Il est étonnant que sa majesté prussienne oublie ainsi tous ses devoirs envers l'Empire, et qu'elle coopère avec l'étranger à l'anéantissement de sa constitution. L'occupation de terres d'Empire, non cédées en vertu d'un décret de la Diète, mais assignées à quelques États germaniques par un plan arrêté sans sa participation, est une véritable usurpation, et le mystère dans lequel ces arrangemens ont été concertés, ne porte point le caractère de loyauté qu'on aimerait à retrouver dans toutes transactions qui concernent un intérêt aussi majeur, commun à tout l'Empire germanique.

Lucchésini : J'espère que l'ambassadeur d'un grand prince pèse toutes les expressions dont il se sert; et j'avoue que, dans cette supposition, le terme *d'usurpation* dont votre Excellence a fait usage, me paraît d'une force qui passe et les convenances et la vérité. Nous devions nous apercevoir qu'on ne voulait pas terminer l'affaire des indemnités, et qu'on tâchait, sous différens prétextes, d'en différer la décision, quel que fût l'état de souffrance dans lequel cette incertitude plongeât la plus grande partie de l'Allemagne. *(Avec chaleur)* Ce n'est au reste pas à la puissance qui, pour agrandir ses possessions par une grande province en Italie, a cédé à l'étranger le boulevard de l'Allemagne, reconquis par les efforts et les sacrifices de S. M. le roi de Prusse, à faire aux autres États le reproche de léser les intérêts de l'Empire. Le reproche de perfidie est encore plus déplacé dans la bouche de l'ambassadeur d'une cour qui, un mois après que Mayence eut été donnée à la France par un traité secret, faisait répondre à l'électeur de Mayence par son ministre accrédité auprès de ce malheureux prince, que le bruit qui circulait sur la cession de Mayence était absolument faux.

Cobentzel : Si dans l'affaire des indemnités on use de violence avant que la Diète ait prononcé, les princes qui auraient préféré attendre sa décision, avant de prendre un parti, se verront aussi forcés à des mesures énergiques etc.

(151.) N° 513. Paris, ce 1 Août 1802.

LE MÊME AU MÊME.

... Monsieur de Cobentzel m'a réitéré les assurances de l'intérêt que son cabinet prenait à l'indépendance et au bonheur de l'Helvétie, en ajoutant que sa cour ne se mêlait en rien de nos affaires intérieures, et que le gouvernement qui saurait le mieux maintenir la tranquillité dans notre pays, lui paraîtrait le meilleur; qu'au reste elle désirait ardemment entretenir avec celui qui existait les rapports d'amitié et de bonne harmonie qui avaient subsisté depuis si longtems entre les deux États pour leur avantage réciproque. — Je me tiens toujours à l'égard du comte de Cobentzel dans des généralités très vagues, tant parce qu'il a la réputation d'être commère, que parce que le gouvernement français ne paraît pas, dans ce moment, être fort content de l'Autriche, et que cette maison ne peut, dans l'état actuel de faiblesse ou plutôt de nullité où l'incapacité de son chef et les faux systèmes de ses ministres l'ont réduite, nous être d'aucune utilité quelconque. Tenons-nous en à la France, notre alliée naturelle, et la seule puissance qui, par sa position, peut prendre un véritable intérêt à notre sort.

... J'attends avec anxiété la nouvelle du premier usage que les Suisses auront fait de l'éloignement des troupes étrangères de leurs foyers. La sagesse avec laquelle ils se comporteront, décidera à la fois et de leur sort et de leur réputation à l'avenir. ...

(152.) N° 514. Paris, ce 6 Août 1802.

LE MÊME AU MÊME.

Dans une de mes dernières conversations avec le citoyen Talleyrand, ce ministre s'est beaucoup plaint des bruits qu'on répandait en Suisse, que la France s'emparait du Valais. Il m'a invité à les démentir formellement et a ajouté que les pétitions faites dans ce pays, pour obtenir sa réunion avec la France, étaient très mal vues par le Premier Consul qui était contraire à ces projets.

Il m'a demandé comment le gouvernement helvétique marchait. „Y a-t-il de l'union parmi les membres?" a-t-il dit. Sur l'étonnement que je lui témoignai de ce qu'on pouvait avoir des soupçons du contraire, la plus parfaite harmonie régnant dans les autorités nouvelles, il répondit: „Cela est bien nécessaire."

(153) N° 546. Paris, ce 12 Août 1802.

LE MÊME AU MÊME.

Dans mes dernières conférences avec le ministre des Relations extérieures j'ai tâché d'attirer l'attention très sérieuse du gouvernement français sur les dispositions des Petits Cantons et sur le penchant vers la démocratie qui règne universellement dans les campagnes et auquel il sera difficile d'opposer une digue, si les premiers réussissent à rétablir leurs anciens usages de démocratie et de licence populacière. Je lui ai manifesté le désir qu'il m'écrivit une lettre officielle.

dans laquelle, après avoir parlé de l'évacuation de la Suisse, il ajoutât que le Premier Consul verrait avec infiniment de peine quelques Cantons se séparer de la République helvétique et relâcher un lien qui était nécessaire à leur bonheur commun, et que le gouvernement helvétique pourrait compter sur tout son appui dans les cas qui exigeraient, pour le maintien de l'ordre constitutionnel et de l'union helvétiques, un déploiement de secours et de moyens extraordinaires.

Le ministre m'observa que nous étions trop pressés à nous alarmer; que le temps était un grand réparateur; que le gouvernement français ne pouvait encore juger de ce qu'il convenait de faire; que s'il avait, dans d'autres occasions, fait ce que nous désirions, nous ne serions pas aussi avancés que nous l'étions; qu'il fallait laisser mûrir les événemens etc.

Je lui demandai si le Premier Consul était favorable ou contraire au système d'indépendance absolue des Petits Cantons. Le ministre me répondit que le Premier Consul n'était ni pour ni contre; qu'il ne désirait que notre bonheur, et par conséquent celui entre tous les systèmes qui pourrait l'assurer avec le moins d'oppositions et de flottemens.

J'insistai sur le danger dont nous menaçait le goût universel pour les Landsgemeinden et les effets désastreux qui en résulteraient pour la prospérité et la civilisation de l'Helvétie et principalement des villes, et je tâchai de lui prouver l'impossibilité que le retour des Landsgemeinden, sans modifications, pût ramener et maintenir un ordre supportable même dans les Cantons primitifs, les deux grands moyens d'ordre qui existaient autrefois, l'ascendant de quelques familles et la facilité de récompenser les citoyens qui se vouaient gratuitement aux affaires publiques, avec des baillages lucratifs, étant ou détruits ou considérablement diminués par la révolution.

Il m'écouta sans me rien dire de précis ou de signifiant. . . .

(151.) N° 517.   Paris, ce 11 Août 1802.

LE MÊME AU MÊME.

. . . Il fut question [1] du libelle de Reding.

Moi : Le Premier Consul a-t-il connaissance de cette brochure ?

Talleyrand : Oui, mais son contenu lui est très indifférent. N'est-ce-pas, Reding m'y dit force sottises ?

Moi : Je ne l'ai pas vu encore; mais c'est très possible. On m'écrit qu'entr'autres personnes il me maltraite aussi, je ne sais trop pourquoi; car le seul reproche que j'aie à me faire, c'est d'avoir eu trop bonne opinion de Reding, de vous en avoir fait un portrait trop avantageux et d'avoir ajouté foi à ses protestations d'attachement aux principes libéraux.

Talleyrand : C'est aussi le seul reproche que nous vous ayons jamais fait; vous avez été, par suite de votre esprit de conciliation, trop facile envers Reding.

Moi : Comme il mène une population intéressante et opiniâtre, nous aurions désiré pouvoir le gagner pour le bon parti, et éviter, par ce rapprochement, la scission de la partie primitive de la Confédération helvétique.

Talleyrand : Que votre gouvernement déploye de l'énergie et de la fermeté, et tout ira bien. Nous voyons bien que

---

[1] Dans la conversation avec Talleyrand du 13 août.

182

l'effervescence des Petits Cantons est excitée et entretenue par les ennemis des deux gouvernemens.

Je lui ai ensuite renouvelé mes représentations sur la nécessité que nous soyons reconnus par l'Angleterre et la Russie, et les bons effets qui en résulteraient pour l'affermissement du gouvernement helvétique. Il me répondit en ces mots: „Nous avons fait pour vous tout ce qu'il était possible; mais nous ne pouvons obtenir de l'Angleterre la reconnaissance de la République italienne et du roi d'Étrurie; et cependant nos liens avec la première sont encore plus intimes qu'avec vous. Votre gouvernement est reconnu. Le Premier Consul ne pouvait pas le faire par un acte plus marquant que par la réception publique de vos lettres de créance. C'est à vous de faire le reste. Vous devriez nommer un chargé d'affaires temporaire auprès du roi d'Angleterre. Il serait bien forcé de l'admettre. Mais on ne veut pas vous payer; c'est pour cela qu'on fait toutes ces difficultés." . . .

(155.) N⁰ 518.   Paris, ce 16 Août 1802.

LE MÊME AU MÊME.

Je n'ai rien d'intéressant à vous mander, pour le moment, que ce que le Premier Consul m'a dit hier à l'audience sur les Petits Cantons. Après m'avoir demandé des nouvelles des progrès de notre organisation et avoir témoigné une grande satisfaction de la marche du gouvernement helvétique, il me dit: „Il y a quelques mouvemens dans les Petits Cantons?"

„Oui, Premier Consul, quelques meneurs veulent les rendre indépendans de la République helvétique."

Bonaparte : Indépendans! un village indépendant du reste de l'État — c'est impossible et très ridicule.

Moi : Il faut espérer que les mesures de conciliation adoptées par le gouvernement et leurs propres intérêts les ramèneront bientôt au lien helvétique.

Bonaparte : Sans doute; ils ne pourront rester isolés.

Nous passâmes la soirée aux Tuileries....

(156.) N° 519.   *Paris, ce 20 Août 1802.*

LE MÊME AU MÊME.

... J'ai ... eu avec le ministre Talleyrand un long entretien.... Voici le résumé en peu de mots.

Le Premier Consul ne sait pas ce que sont les Petits Cantons; leurs prétendus chefs lui ont écrit, dit-on; il ne connait pas ces chefs; il ne peut par conséquent leur répondre; il n'aurait pas même fait décacheter leur lettre, s'il avait su d'où elle venait; le Premier Consul ne reconnait qu'une République helvétique et son agent à Paris; il n'en reconnaitra jamais d'autre, quelles que soient les fractions qui pourraient vouloir se mettre en révolte et faire scission de la *République une* qui seule existe pour lui. C'est au gouvernement helvétique à faire la police chez lui, à rompre les résistances et à détromper les citoyens qu'on égare par des mensonges; il n'a qu'à donner un démenti formel au citoyen Reding et à prendre toutes les mesures de répression que l'intérêt de l'ordre public dans une République *une* exige. Au reste, le citoyen Verninac a reçu des instructions qui le mettent à même de faire toutes les déclarations nécessaires dont le gouvernement helvétique pourrait avoir besoin....

(157.) N° 550. Paris, ce 21 Août 1802.

LE MÊME AU MÊME.

... Le général Dumas m'a donné confidentiellement une notice préalable du rapport sur les indemnités des officiers piémontais qu'il a fait au Conseil d'État, et qui va être présenté à la sanction des Consuls. Il l'a fait précéder de quelques considérations générales qui doivent produire quelque effet sur l'esprit du Premier Consul. Après avoir parlé de l'indépendance à laquelle le Premier Consul a rendu et dans laquelle il est déterminé à maintenir l'Helvétie, il montre combien il est important de conserver dans ce pays allié l'influence qu'avaient su s'y acquérir et s'y ménager les rois de France, particulièrement au moyen des pensions et du service militaire. Il s'attache ensuite à prouver que la République française ne peut s'assurer les avantages de cette influence prépondérante sur celle des autres puissances, qu'en ouvrant aux principales familles du pays, dans le service étranger et le payement des pensions qui leur sont dues en vertu des traités, une source de rapports et d'aisance qui doivent les rattacher au peuple français.

... Les Consuls Cambacérès et Lebrun m'ont demandé si le citoyen Landammann était content des lettres qu'ils lui ont écrites. Ils sont, l'un et l'autre, dans les meilleures dispositions pour l'Helvétie et son gouvernement....

(158.) N° 551. Paris, ce 28 Août 1802.

LE MÊME AU MÊME.

Enfin, je puis vous annoncer que le Premier Consul paraît vouloir se rendre à la demande du gouvernement helvétique, et qu'il mettra à sa disposition la demi-brigade auxiliaire qui est dans le Milanais.

... Je me rendis ... chez le citoyen Talleyrand et appris de lui que le Premier Consul était très disposé à accorder au gouvernement helvétique sa demande, mais qu'il désirait que je l'énonçasse encore une fois dans une seconde note officielle, en ajoutant que le gouvernement helvétique, après avoir *exigé* l'évacuation de la Suisse, se trouvait dénué des moyens suffisans de répression contre les malveillans et les révoltés des Petits Cantons.

Je ne lui cachai pas ma surprise de ce qu'il jugeait cette nouvelle formalité nécessaire, ne voyant pas trop quel but elle pouvait remplir ...; mais le ministre insista sur cette nouvelle démarche. ...

Je me suis beaucoup plaint des procédés du général Turreau, de ce qu'il existait en Valais deux genres d'ordres de sa part, de bouche et par écrit, qui se croisaient, de sa prédilection pour les plus mauvais sujets du pays etc.; enfin, je n'ai point ménagé les expressions, tant les derniers avis reçus par le citoyen Muller-Friedberg m'avaient indigné. Le ministre m'a réitéré la déclaration du Premier Consul que le Valais devait être parfaitement indépendant et libre dans ses choix, et son vœu que ce choix tombât sur les hommes les plus estimés du pays. Il m'a promis de faire donner au général Turreau des instructions précises dans ce sens; en attendant, il nous exhorte à aller en avant et à ne nous tenir qu'à ce qu'il nous annonce être l'intention du Premier Consul....

(159.) N° 552.   *Paris, ce 1ᵉʳ Septembre 1802.*

LE MÊME AU MÊME.

Nous voilà encore reculés de quelques jours pour la réponse à la demande d'une demi-brigade auxiliaire.

Après avoir présenté la note ci-jointe [1], rédigée dans le sens que m'avait indiqué le ministre des Relations extérieures, il l'approuva et me dit que dans deux jours au plus tard j'aurais réponse. Hier il m'annonça que le Premier Consul en était content, excepté le peu de développement que je donnais à l'assertion que les Suisses s'étaient réservé le droit de rappeler leurs régimens en service de France dans des temps de danger intérieur ou externe; que le Premier Consul désirait que ce motif fût principalement mis en avant et déduit historiquement avec les citations précises des anciens traités; qu'en un mot, il voulait que la note ne fût qu'une espèce de réquisition faite en vertu des anciens traités.

Je lui observai que ces retards nous étaient extrêmement préjudiciables; que je n'avais pas de copie des anciennes capitulations; que jusqu'à ce que je me les eusse procurées, il s'écoulerait beaucoup de temps extrêmement précieux....

Il me répondit qu'il était fâché d'être obligé d'insister sur ces développemens historiques; que le Premier Consul y tenait beaucoup....

[1] Elle manque.

Si ces retards nous causent du chagrin, l'article du Moniteur d'hier sur la lettre des chefs de l'insurrection des Petits Cantons est en revanche bien propre à nous faire plaisir et à produire un très bon effet. C'est un démenti officiel donné par le Premier Consul lui-même à tout ce que MM. Reding et autres ont répandu en son nom. Mais l'expression de rebelles, dont l'article se sert, indique bien que le gouvernement français s'attend à ce que celui de l'Helvétie traite les scissionnaires en véritables révoltés, et qu'on déploye contre eux toutes les forces nationales disponibles.

Le penchant anti-social de s'isoler est trop généralement répandu en Suisse, pour qu'il ne se manifestât pas partout, si on était forcé de céder aux demandes séditieuses des meneurs démagogiques.

(160.) N° 553. *Paris, ce 3 Septembre 1802.*

LE MÊME AU MÊME.

... J'ai vu le général Montrichard qui a eu une audience du Premier Consul dans laquelle celui-ci a montré les meilleures dispositions pour nous accorder la seconde demi-brigade; mais il lui a dit, en même temps, qu'il lui fallait, pour se justifier aux yeux des puissances étrangères d'avoir fait entrer derechef des troupes en Suisse, l'allégation d'un traité positif qui en donnât le droit au gouvernement helvétique, soit directement, soit en vertu d'usages établis anciennement.

Hier à l'audience et après le dîner diplomatique le Premier Consul m'a parlé de la situation de l'Helvétie et m'a demandé si nos affaires s'arrangeaient. Je lui ai répondu que le gouvernement helvétique avait pris toutes les mesures de douceur et de vigueur qu'il lui était possible de prendre pour ramener les Cantons égarés; mais que, pour en assurer le succès, il avait besoin d'être secondé par son allié, le gouvernement français; qu'il fallait que celui-ci se prononçât fortement et clairement sur les projets d'isolement de quelques Cantons, et qu'il mit à notre disposition quelques forces déjà organisées, la levée des milices entraînant des longueurs etc. Il me répondit que l'article du journal officiel ne laissait rien à désirer à l'égard des intentions du gouvernement français; que, par rapport à la demande d'une demi-brigade, il avait besoin de voir le texte des anciens traités et des capitulations militaires.

Il est bien malheureux que le ministre Talleyrand ait tardé si longtemps à me dire à quelle formalité tenait la réussite de notre demande, et, surtout, qu'après l'écoulement de quinze jours il ne m'ait fait d'autre observation, excepté d'exiger que ma note fit mention de l'évacuation de la Suisse par les troupes françaises, au lieu de me parler des citations exactes que l'on exigeait: j'aurais tout de suite renvoyé Schulthess[1] en Suisse pour vous prier de me faire passer promptement ces actes. Aujourd'hui, il ne me reste rien à faire qu'à poursuivre ici mes recherches et à attendre de Suisse l'envoi des documens, si elles sont infructueuses.

Je conçois combien vous devez être inquiets et mécontens de la longue absence de votre courrier; mais je vous laisse à juger s'il y a de ma faute. Je suis ici dans l'huile bouillante, jusqu'à ce que j'aie pu rédiger la note telle que le Premier Consul la désire et que j'aie obtenu une réponse favorable.

[1] Le courrier.

... Je sais *authentiquement* que le Premier Consul a dit qu'il ne pourrait nous donner que deux bataillons de la seconde demi-brigade, et qu'ils ne nous seraient pas de grand secours....

(161.) N° 554.   *Paris, ce 5 Septembre 1802.*

LE MÊME AU MÊME.

La nouvelle déplorable que vous me donnez, par votre numéro 555, de l'effusion de sang sur les frontières d'Unterwalden m'a bouleversé. Dieu veuille que ce soit la première et dernière !

Il est bien étonnant et malheureux qu'après s'être fait présenter plusieurs notes rédigées dans le sens que m'indiquait le ministre, et n'avoir, pendant trois semaines, exigé qu'une demande appuyée sur la position de l'Helvétie et son dénûment de forces répressives, le Premier Consul ait, tout-à-coup, insisté pour qu'il y soit fait *une allégation textuelle de capitulations militaires*, consacrant le droit du gouvernement helvétique....

(162.) N° 555.   *Paris, ce 8 Septembre 1802.*

LE MÊME AU MÊME.

... J'ai eu le six, avec le ministre, un entretien très détaillé et très pressant sur la position de l'Helvétie.

Il m'a dit que nos affaires allaient bien mal, et il m'a de nouveau adressé le reproche que nous avions eu tort de demander l'évacuation de la Suisse. Je lui ai répété là-dessus ce que je lui avais déjà plusieurs fois observé : que nous n'avions point demandé la retraite des troupes dans le moment de l'établissement de notre nouvelle organisation ; que nous aurions au contraire désiré qu'elle eût lieu trois mois plus tard, et qu'il savait bien, lui-même, comment l'offre du Premier Consul avait été faite, et si le gouvernement helvétique, dans la position délicate où il se trouvait, avait eu la faculté de refuser cette offre dans la supposition de son inévitable publicité.

Il remarqua qu'une constitution qui avait besoin des baïonnettes pour se soutenir, ne valait rien ; que nous avions paru enchantés de la nôtre et assurés de son succès.

Je répliquai qu'une nation ayant été arrachée à son ancienne organisation, et ne pouvant, par mille raisons, y retourner, il était difficile d'imaginer comment il serait possible d'y établir un nouvel ordre stable et raisonnable, sans l'ascendant d'une grande autorité, particulièrement si cette nation, formée de peuplades très diverses et agitée par des passions haineuses et des préjugés enracinés, n'avait de point de ralliement ni dans les anciennes institutions, sur lesquelles leurs partisans même ne pouvaient s'accorder pour le mode et la nature de leur résurrection, ni dans de grands hommes, fixant les regards de la multitude par des actions d'éclat et des services importans, ni dans un système qui plût généralement, aucune forme de gouvernement ne pouvant être considérée comme voulue par la grande majorité. J'ajoutai que le seul penchant bien prononcé de la multitude était vers l'établissement d'un régime démagogique bien licencieux et bien épouvantable, vers l'isolement absolu et vers la métamorphose de toutes les vallées, villes, bourgs et villages de l'Helvétie en autant d'États démocratiques tumultueux et indépendans; qu'une pareille dissolution de la Suisse serait le tombeau de la civilisation, la honte du siècle et aurait pour effet de voir la Suisse effacée de la liste des États, et surtout de celle des Républiques alliées et tenant au système de la France.

Talleyrand : Ce n'est pas le gouvernement français actuel qui a fait la révolution de Suisse, et les Français ne peuvent pas se battre constamment pour tout le monde.

Moi : Un mot du Premier Consul suffirait, pour mettre fin à tous nos troubles et pour affermir le gouvernement qu'il a reconnu. Que le Premier Consul déclare qu'en conformité du traité d'alliance il est prêt à donner secours au gouvernement helvétique contre les ennemis intérieurs, et que le général de la division la plus rapprochée de l'Helvétie a ordre d'entrer à la première réquisition du gouvernement, et que cette déclaration soit publiée d'une manière authentique!

Talleyrand : Donnez moi une note là-dessus. Toutes vos demandes doivent pouvoir être montrées aux puissances étrangères.

Moi : Je ne suis point autorisé à vous remettre une pareille note. Il me semble que le Premier Consul pourrait faire publier une déclaration semblable, sans craindre que les cours de l'Europe la considèrent soit comme un écart de la ligne de modération qu'il s'est tracée, soit comme une contravention au traité de Lunéville ou aux engagemens qu'il peut avoir pris. Le gouvernement helvétique est reconnu par le Premier Consul, par l'empereur et le roi de Prusse; il ne va pas tarder à l'être par l'Angleterre. Il faut bien que la Suisse soit rendue à la tranquillité et à la paix, comme le reste du monde. Qu'est-ce qui pourrait faire hésiter le Premier Consul sur la propriété de tous les moyens qui peuvent le plus promptement, sans coup férir et sans nous causer de frais, ramener le calme en Helvétie? La Prusse et la Bavière ne sont pas moins que la République italienne et la France intéréssées à empêcher qu'il ne s'établisse en Suisse des États, disparates en affections et en systèmes politiques, qui, dans des guerres futures, la diviseraient en deux partis et en livreraient la partie militairement la plus importante au rival naturel de l'Empire français.

Talleyrand: Le Premier Consul n'aime pas à se mêler des affaires des autres. Il vous a donné des conseils; il a reconnu votre gouvernement en vous recevant en audience solennelle; on avait demandé à différentes époques qu'il retirât les troupes françaises; il les a retirées.

Il ne peut pas, coup sur coup et en même temps, adopter d'autres mesures; vous pouvez, au reste, être sûr qu'il prendra très promptement une détermination à l'égard du contenu de votre note. Je vous répète qu'il ne reconnaîtra jamais en Helvétie qu'un gouvernement et qu'une république.

Le marquis de Lucchésini m'a fait confidentiellement part de la conversation qu'il a eue le 15 fructidor avec le Premier Consul sur l'état de la Suisse. Lucchésini lui fit compliment sur le bon effet que produisait en Europe la retraite des troupes françaises. „Il me répondit, dit Lucchésini, avec un accent de vérité qui me paraissait partir du cœur, qu'il nous laisserait faire."

Je ne cachai pas au marquis de Lucchésini que l'état de la Suisse n'était nullement tranquillisant, et, comme il venait de me dire qu'il renouvelait son cours de belle littérature avec M. Fox, je lui observai que nous aurions peut-être besoin de Neptune pour calmer les flots irrités, et qui prononçât le *Quos ego!* Il sourit et dit qu'il faudrait bien y venir, si l'agitation ne se calmait autrement. Il m'assura que le Premier Consul avait parlé d'Aloys Reding avec le plus grand mépris, et qu'il avait dit, entr'autres choses, de lui qu'il s'était perdu sans retour dans l'opinion publique.

Le marquis paraît avoir prêché au Premier Consul le rétablissement d'une confédération complète en Helvétie; mais je lui ai fait sentir qu'une fédération suisse donnerait à l'Autriche les mêmes facilités et les mêmes chances que le morcellement du Nord de l'Allemagne lui fournirait dans la position actuelle de l'Europe. . . .

Le ministre Talleyrand, en revenant sans cesse au reproche: „Pourquoi avez-vous demandé, pourquoi avez-vous laissé sortir de l'Helvétie les Français?" veut, comme je lui ai dit, ou s'égayer à nos dépens, ou il confond les lieux, les temps et les personnes. Les ministres étrangers, surtout ceux de Russie et d'Angleterre, ont, sans doute, très souvent pressé le gouvernement français de retirer ses troupes. Les différens ministres helvétiques qui ont résidé auprès du gouvernement de la République française, ont fréquemment porté plainte des frais et des désagrémens qui résultaient pour nous d'un trop grand nombre de troupes étrangères. Enfin le citoyen Reding a insisté dans plusieurs notes sur l'évacuation de la Suisse par l'armée française.

Mais depuis ce moment-là il ne m'est pas connu qu'il ait été fait une seule réclamation au sujet des troupes. Quant à moi, non seulement je n'ai jamais demandé l'évacuation, mais j'ai surtout, pendant l'insurrection du Pays-de-Vaud et lorsqu'on prévoyait déjà que l'établissement de la constitution dans les Petits Cantons rencontrerait des obstacles majeurs, plus d'une fois fait l'observation au ministre que la présence des troupes françaises était très nécessaire au repos de l'Helvétie, et qu'une compagnie de Français, agissant avec vigueur, était capable d'en imposer à des corps très nombreux de rebelles. Le ministre sait fort bien tout cela. Aussi quand il paraît rejeter l'évacuation subite de la Suisse sur le Conseil d'exécution, il ne peut avoir de motif que celui de détourner la conversation et de se dispenser de répondre catégoriquement, quand je le presse de me donner une réponse à la demande de la demi-brigade. Il ne peut certainement pas venir sérieusement dans l'esprit du gouvernement français, que nous ayons depuis le 17 avril soit désiré, soit demandé l'évacuation de la Suisse avant l'achèvement complet de l'organisation, tant générale que particulière, de tous les Cantons. Les propos du ministre n'ont indubitablement qu'un but de conversation. Mais je n'ai pas pris le change, comme vous aurez vu par ma seconde note....

(163.) N° 556. *Paris, ce 11 Septembre 1802.*

LE MÊME AU MÊME.

J'ai l'honneur de vous communiquer une lettre que le ministre des Relations extérieures m'a adressée hier....

Depuis longtemps je n'ai cessé de me plaindre du général Turreau. Ses alentours, ses insinuations, ses menées dans le Pays-de-Vaud à l'époque de l'insurrection, les délais qu'il faisait naître à chaque instant, pour retarder l'établissement d'un ordre définitif et réparateur dans le Valais, et la dureté inhumaine avec laquelle il a traité ce malheureux pays, et surtout la partie de ses habitans qui a montré le plus d'attachement à ses liens avec la Suisse et à une existence indépendante, ont été constamment l'objet de mes sérieuses représentations. Les derniers traits de sa conduite que le citoyen Muller-Friedberg m'a fournis, ont achevé de le faire connaître; et hier, le ministre de Talleyrand, lorsque j'allais recommencer le chapitre de Turreau, me dit : „Soyez content, il est rappelé; on en envoye un autre."

D'après les ordres que m'ont transmis vos numéros 557 et 558, des 2 et 5 septembre, j'ai insisté sur la demande de médiation de la part de la France, à laquelle le Sénat s'est arrêté. Mais je ne dois pas vous cacher que cette idée a été fort mal accueillie par le gouvernement français, et rejetée comme entièrement inadmissible.

Comme c'est mon devoir de vous rendre compte fidèle des communications importantes que me fait verbalement le ministre, je ne puis me dispenser de vous rapporter ce qu'il a dit de plus saillant à ce sujet.

„Fi! s'est-il écrié, une médiation entre un gouvernement légitime et des rebelles! Quelle indignité! Ce serait un scandale affreux dans l'ordre social de l'Europe et d'un exemple *désorganisateur* pour les gouvernemens. Un gouvernement qui capitule avec quelques villages qui doivent lui obéir? Non, jamais le gouvernement français ne se prêtera à une transaction aussi avilissante."

„Rien, ai-je répliqué, rien de ce qui tend à épargner le sang humain n'est avilissant, Citoyen Ministre; la nature de l'insurrection, le caractère des insurgés, des symptômes du même mal éclatans dans différents endroits, la pénurie de ses ressources ont déterminé mon gouvernement - "

„Votre gouvernement? Il n'est plus gouvernement, dès le moment où il cède à des révoltés. Vous n'avez pas de gouvernement: on l'insulte impunément, et il ne se fait point assez respecter."

Il continua sur ce ton avec plus de vivacité qu'il ne met communément dans la conversation, et puis il ajouta: „J'espère que la lettre que je vous ai écrite, produira un bon effet. Elle prouvera que le Premier Consul est décidé à vous soutenir par tous les moyens qui sont conformes aux traités. J'espère que les révoltés en seront effrayés. J'ai fortement insisté pour que l'ordre aux demi-brigades fût sur le champ expédié. Le ministre de la Guerre a envoyé des courriers la nuit passée. Cela fera-t-il effet sur les rebelles? Qu'en croyez-vous? Vos affaires sont un véritable scandale pour l'Europe; c'est honteux qu'une poignée de mauvais sujets et de mauvaises têtes doive empêcher votre gouvernement de prendre consistance et de donner enfin l'ordre et la liberté à l'Helvétie."

D'après ces assertions du ministre et autres déclarations semblables, il est hors de doute que le Conseil d'exécution peut compter sur les secours les plus prompts et les plus efficaces du gouvernement français. . . .

LE MINISTRE DES RELATIONS EXTÉRIEURES AU CITOYEN STAPFER, MINISTRE PLÉNIPOTENTIAIRE DE LA RÉPUBLIQUE HELVÉTIQUE.

Citoyen, j'ai mis sous les yeux du Premier Consul les notes que vous m'avez adressées et par lesquelles vous demandez qu'une partie des troupes helvétiques qui sont au service de la France soit mise à la disposition de votre gouvernement.

Le Premier Consul a vu avec la plus vive douleur que votre demande était motivée sur des circonstances qui semblent présager à votre pays des dissensions sanglantes et menacent d'y faire périr la liberté par les passions qu'enfante la discorde.

Il est bien à regretter que vous avez pensé, il y a peu de temps, que l'Helvétie était en mesure de n'avoir plus besoin de la présence des troupes françaises. Le Premier Consul était dans l'intention bienveillante de les y laisser encore au moins une année, si votre gouvernement lui en avait fait la demande, s'il lui avait représenté que cette prolongation de leur séjour en Suisse était nécessaire à sa tranquillité.

Mais il est inutile de revenir sur les causes : le mal est fait, et il est pressant d'y porter remède.

Le Premier Consul s'est fait représenter les diverses capitulations qui ont successivement engagé votre République et la France; il a vu les réserves que les Cantons ont souvent faites, de rappeler leurs troupes pour leurs besoins particuliers, et il me charge de vous faire connaître qu'il adhère à votre demande, et que les corps suisses que vous avez réclamés sont à la disposition de votre gouvernement.

Mais serait-il donc décidé qu'après tant de maux vous dussiez être encore en proie au plus grand de tous, aux horreurs de la guerre civile? L'amour de la patrie s'effacerait-il entièrement au cœur de vos concitoyens? N'auraient-ils plus aucun moyen de s'entendre? Ne verront-ils pas que leurs divisions et le scandale que présentent en Europe les affaires suisses, déconsidèrent la nation helvétique et peuvent lui attirer des malheurs qu'il est encore temps de prévoir et, heureusement, possible de prévenir?

Le Premier Consul espère que ce dernier conseil de sa bienveillante amitié ramènera les esprits à des idées d'honneur et de bonne intelligence. La voix qui a enfin rassemblé tous les peuples dans les liens de paix, ne sera pas perdue pour les citoyens de l'Helvétie. Ils sentiront que nulle part la liberté et ses bienfaits ne sont compatibles avec la discorde et la désobéissance aux lois.

Agréez, je vous prie, Citoyen, l'assurance de ma haute considération.

Paris, ce 22 Fructidor an 10.

CH.-MAU. TALLEYRAND.

(164.) N° 557.   *Paris, ce 13 Septembre 1802.*

LE MINISTRE PLÉNIPOTENTIAIRE DE LA RÉPUBLIQUE HELVÉTIQUE PRÈS LA RÉPUBLIQUE FRANÇAISE AU CITOYEN JENNER, SECRÉTAIRE D'ÉTAT DE LA RÉPUBLIQUE HELVÉTIQUE.

Je vois avec bien du plaisir par votre numéro 559 que le décret du Sénat du 2 septembre a calmé les Petits Cantons. Il faut espérer que cette suspension d'hostilités, jointe à la publication de la ferme résolution du gouvernement français d'appuyer celui de l'Helvétie, fera faire des réflexions aux meneurs et rendra la tranquillité à notre patrie tourmentée. Je dois dire qu'un nouveau bouleversement des autorités suprêmes en Suisse achèverait de nous déconsidérer en Europe et nous ferait abandonner comme des factieux incorrigibles et des mauvaises têtes inguérissables.

Je vous remercie... de l'envoi de l'article 4 du traité de 1663.... Vous aurez vu que j'en ai fait usage dans ma note, et j'ai eu la satisfaction de m'apercevoir que le Premier Consul se considérait comme autant lié par les anciens traités que les rois de France. Il faut tirer de cette heureuse disposition tout le parti possible....

La nouvelle que vous me donnez de la démarche du Conseil ecclésiastique de Berne et du choix fait dans votre personne pour régler, de concert avec ce comité, les intérêts de l'Église et ses rapports avec l'État, m'a causé le plus grand plaisir. Vous savez, mon respectable ami, que je suis intimement convaincu de la nécessité d'un culte éclairé pour le bonheur des hommes, et que surtout je n'ai pas attendu le concordat pour mettre la religion chrétienne au-dessus de tous les moyens essayés et connus de moralité et d'ordre public. Je suis charmé que, malgré vos occupations, vous ayez voulu vous charger de cette commission, les liens d'amitié qui vous unissent avec les membres les plus marquans du clergé de Berne devant beaucoup faciliter et accélérer un résultat satisfaisant. Aucun pays ne possède des ministres du culte plus respectables que Messieurs Wyttenbach et Wyss et de plus éclairés et de plus capables que Monsieur Ith. Je trouve que les ordonnances de l'ancien gouvernement de Berne pour le clergé du Canton sont des chefs-d'œuvre (Portalis les juge de même), et vous avez là une très bonne base de votre travail.

Vos craintes sur la résidence de Turreau auront été dissipées par mes dernières. Il est probable que ce sera le citoyen Gandolphe qui sera nommé résident en Valais, et il faut le souhaiter pour le bien de ce pauvre pays....

(165.) N⁰ 558.   *Paris, ce 15 Septembre 1802.*

LE MÊME AU MÊME.

Dans ma conférence d'hier, 14 septembre, avec le ministre des Relations extérieures, après avoir reproduit à ses yeux le tableau des désordres populaciers dont nous étions menacés, sans une intervention très marquante et très loyale du gouvernement français, il me dit que pour le moment il ne paraissait pas *tempestif* d'essayer d'autres mesures que celles qui avaient été prises, qu'il fallait tout espérer de la publication des deux notes que nous avions échangées en dernier lieu; et il manifesta le désir de les voir imprimées et distribuées dans toute l'Helvétie. Veuillez donc, Citoyen Secrétaire d'État, demander l'autorisation du Conseil d'exécution, pour que ma dernière note qui réclame la mise à notre disposition des deux premières demi-brigades helvétiques, et la réponse que le ministre m'a faite par ordre du Premier Consul, soient publiées de la manière qui vous paraîtra la plus propre à remplir le but de réunion et de paix interne que le gouvernement se propose....

Il est affreux de penser que des intérêts particuliers, un amour-propre blessé et le désir de se populariser, en flattant le goût pour la licence qui anime les sans-culottes montagnards, aient peut-être fait perdre aux Suisses le moment unique qui leur était offert par le Dieu de leurs pères, de se ressaisir de leur rang parmi les nations, et de rentrer dans la pleine jouissance d'une existence honorable.

Est-ce donc, parce qu'on se dispute sur l'habit que nous porterons, qu'il faut s'exposer à geler de froid et à traîner les chaînes de l'étranger, au lieu de se couvrir de vêtemens qu'on pourrait changer ou modifier ensuite d'après nos besoins?

Vraiment, on est prêt à verser des larmes de sang!

Les fondateurs de la liberté helvétique n'ont certainement pas eu en vue ni la barbarie et le scandale du régime des *Landsgemeinden*, ni les abus et le rétrécissement des bourgeoisies exclusives! Ils ont voulu délivrer leur patrie du joug de l'étranger, soustraire leurs concitoyens à l'arbitraire et aux vexations des tyranneaux subalternes de la maison d'Autriche et leur assurer la jouissance de lois indigènes et de magistrats intègres! Quelle honte que leurs descendans mettent en jeu et leur indépendance et l'avantage inappréciable de lois et de magistratures nationales, pour se livrer aux fureurs de la dispute et des dissensions sur des formes et des modifications étrangères à l'essence du bonheur et de la liberté! N'y a-t-il donc plus parmi nous ni patriotisme, ni grandes vues, ni désintéressement, ni connaissance de nos véritables intérêts?

Mais à quoi servent les plaintes, quand il n'y a que des peuplades qui oublient qu'elles forment une nation respectable en Europe par les souvenirs, et qu'on se rassemble plus volontiers aux cris de la haine et à la pâle et sombre lueur des préjugés qu'à la voix de la patrie et sous l'étendard du bien public?

... J'ai reçu l'ouvrage de M. Ith sur la méthode d'instruction élémentaire dont Pestalozzi a fait l'essai à Berthoud. Il est intéressant et instructif, mais rempli de discussions scolastiques qui, excellentes et nécessaires pour les érudits allemands, ne seront point appréciées par les Français. J'en ai parlé à Chaptal, et j'ai insisté à différentes reprises, pour qu'on envoyât des jeunes gens à l'école normale de notre célèbre compatriote, pour s'y former à l'enseignement primaire qu'il a organisé par un mécanisme aussi ingénieux que fondé sur le développement progressif de nos facultés. Mais leur refrain, ici, est : Imprimez, et nous examinerons ! Au reste, le ministre de l'Intérieur m'a assuré que Pestalozzi, comme citoyen français, jouirait sans obstacle du privilège de propriété de ses ouvrages dans toute l'étendue de l'Empire français. Veuillez l'en avertir....

(166.) N° 559.   *Paris, ce 19 Septembre 1802.*

Le même au même.

Je suis revenu, à plusieurs reprises, sur la médiation dont nous demandons que le gouvernement français se charge ; et comme l'idée et le mot de médiation me paraissent surtout causer sa répugnance à accorder notre demande, j'ai pris sur moi de proposer un autre terme, comme celui d'intervention, d'arbitrage ou de conseils officieux, et j'ai rappelé non seulement l'histoire des troubles de Genève, mais surtout le rôle qu'ont joué les ambassadeurs de France dans le seizième siècle et au commencement de celui qui vient de s'écouler, rôle qui, pour être essentiellement conciliateur, ne laissait pas que d'être soutenu par toute l'influence et toute l'autorité que les rois de France avaient su se procurer en Suisse. Je n'ai pas manqué de mettre sous les yeux du gouvernement le tableau des déchiremens et de la désorganisation dont l'Helvétie était menacée, sans l'apparition d'un puissant et bon génie au milieu de nous. Mais je n'ai reçu d'autre réponse que celle que j'ai déjà eu l'honneur de vous mander.

Le ministre insiste sur la nécessité de ne considérer les insurgés que comme des rebelles, et il a pleine confiance en l'effet de la note qu'il m'a adressée par ordre du Premier Consul, quand elle aura été rendue publique....

... Le ministre des Relations extérieures continue à insister avec force sur l'envoi d'un agent diplomatique à Londres....

P. S. ... O ma malheureuse patrie! Nos dissensions nous menacent de la perte non seulement de toute espèce de prospérité, mais encore de l'estime, attachée jusqu'ici au nom suisse, et nous ne pourrons pas même nous écrier avec François I*er* : *Tout est perdu fors l'honneur !*

(167.) N° 560.   *Paris, ce 21 Septembre 1802.*

LE MÊME AU MÊME.

... Les événemens que vous avez pris la peine de me détailler, m'ont pénétré d'une profonde douleur. Faut-il donc que nous nous fassions à nous-mêmes plus de mal que les étrangers nous ont fait, et que nous déchirions de nos propres mains nos entrailles et le sein de la patrie ?

Les violences exercées contre les membres du gouvernement sont extrêmement affligeantes. Ces actes révolutionnaires détruisent de plus en plus la moralité du peuple. En l'habituant à voir traiter avec indécence les dépositaires des lois et les gardiens de l'ordre social, on le mine dans ses forces vitales et on met des obstacles toujours plus grands et plus nombreux au retour du calme et de la subordination. Cette continuation de désordres scandaleux et d'actes de licence produit l'effet le plus fâcheux sur les gouvernemens étrangers, et on finira par nous vouer autant d'indignation et de dégoûts qu'on nous avait en Europe témoigné, jusqu'à cet instant, d'estime et d'intérêt bienveillant....

Paris, le 1 jour complémentaire (21 Septembre) de l'an 10.

LE MINISTRE DES RELATIONS EXTÉRIEURES AU CITOYEN STAPFER, MINISTRE PLÉNIPOTENTIAIRE DE LA RÉPUBLIQUE HELVÉTIQUE.

J'ai reçu, Citoyen, la lettre que vous m'avez fait l'honneur de m'écrire, le 20 septembre. Je l'ai mise sous les yeux du Premier Consul qui m'a donné l'ordre de répondre sur-le-champ à la demande que vous avez été chargé de lui adresser de la part de votre gouvernement.

L'envoi des troupes françaises dans un pays agité ne pouvant avoir lieu sans les faire participer aux dissensions qui le divisent, le sang français pourrait couler, et le Premier Consul ne peut pas l'exposer que pour l'intérêt propre et immédiat des Français.

Certainement la France ne peut voir avec indifférence les maux d'un pays voisin et ami. Aussi le Premier Consul serait-il disposé peut-être, si les troubles augmentaient au point de compromettre la masse entière du peuple helvétique, à modifier sa première détermination, du reste entièrement étrangère à l'ouvrage de l'établissement de l'ordre public en Helvétie. Il ne renoncera sans doute qu'à regret, et entraîné seulement par la nécessité, à cette détermination qu'il avait prise d'après des motifs extrêmement puissans sur son esprit; mais il faut que l'impression du malheur de l'Helvétie le ramène à céder sur ce point. Il pourra offrir à vos concitoyens toute l'influence de son ascendant sur les opinions d'un peuple en discorde et les conseils de bienveillance et de sagesse auxquels les chefs qui ont gouverné votre pays se sont si mal trouvés de n'avoir pas voulu déférer; et si le peuple suisse, éclairé par le malheur, a, comme il l'espère, assez de confiance en lui pour ne pas s'abandonner aux passions qui l'agitent, il est à croire que les désordres de la Suisse pourront encore se réparer.

Le Premier Consul n'a pas conseillé la dernière constitution, comme le Conseil d'exécution l'expose dans sa lettre; il n'a pas fait connaître qu'il lui donnât son approbation; il a constamment observé, sur tout ce qui s'est passé à cet égard en Suisse, une attentive et patiente impartialité. Dans cette vue il n'a pas répondu à la lettre qui lui a été écrite par le chef du Conseil d'exécution, et voyant s'essayer une constitution arrêtée par un nombre considérable de notables, il a dû présumer que cette constitution pourrait convenir aux Suisses; mais sa première résolution n'ayant pas été directement ébranlée par des motifs tirés de l'examen des principes sur lesquels elle est basée, il a dû, à cet égard, rester dans la position qui convenait au Premier Consul de la République française et attendre les résultats du temps.

Il paraît aujourd'hui que cette constitution ne convient pas à l'Helvétie, puisque de toutes parts on s'élève contre elle. Or en la faisant établir par des baïonnettes étrangères, on ne ferait que constater avec éclat qu'elle est peu propre à faire le bonheur de vos concitoyens. . . .

Le Premier Consul, Citoyen, en regrettant de ne pouvoir satisfaire à votre demande, reste toujours attaché à l'espérance de voir l'Helvétie rendue à son bonheur et à son indépendance. La concorde seule peut les rétablir au sein de votre patrie.

J'ai l'honneur de vous saluer.

CH.-MAU. TALLEYRAND.

(168.) *Paris, ce 2 Octobre 1802.*

LE MINISTRE PLÉNIPOTENTIAIRE DE LA RÉPUBLIQUE HELVÉTIQUE PRÈS LA RÉPUBLIQUE FRANÇAISE AU CONSEIL D'EXÉCUTION DE LA RÉPUBLIQUE HELVÉTIQUE.

Citoyens Landammann et Statthalters,

... je me crus obligé de faire des observations au ministre sur les difficultés qu'éprouverait le rassemblement d'un congrès de notables suisses à Paris, et principalement sur les obstacles qu'il rencontrerait, si l'invitation n'était faite que par des autorités helvétiques.

Quoique le citoyen Talleyrand exprimât avec vivacité sa surprise et son chagrin à l'idée qu'une invitation de cette nature pût trouver les vrais amis de la patrie froids et rester sans un plein effet ; néanmoins les obstacles et les préventions que le gouvernement helvétique aurait à surmonter pour assurer le succès de cette mesure, si c'aurait été lui ou un de ses agens qui eût dû donner l'impulsion, parurent le frapper et le convaincre que, pour réussir dans son but et amener d'heureux résultats, elle ne pourrait partir de trop haut. ...

C'est le ... 30 septembre (8 vendémiaire) qu'il émana du Premier Consul la proclamation de ce jour, envoyée en Suisse par courrier extraordinaire aussitôt qu'elle fut sortie des presses de l'imprimerie de la République. ...

Je joins sous ce pli une vingtaine d'exemplaires de la proclamation que le ministre m'a remis en main, en m'invitant, par les intérêts les plus chers de ma patrie, à les faire parvenir dans tous les Cantons, et à conjurer les bons citoyens de saisir l'ancre qui leur est offerte par le pacificateur du monde et l'arbitre des destinées de l'Europe. Il m'a déclaré que le Premier Consul était déterminé à assurer le succès de son intervention par la force armée, si la perversité et l'obstination ou l'orgueil se refusaient à ses propositions généreuses.

Comme je l'avais précédemment conjuré d'engager le Premier Consul à essayer de grandes forces morales et à épuiser les moyens d'opinion avant d'en venir au déploiement des forces militaires, il m'a interpellé sur l'effet présumable de la proclamation, et m'a annoncé que, si l'effet qu'elle allait produire, ne réalisait pas nos espérances, *le Premier Consul prendrait infailliblement les mesures les plus sévères pour mettre un terme au scandale de nos divisions, et qu'alors nous n'aurions plus de prétexte de nous plaindre de la rigueur du sort qui nous attendait.*

Dans cet état de choses, si des considérations pusillanimes, une apathie honteuse, une défiance funeste, des idées chevaleresques et des prétentions absurdes empêchaient les meilleurs et les plus distingués entre les citoyens de l'Helvétie d'accourir à la voix du Premier Consul pour rendre à leur patrie un ordre stable et sauver l'existence nationale : alors il faudrait vraiment désespérer de son salut.

Préserver l'Helvétie de maux beaucoup plus graves encore que ceux qu'elle a soufferts et honorer notre nation en mettant en évidence son élite, sont les deux buts qu'un accueil confiant et reconnaissant de cette proclamation peut seul atteindre.

Combien il importe de bien composer l'assemblée, appelée à se concerter sur l'organisation de l'Helvétie sous les auspices du seul homme qui dans la position actuelle de l'Europe peut, en les couvrant de sa gloire et en leur imprimant le sceau de sa puissance, donner de la fixité aux institutions sociales d'un peuple agité, et remplacer la magie des souvenirs, dont il est impossible de les environner, par l'éclat de son nom et l'influence de son génie protecteur!

Après les tourmentes d'une révolution qui a ébranlé jusqu'aux fondemens de l'ordre social et mis à flot tous ses élémens, l'ascendant d'un grand homme, épargnant à une nation des années d'oscillations et de réactions par quelques heures de conférences bénévoles avec les plus estimables de ses citoyens, est un bienfait unique de la Providence. Le repousser, pour s'abandonner derechef aux chances d'essais douteux et de discussions orageuses, serait un crime; et faire passer cette témérité pour la voix ou l'inspiration de l'honneur serait, aux yeux de la sagesse et du vrai patriotisme, ou un donquichotisme antisocial ou une insigne mauvaise foi.

C'est aujourd'hui que toutes les petites vanités, l'apathie et l'égoïsme, les considérations secondaires et puériles, doivent disparaître devant le grand intérêt de la patrie.

Puissent vos efforts, Citoyens Magistrats, assurer le succès d'une médiation, sans laquelle nous périssons, et être récompensés par d'heureux résultats et la réparation de nos maux!

S'ils étaient infructueux, si le défaut de patriotisme et de confiance, en nous privant de la planche qui nous est offerte, livraient encore une fois le vaisseau de l'État à la fureur des flots et la nation aux horreurs d'une guerre inutile et malheureuse, les amis de la patrie ne pourraient que s'enfuir pour ne pas être condamnés à assister à ses funérailles.

Si on voulait détourner les bons citoyens de leur résolution à concourir au rétablissement de leur patrie sous les auspices du Premier Consul, en les alarmant sur la nature des sacrifices qu'on pourrait leur demander, vous pouvez, sans crainte d'être démentis par l'événement, les assurer que le Premier Consul n'usera de la confiance qu'ils lui accorderont, que pour le bonheur et l'indépendance des Suisses.

Le général Ney est nommé commandant des troupes d'observation qui doivent assurer le succès de la médiation du Premier Consul. ...

Recevez, Citoyens Landammann et Statthalters, l'hommage de mon respect et de mon dévouement.

Stapfer.

(169.) N° 561. Paris, ce 6 Octobre 1802.

Le ministre plénipotentiaire de la République helvétique près la République française au citoyen Jenner, secrétaire d'État de la République helvétique.

Citoyen Secrétaire d'État,

Dans la nuit du 2 au 3 octobre j'ai expédié le courrier Pache avec des dépêches pour le gouvernement. Depuis il ne s'est rien passé ici et je n'ai rien appris de marquant. Nous attendons avec anxiété l'effet de la proclamation du Consul.

Messieurs de Mulinen et Stettler se donnent beaucoup de mouvement pour obtenir que les autorités formées par les insurgés restent en place, ou que ce soit par elles du moins que se fasse le choix des députés des Cantons pour le congrès de Paris. Ils ont désiré être présentés par moi au Premier Consul; mais je m'y suis refusé.

Tout dépend aujourd'hui de l'impression que la proclamation aura produite sur les différens partis.

Je suis parfaitement de l'opinion que vous énoncez dans votre numéro 564 du 28 septembre, le dernier que j'ai reçu. Sans réconciliation des partis point de paix, point d'organisation stable. La force peut comprimer un instant ; mais quand la gêne cesse, les ressorts s'élancent avec une vitesse redoublée.

Il me semble que le point de ralliement et le mode de réconciliation offert par la France est le seul qui puisse nous procurer la tranquillité et des institutions durables. Je gémis autant et plus peut-être qu'aucun Suisse de ce que nous ne soyons pas parvenus à nous arranger nous-mêmes, et que ce ne soit qu'aux dépens de la fierté nationale qu'on puisse sauver notre existence politique et nous arracher à nos propres fureurs. Mais refuser le secours parce qu'il nous est offert par une main étrangère, serait aussi insensé que la conduite d'un homme prêt à se noyer et qui risquerait plus volontiers de périr, en s'obstinant à se borner à ses propres efforts, que d'échapper aux dangers en saisissant la main que lui tendrait un autre pour l'en tirer.

Je ne doute pas d'un instant que le Sénat n'use de l'autorité, dans l'exercice plénier de laquelle il va rentrer, avec toute la modération, le patriotisme et la générosité qui seront compatibles avec ses devoirs.

L'opinion des hommes d'état et des gens sages est très prononcée pour un système de fusion et de tolérance. Il ne faut pas qu'aucun parti soit écrasé; et il convient qu'on ait pour les désirs et les affections d'une classe nombreuse, telle qu'elle soit, tous les ménagemens que pourront comporter l'intérêt de la patrie et la cause de la liberté. Je compatis de toute mon âme à votre position pénible. C'est une des plus difficiles et des plus désagréables dans laquelle un homme sensible puisse se trouver. Je souhaite de tout mon cœur que, par des événemens propices à notre commune patrie, vous en sortiez promptement. C'est un enfer qu'une pareille situation. . . .

(170.) Paris, ce 9 Octobre 1802.

LE MÊME AU CONSEIL D'EXÉCUTION DE LA RÉPUBLIQUE HELVÉTIQUE.

Citoyens Landammann et Statthalters,

. . . Comme l'objet des ordres que vous me transmettiez, par votre dépêche du trois, est rempli par la proclamation du Premier Consul, j'ai cru, sans former pour le moment de nouvelles demandes, devoir me borner à donner au gouvernement français connaissance de l'état de l'Helvétie, tel qu'il est dépeint dans cette dépêche, pour prouver au Premier Consul que vous entrez parfaitement dans ses vues, et que vous ne pouviez, Citoyens Landammann et Statthalters, en votre conscience et dans votre sagesse, procurer d'autre moyen de salut à l'Helvétie que son intervention directe, prompte et efficace. . . .

Le langage du ministre des Relations extérieures ne varie point. Il ne cesse de me répéter que l'exécution plénière et accélérée de la proclamation du Premier Consul est le *seul moyen qui nous reste de sauver le nom suisse*, et que les retards, l'apathie ou la résistance qu'on opposerait aux intentions du Premier Consul, attireraient sur nous *le dernier des malheurs*.

Que cet avis retentisse donc dans toute l'Helvétie, qu'il détruise les illusions, qu'il écarte les obstacles, qu'il bannisse l'inertie et l'hésitation, qu'il ouvre enfin les yeux à tous les insensés qui dorment en sécurité, ou qui errent sur les bords du précipice, à la lueur des préjugés, agitant les brandons de la discorde et hissant la bannière de l'orgueil!

Ah! n'est-ce donc pas très honorable de venir se concerter sur les intérêts d'un petit pays avec le plus grand homme des temps modernes? Que les citoyens distingués, les têtes fortes, les patriotes zélés accourent à sa voix!

A l'audience du 15 vendémiaire (7 octobre) le Premier Consul me demanda si j'avais des nouvelles récentes de Suisse. L'ayant informé que j'avais reçu un courrier, parti le 3 octobre dans la nuit, il me dit: „J'ai des nouvelles plus fraîches de l'arrivée de Rapp; on se battait encore chez vous. Qu'espérez-vous de l'effet de ma proclamation?" „Je crois, Citoyen Consul, qu'elle fera celui d'un calmant général. Les dernières dépêches de mon gouvernement en démontrent encore davantage l'urgente nécessité."

Messieurs de Mulinen et Stettler ont été invités par le ministre des Relations extérieures à retourner en Helvétie. Le citoyen Talleyrand, m'annonçant, le 15, qu'il leur avait conseillé de partir, ajouta que l'envoi d'hommes distingués et forts, désignés dans la proclamation du 8 vendémiaire, était la mesure la plus urgente qu'il y eût à prendre pour le moment.

Il serait à désirer que tous les citoyens aisés et instruits, qui ont été membres des autorités suprêmes depuis trois ans, se rendissent ici, et sans délai.

Plus le nombre des hommes attachés aux principes libéraux, qui viendront à Paris, est grand et imposant, et plus nous serons sûrs d'asseoir l'organisation de l'Helvétie sur des bases larges et satisfaisantes.

Le gouvernement français *ne peut, ni ne veut souffrir le rétablissement de l'ancien régime en Suisse,* ni une réaction quelconque ou le triomphe des passions.

Agréez, Citoyens Landammann et Statthalters, l'hommage de mon respectueux dévouement.

STAPFER.

P. S. Le marquis de Lucchésini m'a dit que sa porte avait constamment été fermée à Monsieur de Mulinen, et qu'elle ne cesserait de l'être aux agens de la contre-révolution.

(171.) *Paris, ce 21 Octobre 1802.*

LE MÊME AU CONSEIL D'EXÉCUTION DE LA RÉPUBLIQUE HELVÉTIQUE.

Citoyens Landammann et Statthalters,

J'ai pressé le ministre des Relations extérieures de me communiquer les vues du gouvernement français au sujet de la nomination des députés des Cantons pour le congrès conciliateur à Paris.

Il m'a répondu que plus le nombre de députés serait grand et plus les choix seraient bons, plus le Premier Consul serait content ; que, si une classe d'habitans ou un parti croyait avoir lieu de se plaindre d'une nomination, faite pour son Canton, elle devait aussitôt contrebalancer l'élection qui lui déplaisait par des choix de son gré, et que tous ces députés pouvaient être sûrs d'être parfaitement accueillis par le gouvernement français.

Il est très certain que le parti, l'opinion ou le Canton qui présentera un plus grand nombre de députés marquans, aura plus de chances d'être traité favorablement.

Agréez etc.

STAPFER.

(172.) *Paris, ce 28 Octobre 1802.*

LE MÊME AU CONSEIL D'EXÉCUTION DE LA RÉPUBLIQUE HELVÉTIQUE.

Citoyens Landammann et Statthalters,

. . . Il est bien malheureux que l'entêtement et les passions haineuses de quelques chefs d'insurgés doivent nous attirer des troupes étrangères. Heureusement le gouvernement français a des intentions plus bienfaisantes pour la Suisse que ceux qui se vantent tant d'avoir voulu lui rendre la paix et le bonheur par la guerre civile et la contre-révolution. Comme le Premier Consul ne veut absolument que nous aider à nous procurer un ordre stable et conservateur des principes libéraux, nous pouvons espérer que nous n'aurons que le nombre de troupes absolument nécessaire pour dessiller les yeux au pauvre peuple qu'on égare. . . .

Le ministre Talleyrand m'a dit, dans un de nos derniers entretiens, qu'on craignait que le gouvernement helvétique ne s'abandonnât peut-être à des mesures trop rigides contre ceux qui s'étaient montrés ses ennemis, et qu'il y aurait une réaction en sens contraire. Je lui ai promis de vous faire connaître cette crainte, et l'ai d'avance assuré qu'elle n'avait aucun fondement, le gouvernement helvétique ayant toujours été plutôt trop indulgent que sévère.

Agréez etc.

STAPFER.

(173.) N° 562. *Paris, ce 1er Novembre 1802.*

LE MÊME AU CITOYEN MOUSSON, SECRÉTAIRE GÉNÉRAL DU CONSEIL D'EXÉCUTION DE LA RÉPUBLIQUE HELVÉTIQUE, CHARGÉ DU DÉPARTEMENT DES AFFAIRES ÉTRANGÈRES.

Citoyen Secrétaire général,

... Je regrette beaucoup que le citoyen Jenner ait quitté le département. Si le découragement s'empare ainsi successivement des hommes qui, par leur modération et leurs rapports avec différens partis, pouvaient servir de conciliateurs, on ne peut guères espérer que le rapprochement et la fusion, que le gouvernement français désire tant voir s'opérer en Helvétie, puissent avoir lieu aussi promptement qu'il serait à souhaiter.

Je vous remercie de la peine que vous avez prise de me communiquer le décret du Sénat du 25 octobre, déterminant le mode d'élection des députés au congrès de Paris.

Il importe beaucoup à la tranquillité future de la Suisse et à la stabilité des institutions qui doivent la lui rendre, que l'assemblée des notables à Paris compte dans son sein plusieurs anciens magistrats, distingués par leur naissance, les places qu'ils ont occupées et les services qu'ils ont rendus. Si les adhérens de l'ancien régime ne voient pas dans le congrès des chefs qui jouissent de toute leur confiance et qu'ils croient capables de défendre leur système avec zèle et habileté, il est à craindre que le résultat des délibérations du congrès, quelque satisfaisant qu'il puisse être sous des rapports théoriques et par la force d'autorité dont l'ascendant du Premier Consul l'environnera, n'atteigne pas les buts de reconciliation et de salut public que tous les amis de la patrie se proposent.

Le ministre Talleyrand m'a déclaré que le gouvernement français désirait fortement la réunion d'autant d'hommes marquans que possible; que l'exagération de leurs idées n'était aucun obstacle à leur venue; qu'au contraire le Premier Consul verrait avec plaisir ici quelques coryphées et adhérens de l'oligarchie *bien marquans* et *bien prononcés*, et que, si sa lettre à M. de Cetto[1] devait empêcher les hommes les plus décidés de ce parti de se rendre au congrès, il regretterait de lui avoir donné de la publicité.

J'avoue que je suis personnellement intéressé à ce que ces regrets n'aient pas lieu, ayant beaucoup insisté sur la nécessité de tranquilliser les Suisses sur les intentions du Premier Consul et l'issue de la *Consulta*, si on désirait y voir des hommes vraiment estimables et considérés.

Bonaparte n'a d'autres vues que d'assurer l'indépendance et le bonheur de la nation helvétique. Il ne s'agit d'aucun

---

[1] Voyez *Von Tillier*, Geschichte der helvet. Republ., III. 415–417 et *Monnard*, Hist. de la Conféd. suisse par J. de Muller, XVII. 308–309.

sacrifice, préjudiciable à l'honneur et à l'existence de ce peuple respectable, et je vous jure que, si j'avais le moindre soupçon a cet égard, je serais le premier à le révéler et à me retirer pour n'être ni spectateur, ni complice de l'anéantissement de ma patrie. . . .

(174.) N⁰ 564. Paris, ce 7 Novembre 1802.

LE MÊME AU MÊME.

... Dans notre position, les négociations ne sont que des représentations accompagnées de supplications et de prières.

... Je suis, Citoyen Secrétaire général, parfaitement de votre avis sur la nécessité que le congrès réunisse des Suisses estimables de toutes les opinions. C'est avec la plus grande douleur que j'apprends que la haute aristocratie ne se dispose pas à envoyer; c'est indubitablement pour réserver le droit de protester contre les résultats et sous prétexte qu'elle se déshonore en siégeant à côté d'hommes qu'elle n'a cessé de haïr et de méconnaître.

Il serait fort à souhaiter que le Sénat donnât la faculté aux chefs des partisans de l'ancien régime de se réunir et de faire, pour la Consulte de Paris, des nominations supplémentaires à celles des Diètes cantonales, si celles-ci n'ont pas leur confiance. C'est le seul moyen de donner aux résultats fixés à Paris la stabilité et l'ascendant qu'il faut à à tout prix tâcher de leur assurer. Je suis sûr que c'est là aussi le vœu du gouvernement français.

Si nos grands aristocrates venaient ici, leurs préjugés et leurs petites idées se fondraient en présence des grands objets et des hommes supérieurs, avec lesquels ils se trouveraient en contact, et qui leur feraient sentir que des pygmées ne peuvent faire reculer la marche de l'Europe. Faites un effort, je vous en supplie, pour amener le Sénat à une mesure, sans laquelle je ne prévois que la répétition des malheureux changemens de scènes que nous avons déjà trop souvent éprouvés.

Nos anciens grands seigneurs verraient ici quel rôle jouent, devant Bonaparte, les rois et les empereurs; ils entendraient les ambassadeurs de ces derniers mêmes les inviter plus fortement que nous à céder à l'ascendant des destinées et à la puissante main du siècle. . . .

Un Suisse illustre par ses écrits, M. Herrenschwand, auteur du *Traité sur la population et de l'économie de l'espèce humaine*, retourne à Morat après quarante ans de séjour en pays étrangers. . . . Ne serait-il pas convenable que le gouvernement lui donnât quelques marques d'attention et d'estime? Il est dans les principes les plus libéraux. . . .

(175 a.) N° 566.   *Paris, ce 11 Novembre 1802.*

LE MÊME AU CITOYEN MOHR, SÉNATEUR AYANT LE DÉPARTEMENT DES RELATIONS EXTÉRIEURES.

Toutes les fois que je vois le ministre des Relations extérieures, il me demande si on a nommé des députés dans les Cantons et s'ils arrivent. Hier il me dit qu'on lui aurait écrit que le gouvernement helvétique avait refusé des passeports à M. de Mulinen, et il blâma beaucoup ce refus. Sur l'assurance qu'il était mal informé, et que bien loin de mettre des obstacles à l'envoi de députés pris dans la haute aristocratie, le gouvernement helvétique le favoriserait de toutes manières, étant convaincu que la réunion des hommes les plus marquans ne pouvait être que très désirable, il répondit que le gouvernement français mettait un grand prix à rassembler un nombre considérable de députés de toutes les nuances politiques. . . .

(175 b.) N° 567.   Paris, ce 13 Novembre 1802.

LE MÊME AU MÊME.

. . . Le général Rapp est venu me voir de la part du Premier Consul; il me paraît être dans les meilleures intentions et parfaitement bien instruit de la disposition des esprits dans notre pays. Le Premier Consul doit revenir [1] demain. Rapp m'a fait espérer qu'il s'occuperait de suite de nos affaires. . . .

Le citoyen Talleyrand nous a demandé si M. de Mulinen viendrait. C'est une nouvelle preuve que le gouvernement français désire beaucoup de voir au congrès des adhérens de l'ancien régime, afin que ce parti ne puisse pas dans la suite se plaindre de n'avoir pas eu de représentans à Paris.

Quels que soient au reste l'obstination, l'aveuglement ou l'égoïsme de ceux qui ne croient avoir de patrie que là où ils commandent, le résultat de nos opérations ici prouvera que le Premier Consul veut bien réellement le bonheur et l'indépendance des Suisses. L'acte dont on conviendra à Paris sera indubitablement sanctionné par les puissances du continent, nommément par l'Autriche, et tôt ou tard par

[1] De Rouen.

l'Angleterre. Vous pouvez, sans risquer d'être démenti par l'événement, compter d'avance sur cet assentiment universel, au moins sur le continent....

———

(176.) N° 569. Paris, ce 21 Novembre 1802.

Le même au même.

... Le ministre des Relations extérieures m'a demandé si M. de Mulinen ne venait pas ; je lui ai répondu que rien ne l'empêchait de venir. ...

———

(177.) N° 572. Paris, ce 1er Décembre 1802.

Le même au même.

... Jusqu'à ce moment, nous n'avons encore aucune donnée précise sur la marche et le but vers lequel nous devons tendre, si non des assertions vagues du ministre, qu'il nous faut une organisation générale et un gouvernement central *fort*, avec des organisations cantonales adaptées aux localités.

... Je voudrais bien que le citoyen Ochs eût imité la réserve du citoyen Laharpe. Sa présence à la Consulte ne peut que jeter de la défaveur sur l'ensemble.

... Parmi les députés des Cantons et communes qui sont dans le parti de l'ancien régime, M. d'Affry se distingue par sa modération et par les vues conciliatoires et libérales qu'il paraît vouloir porter dans les discussions. Sarasin et Glutz sont très prononcés pour le fédéralisme. Reinhard m'a avoué qu'à Zurich il n'y avait pas de parti mitoyen. „Tant pis, lui

ai-je dit, vous serez les premières victimes de vos passions."
Watteville et Gruber sont arrivés hier. . . .

(178.) N° 573.   *Paris, ce 3 Décembre 1802.*

LE MÊME AU MÊME.

... J'insiste toujours beaucoup sur la convocation de la *Consulta,* et je crois pouvoir vous annoncer qu'elle aura lieu dans le courant de la semaine prochaine, supposé même que les députés des trois Cantons ne fussent pas arrivés.

M. de Mulinen n'a pas voulu être porté sur la liste et il ne se considère pas comme ayant un caractère public.

Watteville de Landshut est arrivé ici, parce que le préfet du Doubs l'a invité poliment à quitter Besançon; il est venu se mettre en règle à mon bureau; mais il ne peut ni ne doit être considéré comme membre de la *Consulta,* et j'ai donné au ministre connaissance de son arrivée à Paris.

Je mène successivement les députés marquans chez les Consuls qui ensuite les invitent à dîner. Je tâche aussi de leur faire faire chez moi des connaissances intéressantes, et de les mettre en rapport avec des hommes qui peuvent influer sur l'opinion publique. Il est absolument nécessaire de répandre des idées justes sur la nature et les causes de la dernière insurrection. Car je ne dois pas vous cacher qu'elle a été envisagée sous le plus faux point de vue, tantôt comme un mouvement spontané et national pour rétablir un régime qui est resté le vœu du peuple suisse, tantôt comme un effort pour se délivrer d'un gouvernement peint avec les couleurs les plus fausses et les plus odieuses.

... les connaissances ne se font ici et ne peuvent se faire qu'à dîner, et .. ce n'est que dans les conversations familières qui se forment à table et après le repas, que le Français, gai, léger et trop vif pour se donner la peine d'approfondir des événemens dont les traits marquans lui suffisent, peut recevoir, sans qu'il y ait de l'affectation ou de l'importunité, des notions et des impressions justes de choses qu'il ne prendrait, sans cela, pas la peine d'examiner...

(179.) N° 574.   *Paris, ce 5 Décembre 1802.*

LE MÊME AU MÊME.

Le Premier Consul vient enfin de nommer la Commission qui doit se concerter avec les députés de l'Helvétie sur la constitution qu'il convient à donner à cette République. Elle est composée des citoyens Talleyrand, Barthélemy, Fouché, Desmeuniers et Rœderer, sénateurs. ...

Il paraît ... qu'on continue en Suisse à débiter et à accréditer les contes les plus absurdes sur le résultat probable de nos opérations. Sûr est-il que ce ne sera pas l'ancien régime qui en renaîtra. On ne ressuscite plus les morts, à moins qu'on ne soit doué d'une vertu divine. ...

(180.) N° 575.   *Paris, ce 7 Décembre 1802.*

LE MÊME AU MÊME.

... Ce qu'il [1] m'a dit à l'audience, s'est borné à des exhortations à la concorde et au rapprochement des partis.

[1] Le Premier Consul.

Après m'avoir demandé quel était le nombre des députés actuellement arrivés, il observa que, si chacun faisait un pas se son côté, une réunion sincère pourrait s'opérer....

(181.) N⁰ 576. *Paris, ce 9 Décembre 1802.*

LE MÊME AU MÊME.

... les sénateurs commissaires ... sont tous dans les meilleures dispositions pour notre pays, la plupart pénétrés de la nécessité d'établir un gouvernement fort et bienfaisant, et surtout prononcés contre le retour de toute espèce de priviléges....

---

(182). N⁰ 577. *Paris, ce 11 Décembre 1802.*

LE MÊME AU MÊME.

... Nous fûmes hier tous convoqués pour entendre le sénateur Barthélemy lire une lettre que le Premier Consul adresse aux députés des dix-huit Cantons.... Je fus ensuite, conformément aux instructions données aux quatre sénateurs commissaires par ordre du Premier Consul, invité par eux à désigner cinq d'entre tous les députés pour être présentés au Premier Consul en audience extraordinaire, et je désignai ... les citoyens Ruttimann, Muller-Friedberg, Kuhn, d'Affry et Reinhard.

Ces députés seront reçus par le Premier Consul demain dimanche le 12 décembre à onze heures et demi à St-Cloud.

La lettre du Premier Consul se prononce fortement contre les chefs de la dernière insurrection et le rétablissement d'un système exclusif; elle invite les députés à adresser leurs vues et renseignemens par Cantons aux quatre commissaires collectivement, ou séparément à celui qui aurait particulièrement leur·confiance, et statue que l'organisation générale pourra être concertée avec plus de succès et de sagesse, quand les bases des institutions cantonales auront été fixées préalablement....

(183.) N° 578.   *Paris, ce 13 Décembre 1802.*

LE MÊME AU MÊME.

J'ai l'honneur de vous envoyer un exemplaire de la lettre du Premier Consul.[1] Tout commentaire serait superflu. Elle contient tout ce qui nous est connu jusqu'ici des idées du Premier Consul sur l'organisation de l'Helvétie. Il les répéta hier de bouche aux cinq députés qui lui furent présentés dans la matinée à St-Cloud par les sénateurs commissaires.

Nous sommes convoqués pour aujourd'hui à deux heures après-midi pour entendre leur rapport....

(184.) N° 579.   *Paris, ce 15 Décembre 1802.*

LE MÊME AU MÊME.

Avant-hier à deux heures, les députés qui avaient été admis la veille à entendre de la bouche du Premier Consul les développemens de sa lettre, firent leur rapport à

---

[1] Elle manque.

l'assemblée, et le sénateur Rœderer lut ensuite un résumé du discours du Premier Consul qui en présentait les traits les plus saillans.

Fédéralisme complet et protestation contre la résurrection des priviléges, ainsi que contre l'influence prépondérante des familles patriciennes, exprimés sous toutes les formes possibles et appuyés par toutes les raisons que pouvaient suggérer un génie vaste et les lumières politiques les plus profondes : voilà le contenu du discours du Premier Consul.

Quant aux constitutions cantonales, il a recommandé en propres termes d'en puiser les bases non dans des chartes anciennes, mais dans la révolution et dans la volonté du peuple.

Malgré la clarté et la force des expressions qui à beaucoup de députés ne laissent pas d'espoir de modifier les idées du Premier Consul, je suis convaincu (et il nous a lui-même invité à déclarer nos sentimens avec franchise et sincérité) que c'est plutôt, pour provoquer des mémoires instructifs, pour découvrir aux unitaires le côté faible de leur système et pour obtenir, par nos cahiers, tous les renseignemens et tous les développemens qui peuvent jeter du jour sur la grande question d'un gouvernement central — je suis bien persuadé, dis-je, que c'est plutôt dans ce but digne de sa bienveillance que dans celui d'écarter, dès à présent, toute idée d'une autorité centrale permanente, que le Premier Consul a écrit et parlé pour une fédération complète d'une manière aussi prononcée.

J'ai même reçu sous mains des avis qui ne me laissent pas douter que le Premier Consul voudra un gouvernement central. . . .

(185.) N° 580. Paris, ce 17 Décembre 1802.

LE MÊME AU MÊME.

En provoquant une discussion franche et approfondie sur la question d'un gouvernement central, sa nécessité, sa compétence et son organisation, le Premier Consul va sans doute être enfin parfaitement éclairé sur le mérite relatif des deux systèmes opposés et de celui qui doit les mélanger. J'ai lieu de croire que ce dernier prévaudra : nous aurons une autorité centrale permanente et des administrations cantonales avec une grande latitude de pouvoirs. C'est dans ce sens que le ministre des Relations extérieures s'expliqua hier, lorsque je lui présentai MM. Zay et Jauch dont l'arrivée complète la députation. Il ajouta que le nombre des Cantons était invariablement fixé, que des changemens pouvaient avoir lieu dans les limites, mais que le Canton d'Argovie et celui de Vaud auraient une existence cantonale séparée, équivalente à celle des autres Cantons. . . .

Le citoyen Kuhn travaille à un ouvrage détaillé sur la dernière insurrection qui dissipera les nuages qui ont dérobé jusqu'ici au public européen le véritable aspect de cet événement. . . .

———

(186.) N° 582. Paris, ce 27 Décembre 1802.

LE MÊME AU MÊME.

. . . Les amis de la tranquillité de la Suisse et des principes libéraux n'ont pas caché à la Commission les craintes que leur inspirait l'idée d'une fédération absolue et illimitée. Encouragé par quelques mots de Français éclairés et influens, j'ai rédigé un mémoire, tendant à démontrer la nécessité absolue d'organiser en Suisse un gouvernement central vigoureux et bien composé, si on voulait éviter deux écueils également à craindre, le retour aux priviléges par l'empiétement des villes ci-devant souveraines, et la paysanocratie la plus turbulente et la plus destructive de tout genre de civilisation et de prospérité.

Ce mémoire a été signé par un grand nombre de députés de plusieurs nuances, et sera aujourd'hui, en séance publique, remis à la Commission. Nous proposons en même temps un plan d'organisation centrale consistant en un Conseil permanent.

Il parait qu'on revient peu à peu à l'idée d'une autorité générale, et que quelques expressions du Premier Consul ont à tort été expliquées comme s'il s'était prononcé tout-à-fait contre un gouvernement central....

... dans les anciens Cantons on se rapprochera des anciennes formes, après en avoir éloigné tout ce qui était contraire aux principes de la liberté et de l'égalité....

(187.) N° 583.   *Paris, ce 29 Décembre 1802.*

LE MÊME AU MÊME.

... Je partage ... toutes vos appréhensions sur les conséquences funestes d'un fédéralisme pur; mais j'espère que nous obtiendrons un gouvernement central qui, s'il n'a pas toute la force qu'il devrait avoir, nous empêchera au moins de retomber dans l'anarchie et conservera des attributions bienfaisantes pour l'obtention de buts d'une utilité commune à toute l'Helvétie. . . .

(188.) N° 584. *Paris, ce 2 Janvier 1803.*

LE MÊME AU MÊME.

. . . D'après ce qui est échappé aux commissaires . . . nous devons supposer que nous aurons une Diète générale avec un Conseil fédéral permanent. Quant aux Cantons, notre projet pour l'Argovie, basé sur le système représentatif avec des précautions pour empêcher l'ochlocratie, a été adopté presqu'en entier. . . . On a commencé par l'Argovie, pour en faire . . . une espèce de modèle pour les nouveaux Cantons. . . .

(189.) N° 585. *Paris, ce 6 Janvier 1803.*

LE MÊME AU MÊME.

Nos travaux constituans commencent. Les bases sont à peu près convenues. Pour l'Argovie, par exemple, notre projet a été adopté en entier, presque sans aucune modification. Nous y avons consacré les grands principes du système représentatif, la surveillance des autorités et l'institution des jurys, en organisant cependant un gouvernement vigoureux qui ne courra pas le danger d'être composé de paysans. . . .

Quant au centre, voici comment on l'arrangera. Il y a aura une Diète nommée par les Cantons, qui s'assemblera tous les ans, et qui au moment de son ajournement remettra les pouvoirs tour-à-tour à l'un des Cantons de Zurich, Berne,

Lucerne, Fribourg, Soleure et Bâle. Ces Cantons seront appelés les Cantons directeurs et leurs magistrats suprêmes seront successivement les autorités centrales de toute la République.

(190.) N° 586. *Paris, ce 10 Janvier 1803.*

LE MÊME AU MÊME.

... Hier il a été fait rapport au Premier Consul sur nos affaires. On lui a conseillé de mettre les *nouveaux principes* dans *les cadres anciens :* voilà en peu de mots les conclusions du rapport. Nous nous attendons au premier jour à une convocation extraordinaire à laquelle le Premier Consul assistera.

(191.) N° 587. *Paris, ce 11 Janvier l'an 1803.*

LE MÊME AU MÊME.

... Je ferai faire ... une copie de la constitution générale que les citoyens Ruttimann, Muller et moi avons présentée aux sénateurs commissaires. Ce n'est pas le mieux que nous aurions préféré, mais le bien que nous croyons seul *obtenable* dans ce moment....

(192.) N° 588. *Paris, ce 18 Janvier 1803.*

LE MÊME AU MÊME.

... Le but du Premier Consul est incontestablement d'annuler la Suisse politiquement, mais de procurer aux Suisses le plus grand bonheur domestique possible. Pour obtenir l'un et l'autre, il a cru devoir nous fédéraliser et anéantir l'influence des familles patriciennes par des constitutions entièrement populaires....

(193.) N° 589.   *Paris, ce 22 Janvier 1803.*

Le même au même.

Le pamphlétier ou libelliste d'Yvernois vient de publier une nouvelle brochure, intitulée *Les cinq promesses,* dans laquelle nos affaires sont traitées avec toute la virulence possible et assaisonnées des assertions les plus fausses....

(194.) N° 590.   *Paris, ce 26 Janvier 1803.*

Le même au même.

Avant-hier les sénateurs commissaires ont assemblé les députés. Le président, après leur avoir observé qu'une médiation du Premier Consul supposait nécessairement deux partis en Suisse, les invita à se ranger en deux classes qui chacune élirait au scrutin secret cinq députés pour conférer avec le Premier Consul et les sénateurs commissaires. La députation a donc formé le côté droit et le côté gauche. Les cinq élus du côté droit sont les citoyens Sprecher, Vonderflue, Usteri, Monod et moi; ceux du côté gauche sont les citoyens d'Affry, Reinhard, Jauch, Glutz et de Watteville.

Le côté droit avait nommé les citoyens Koch et Kuhn, mais ils ont refusé, alléguant pour motif le projet qu'ils avaient fait de partir le lendemain.

Vous serez peut-être curieux de savoir quels sont les députés qui ont pris le côté gauche; voici leurs noms : d'Affry, Sarasin, Glutz, Frey, Gerber, Surbeck, Schweizer, Sulzer, Reinhard, Zay, Jauch, Maurer, Gruber, de Watteville, Planta; ce dernier a longtemps hésité.

Il est à présumer que sous quelques jours tout sera fini.

(195.) N° 591. *Paris, ce 30 Janvier 1803.*

LE MÊME AU MÊME.

J'ai à vous rendre compte de la discussion très intéressante qui a eu lieu hier aux Tuileries en présence du Premier Consul, après avoir passé les jours précédens à discuter :

1° un projet de pacte fédéral;
2° „ „ „ rétablissement des anciennes démocraties suisses;
3° un projet de constitution pour les ci-devant Cantons aristocratiques;
4° un projet d'organisation pour les nouveaux Cantons....

(196.) N° 592. *Paris, ce 3 Février 1803.*

LE MÊME AU MÊME.

... Je tâcherai ... de vous mander les traits saillans de ce que le Premier Consul nous dit, samedi passé le 29 janvier, sur les relations politiques de la France avec la Suisse :

„Vous devez," dit-il, en s'adressant principalement aux cinq commissaires du parti aristocratique, „vous devez rester „convaincus qu'il n'y a point de salut pour vous hors la „France, et vous avez bien méconnu vos véritables intérêts „en vous adressant aux puissances étrangères. Pas une seule „de ces puissances ne s'est occupée de vous, ni a songé „même à vous être utile. Toutes les démarches de vos „chefs auprès des cours de Vienne, de Berlin et de Péters- „bourg ont été portées immédiatement par ces cours mêmes „à ma connaissance; c'est ce qui a perdu Reding, ce qui a „perdu Mulinen et ce qui perdra tout parti ou gouvernement „qui chez vous suivra leurs erremens. Eh! qui hors la „France pourrait vous servir d'appui ferme et puissant? Le „roi de Prusse? Il est mon ami et me préviendra toujours „de vos démarches. L'Italie? Vous êtes environnés de la „partie qui est dans nos mains. L'électeur de Bavière? „C'est nous qui venons de le reconstituer. L'empereur? „La cour de Vienne est écrasée, nous avons été deux fois „sous ses murs, et il sait bien que la troisième fois nous „pénétrerions dans son palais. D'ailleurs jamais l'Autriche „ne peut prendre à vous l'intérêt que notre position nous „force à prendre au sort et à la constitution de l'Helvétie.

„Il ne reste donc que l'Angleterre. Eh bien! je vous déclare „que je sacrifierais plutôt 100,000 hommes que de souffrir „que l'Angleterre se mêlât de vos affaires. Je ne veux pas „un autre Guernesey à l'Est du territoire français. Mais „encore! l'Angleterre n'a jamais parlé pour vous, et heu- „reusement pour la Suisse! Car, si un mot officiel, soit „dans la Gazette de Londres, soit dans les conférences „diplomatiques, avait été lâché par le cabinet de St-James, „c'en était fait — je vous réunissais à la France. Si cette

„ cour m'avait fait la plus légère insinuation sur les craintes
„ qu'elle pouvait avoir que je devinsse votre Premier Land-
„ ammann, je me faisais votre Premier Landammann.

„ En Suisse on invoque sans cesse le traité de Lunéville.
„ C'est moi qui ai fait insérer la clause qui vous regarde.
„ L'Autriche n'en avait pas même fait mention, et l'Angle-
„ terre n'a pas voulu y prendre la moindre part. "

Quant aux plaintes des aristocrates contre les patriotes,
Bonaparte leur dit mot à mot: „ Vous n'avez nullement à
„ vous plaindre. Le gouvernement unitaire, même du temps
„ de Laharpe, vous a traité avec une grande douceur. Vous
„ avez traversé la révolution en conservant vos vies et vos
„ biens. Les gouvernemens helvétiques n'ont pas connu leurs
„ intérêts ou plutôt ils les ont sacrifiés à des considérations
„ d'humanité et de délicatesse. Si j'avais été d'un comité
„ de gouvernans en Suisse, j'aurais, pour maintenir la révo-
„ lution et pour me faire un parti, aboli gratuitement les
„ cens et la dîme, je vous aurais tous chassés au moindre
„ signe de révolte que vous auriez donné, et je n'aurais sur-
„ tout pas souffert que vous osassiez m'insulter impunément. "

En parlant du gouvernement helvétique il témoigna son
étonnement du peu de résistance qu'il avait fait aux ennemis
du nouvel ordre de choses, et ayant provoqué de la part
de quelques-uns des membres de la Commission aristocratique
quelques observations injurieuses et inconvenantes, je pris
la parole, pour dire que le seul reproche qu'on pût faire
à ce gouvernement, était une trop grande indulgence, et
qu'après s'être jeté dans les bras de la nation en acceptant
la proposition de la retraite des troupes françaises, c'était à
la fois ingrat et perfide de s'être insurgé contre lui.

Nous nous attendons à être reçu tous ensemble par le Premier Consul, sous peu de jours, pour entendre lecture des actes de constitution définitifs. ...

(197.) N⁰ 592.   *Paris, ce 5 Février 1803.*

Le même au même.

Je viens de recevoir à l'instant votre dépêche du 30 janvier, renfermant l'arrêté du Conseil d'exécution qui m'ordonne de faire les représentations les plus fortes contre l'embarquement de 600 hommes de la dite demi-brigade auxiliaire [1] pour l'Amérique. [2] Je vais en conséquence présenter aujourd'hui une note. ... Je crains bien que, malgré notre bon droit et les raisons de poids que nous pouvons alléguer, la détermination du gouvernement français ne soit pas changée. Cependant le Premier Consul, dans sa conférence du 29, a, à différentes reprises, fait espérer que la France non seulement garderait les trois demi-brigades, mais qu'elle prendrait à son service des troupes helvétiques en aussi grand nombre qu'autrefois. Je pris la liberté de lui représenter la grande influence qu'aurait la nation française, si ces liens étaient de nouveau cimentés, et j'observai que les principales familles du pays pourraient être gagnées de nouveau par ce moyen, si on leur rouvrait les sources d'emplois et d'opulence que la révolution avait taries. Il répondit que c'étaient bien là aussi ses intentions. ...

[1] Sous le commandant Raguettly, à Corsique.
[2] Contre le principe reconnu que les troupes auxiliaires ne pourraient jamais être transportées outre mer.

(198.) N° 593. *Paris, ce 7 Février 1803.*

Le même au même.

J'ai l'honneur de vous transmettre copie de la note que j'ai présentée sur l'embarquement d'un bataillon de la troisième demi-brigade pour l'Amérique....

J'ai eu aussi hier occasion de parler de cette malheureuse expédition au Premier Consul lui même.... Il m'a écouté avec attention, mais ne m'a pas donné de réponse précise. Je crains bien que sa résolution ne puisse être changée.

Nous touchons au terme de nos travaux constituans. L'article de la liquidation de la dette qui était seul en litige ces derniers jours, a été rédigé à peu près comme nous le demandions. L'administration des biens-fonds nationaux sera remise aux Cantons; la séparation des biens de communes d'avec les biens d'État se fera d'après le principe des besoins des premières et sur des bases larges; les créances étrangères serviront à payer la dette nationale; le surplus sera partagé entre les trois Cantons, démembremens de Berne, ou adjugé aux Cantons restés entiers qui les avaient autrefois placés. Toutes ces opérations se feront par une commission nommée à Paris.

On donne le Frickthal entier à l'Argovie contre les communes de Schlieren et Dietikon qu'on réunit à Zurich.

J'ai représenté hier au Premier Consul que le pacte fédéral devrait stipuler pour tout Suisse le droit de s'établir et d'exercer son industrie dans tous les Cantons. Il m'a répondu que cela lui paraissait juste et qu'il ne s'opposait pas à l'insertion d'une clause pareille....

(199.) N° 594. Paris, ce 9 Février 1803.

LE MÊME AU MÊME.

J'ai pensé qu'il vous serait agréable de connaître les traits saillans de ce que le Premier Consul nous a dit dans la conférence du 29 janvier. J'ai donc tâché de me rappeler ce qu'il a dit de plus caractéristique et je l'ai mis par écrit. Je le fais parler lui-même pour plus de clarté et de brièveté. Ce sont, autant qu'il m'a été possible de m'en souvenir, ses propres expressions.

„ Le rétablissement de l'ancien ordre de choses dans les
„ Cantons démocratiques est ce qu'il y a de plus convenable
„ et pour vous et pour moi. Ce sont eux, c'est leur forme de
„ gouvernement qui vous distingue dans le monde, qui vous
„ rend intéressans aux yeux de l'Europe. Sans ces démocraties
„ vous ne présenteriez rien que ce qu'on trouve ailleurs; vous
„ n'auriez pas de couleur particulière. Et songez bien à l'im-
„ portance d'avoir des traits caractéristiques; ce sont eux qui, en
„ éloignant l'idée de toute ressemblance avec les autres États,
„ écartent celle de vous confondre avec eux ou de vous y
„ incorporer. Je sais bien que le régime de ces démocraties
„ est accompagné de bien des inconvéniens, et qu'il ne soutient
„ pas l'examen aux yeux de la raison; mais enfin il est établi
„ depuis des siècles, il a son origine dans le climat, la nature,
„ les besoins et les habitudes primitives des habitans, il est
„ conforme au génie du lieu, et il ne faut pas vouloir avoir
„ raison en dépit de la nécessité. Vous voudriez anéantir ou
„ restreindre les landsgemeinden; mais alors il ne faut plus
„ parler de démocraties ni peut-être de républiques. Les
„ peuples libres n'ont jamais souffert qu'on les privât de

„ l'exercice immédiat de la souveraineté ; ils ne connaissent ni
„ ne goûtent ces inventions modernes du système représentatif
„ qui détruit les attributs essentiels d'une république. La seule
„ chose que les législateurs se soient permise, sont des restric-
„ tions qui, sans ôter au peuple l'apparence d'exercer sa
„ souveraineté immédiatement, proportionnaient l'influence à
„ l'éducation et aux richesses. Dans Rome les vœux se
„ comptaient par classes, et on avait jeté dans la dernière
„ classe toute la foule du peuple, pendant que les premières
„ contenaient à peine quelques centaines de citoyens opulens
„ et illustres ; mais la populace était également contente et ne
„ sentait point cette immense différence, parce qu'on l'amusait
„ à donner ses votes, qui, tous recueillis, ne valaient pas plus
„ que les voix de quelques grands de Rome. Ensuite pourquoi
„ voudriez-vous priver ces pâtres du seul divertissement qu'ils
„ peuvent avoir? Menant une vie uniforme qui leur laisse de
„ grands loisirs, il est naturel, il est nécessaire qu'ils s'oc-
„ cupent immédiatement de la chose publique. C'est cruel
„ d'ôter à des peuples pasteurs des prérogatives dont ils sont
„ fiers, dont l'habitude est enracinée et dont ils ne peuvent
„ user pour faire du mal. Dans les premiers momens où les
„ persécutions et l'explosion des passions seraient à craindre,
„ la Diète les comprimera. D'ailleurs, puisque vous insistez là-
„ dessus et qu'on observe que ce n'est pas contraire à l'ancien
„ usage, on peut obliger les landsgemeinden à ne traiter que
„ les objets qui leur seront indiqués par le Conseil, et à ne
„ permettre que les motions qui ont eu auparavant l'agrément
„ de cette autorité. On peut aussi sans inconvénient exclure
„ les jeunes gens au-dessous de l'âge de vingt ans. Une
„ amnistie doit au reste prévenir les réactions de toute espèce
„ de retour sur le passé.

„ Dans les Cantons aristocratiques vos objections tombent
„ principalement sur les conditions d'éligibilité, sur le grabeau
„ et la durée des fonctions. — Le grabeau me paraît de
„ rigueur absolue dans les aristocraties. Toutes les aristocraties
„ ont un penchant à se concentrer, à se former un esprit
„ indépendant des gouvernés, de leurs vœux et des progrès
„ de l'opinion, et deviennent à la longue à la fois odieuses et
„ insuffisantes aux besoins des États qu'elles administrent. Le
„ seul remède à ces maux, au moins le seul moyen d'em-
„ pêcher qu'ils prennent des racines et des accroissemens trop
„ rapides, et que les gouvernemens, en devenant insupportables,
„ provoquent des mouvemens d'insubordination et d'anarchie,
„ est le grabeau. Toutes les aristocraties s'en sont servies; il
„ paraît donc qu'il est un rouage absolument nécessaire. Les
„ grands inquisiteurs à Venise, les censeurs à Rome, étant
„ toujours des magistrats vénérables et ambitieux de l'estime,
„ n'osaient heurter l'opinion et se voyaient forcés d'éliminer
„ les sénateurs devenus trop impopulaires ou méprisables. Vous
„ avez eu un grabeau dans toutes vos anciennes aristocraties.
„ Pour en prévenir les abus, on peut en régulariser l'exercice.
„ Quant aux conditions pécuniaires d'éligibilité, les campagnes
„ ont intérêt à ce qu'elles ne soient pas trop atténuées. Des
„ membres du Grand-Conseil dont la pauvreté inspirerait le
„ mépris, déconsidéreraient leurs commettans dans la capitale
„ et porteraient atteinte au respect dû à leurs corps, par la mes-
„ quinerie de leur existence dans une ville où ils seraient
„ surpassés en dépense par les plus simples bourgeois. L'élection
„ immédiate est préférable à des corps électoraux dont l'in-
„ trigue et la cabale s'emparent plus facilement. Nous avons
„ fait cette expérience en France. Et vous (en s'adressant au
„ côté droit), vous y gagnerez; le peuple même se laissera

„ plutôt influencer par un grand nom, par des richesses et
„ l'opinion que par des assemblées électorales. Les mille francs
„ pourront être diminués de moitié; il serait même conve-
„ nable de fixer une somme encore moins forte dans certains
„ districts." Sur l'observation d'un renouvellement considérable
d'une portion majeure à la fois, il a observé qu'on pourrait
attendre quelques années, afin qu'il entrât plus de nouveaux
membres à la fois.

„ Les places à vie sont nécessaires pour donner de la
„ stabilité et de la considération au gouvernement. Il faut que
„ de nouvelles aristocraties se forment; et pour prendre con-
„ sistance, pour s'organiser d'une manière qui promette ordre,
„ sûreté et stabilité, il faut qu'il y ait des points fixes inamo-
„ vibles, qui servent de pivots aux hommes en mouvement
„ et aux choses qui changent.

„ J'ai toujours été contre le système d'unité. Dans le temps
„ où j'ai passé par la Suisse pour me rendre à Rastadt, vos
„ affaires auraient pu s'arranger facilement; vous auriez pu
„ avoir le système de l'unité chez vous, si les dispositions
„ primitives de vos élémens sociaux, les événemens de votre
„ histoire et vos rapports avec les puissances vous y avaient
„ conduits. Mais ces trois classes d'influences puissantes vous
„ ont justement menés au système contraire. Une forme de
„ gouvernement qui n'est pas le résultat d'une longue série
„ d'événemens, de malheurs, d'efforts et d'entreprises d'un
„ peuple, ne peut jamais prendre racine. Des circonstances
„ passagères, des intérêts du moment peuvent conseiller un
„ système opposé et même le faire adopter; mais il ne subsiste
„ pas. Nous avons aussi eu des fédéralistes, Marseille et
„ Bordeaux s'en trouveraient bien; mais les habitudes du peuple
„ français, le rôle qu'il doit par sa position et qu'il désire par

„ son caractère jouer en Europe, s'opposent à ce qu'il consente
„ à un morcellement contraire à sa gloire autant qu'à ses usages.
„ Mais vous, vous êtes dans un cas tout-à-fait différent; la
„ tranquillité et l'obscurité politiques vous conviennent unique-
„ ment. Vous avez joué un rôle, dans le temps que vos voisins
„ n'étaient guère plus puissans que vous. A présent, que
„ voulez-vous opposer aux puissances de l'Europe qui vou-
„ draient attenter à vos droits et à votre repos? "...

(200.) N° 595,1.   *Paris, ce 17 Février 1803.*

LE MÊME AU MÊME.

... Le Premier Consul vient de faire les nominations pour la composition des 19 Commissions exécutives qui sont destinées à mettre en activité les constitutions cantonales définitivement arrêtées. ... Le Premier Landammann de la Suisse est désigné dans la personne du citoyen d'Affry. Les pièces qui dans quelques jours seront remises aux députés, convoqués extraordinairement à cet effet et reçus en audience par le Premier Consul, comprendront quatre actes de médiation distincts. Le premier n'est autre chose que les 19 constitutions cantonales, à la suite desquelles le pacte fédéral forme le 20me chapitre. Le second renfermera des dispositions réglementaires pour l'exécution de ces divers actes constitutionnels. Le troisième posera les principes d'après lesquels la dette générale doit être liquidée, la séparation des biens cantonaux d'avec les biens communaux effective, et nommera les cinq commissaires chargés de cette opération. On les obligera probablement à finir dans cinquante jours.

Le quatrième acte de médiation proclamera une amnistie générale pour le passé....

On avait d'abord cru que nous pourrions à l'avenir soigner tous ces intérêts par le canal de la légation française en Helvétie; mais le Premier Consul a reconnu la nécessité que la République helvétique conservât un agent accrédité auprès de sa personne. Il me l'a dit le 17 pluviose après le dîner diplomatique, et il faudra que je prenne à ce sujet des arrangemens avec le citoyen d'Affry....

(201.) N° 595,2. *Paris, ce 19 Février 1803.*

LE MÊME AU MÊME.

Je n'ai que le temps de vous dire quelques mots; il est midi et demi, et à une heure je dois me rendre au Conseil d'État, où le Premier Consul doit remettre aux dix députés, nommés par toute la députation pour travailler avec les sénateurs commissaires, l'acte de médiation. Nos travaux peuvent donc être considérés d'aujourd'hui comme achevés. — Les sénateurs commissaires assisteront aussi à cette séance solennelle. Lundi le Premier Consul recevra toute la députation, et ils pourront alors partir.

... J'ai ... été nommé président de la Commission de liquidation de la dette publique, mais je suis très décidé à refuser....

(202.) *Paris, ce 27 Février 1803.*

LE MÊME AU MÊME.

Le Premier Consul m'ayant fait témoigner, par l'organe du ministre des Relations extérieures et par celui des quatre commissaires sénateurs qui m'ont à cet effet écrit une lettre officielle, qu'il verrait avec plaisir que je fisse le voyage en Suisse, tant pour assister aux premières opérations de la Commission liquidatrice, que pour contribuer à convaincre tout le monde que l'acte de médiation est l'unique planche de salut encore offerte à notre pays, et que son exécution loyale et entière doit être accélérée de toutes les manières, je me suis déterminé à m'y rendre sous peu de jours et y porterai alors tant les exemplaires de l'acte de médiation qui me seront encore remis, que les documens et papiers de la légation qu'il est convenable de déposer dans les archives de la République. . . .

Parallèle

entre les passages de la correspondance de STAPFER, communiqués par DE TILLIER et MONNARD [1], et les extraits du présent ouvrage.

TILLIER II. 507 et MONNARD XVII. 65. *Stapfer au ministre des Relations étrangères, 1 octobre 1800. N° 1 :* Au lieu du „delenda est Carthago" ... jusqu'à l'ombre de son indépendance. — page 14 du présent ouvrage.

TILLIER II. 510. *Stapfer au même, 3 novembre 1801 :* Mes appréhensions ... une constitution fortement garantie. — p. 86.

TILLIER II. 514—515. *Stapfer à Thormann, secrétaire d'État, 5 mars 1802 :* Il est bien naturel que le Premier Landammann s'afflige et s'indigne des retards qu'on apporte à l'exécution des promesses qui lui avaient été faites, et je vous assure que je partage avec tout bon Suisse d'autant plus les sentimens pénibles qu'il doit éprouver, que mon honneur ainsi que les affections les plus chères de mon cœur sont particulièrement intéressés à l'accomplissement de ces promesses. Mais vouloir se prendre à moi de ce que vos vœux tardent à se remplir est vraiment une chose inconcevable.

En vérité, Citoyen Secrétaire d'État, il n'a jamais à aucun homme remplissant avec zèle et scrupule des fonctions délicates et difficiles été adressé avec aussi peu de fondement des reproches aussi durs et aussi graves que ceux que contient votre lettre du 27 février.

Je ne cesse ... qu'on lui en demande. — p. 100 et 101.

---

[1] Voyez Von Tillier, *Geschichte der helvetischen Republik*, tomes II. et III. et Monnard, *Histoire de la Confédération suisse* par J. de Müller, tome XVII. Notre parallèle servira à démentir quiconque oserait prétendre que la correspondance de Stapfer ayant été en partie déjà publiée par M. Monnard d'une part et M. de Tillier de l'autre, l'ensemble de notre publication ne présente ni une actualité, ni un intérêt assez vivant.

Monnard XVII. 168. *Talleyrand à Stapfer, 4 germ. (25 mars):* „Le Premier Consul m'a chargé de vous exprimer combien il a été peu satisfait de l'espèce d'ostentation que le gouvernement helvétique a mise à recevoir quelques individus se disant députés du Valais et à les admettre à déclamer contre les autorités françaises. Je suis chargé de vous déclarer qu'il reconnaît le Valais comme un peuple indépendant et qui ayant toujours eu une constitution et une organisation séparée, doit être gouverné comme un État à part, et sans aucune relation de concert ni de dépendance à l'égard de l'Helvétie." Il ajouta que si le gouvernement helvétique contrariait les vues de la France et recourait à une autre puissance, il n'atteindrait pas l'objet de ses démarches et perdrait le fruit des dispositions libérales du Premier Consul. (Cette lettre de Talleyrand est celle dont Stapfer parle dans la sienne du 27 mars 1802, p. 112.)

Tillier II. 514 et en partie Monnard XVII. 171—172. *Stapfer à Talleyrand, 27 mars 1802:* Mais que dira l'Europe de voir les Français, après qu'ils avaient premièrement porté la dévastation et la mort dans le Valais pour le rattacher par des nœuds plus forts à l'Helvétie, quelques instants après y porter le fléau de la discorde et le poids de l'autorité militaire la plus dure, pour l'arracher de nouveau à des liens qu'on venait de cimenter de sang pour les rendre plus forts? Vraiment, Citoyen Ministre, tous les motifs possibles de justice, d'humanité, d'honneur et de véritable gloire se réunissent pour engager le Premier Consul à rendre aux Valaisans leur patrie et aux Suisses le Valais sous des conditions qui remplissent le seul but que la France peut se proposer. Les conditions ne seront pas difficiles à stipuler dans le cours d'une négociation franche et amicale. (Stapfer parle de cette note dans sa lettre du 27 mars 1802, p. 112. Comparez les *Mélanges* de Stapfer I. p. XX-XXI.)

Monnard XVII. 169: Stapfer protesta contre les assertions du gouvernement français sur le Valais et contre sa séparation d'avec la Suisse, „dont il a toujours, dit-il, été partie intégrante." (*Stapfer à Thormann, 8 germ. (29 mars), p. 113—114).*

Tillier III. 415. *Stapfer au Petit-Conseil de la République helvétique, 28 avril 1802:* Je désirerais beaucoup ... les gouvernemens. p. 128.

Tillier III. 415 et en partie Monnard XVII. 211. *Stapfer à Muller-Friedberg, secrétaire d'État, 6 mai 1802:* Hier à l'audience ... de vous en fatiguer. p. 133.

Monnard XVII. 194, note 1: Stapfer dévoila, de son côté, *au ministre* les menées de Diesbach à Vienne et sa révolte contre le gouvernement.

Il ajoute: „Le gouvernement du 28 octobre allait jusqu'à épouser les intérêts de la maison d'Autriche dans les querelles d'Allemagne, comme le prouve la correspondance de Diesbach. Veuillez venir au secours de la vérité et de la loyauté contre les insinuations mensongères et perfides des agens de l'oligarchie dans les cours étrangères, en recommandant aux ministres français près les puissances la cause et les intérêts du gouvernement helvétique. Comme c'est à la France que nous désirons être attachés plus intimément, c'est à elle que nous aimerions devoir le retour de la considération et des procédés que le gouvernement helvétique croit mériter par ses intentions de la part des cours européennes, et surtout de celle de Prusse, à la bienveillance de laquelle il met un prix particulier." 21 prair. (10 juin) 1802.

TILLIER III. 421. *Stapfer au secrétaire d'État, 15 juin 1802:* Je l'assurai . . . . . . unique dans l'histoire. == p. 164 et 165.

TILLIER III. 426—427 et en partie MONNARD XVII. 236—237. *Stapfer à Jenner, secrétaire d'État, 11 septembre 1802:* Comme c'est mon devoir. . . . ne se fait point assez respecter. -- p. 195 et 196.

TILLIER III. 427—428 et en partie MONNARD XVII. 237. *Talleyrand à Stapfer, 22 fructidor (9 septembre):* Citoyen, j'ai mis . . . Ch. M. Talleyrand. == p. 196—198.

MONNARD XVII. 220—221: *Stapfer à Talleyrand, 20 septembre 1802:* Enchanté de procurer à ses gouvernés un soulagement désiré, il (le Conseil d'exécution) ne pouvait se dissimuler que ses moyens de police et de finances étaient presque nuls; que l'exécution de l'acte constitutionnel n'était qu'ébauchée; qu'il était placé entre deux extrêmes actifs et violens; que le départ des troupes françaises pourrait être le signal de l'explosion de ressentimens longtemps contenus et d'une coalition redoutable des meneurs démagogiques avec les chefs de l'oligarchie. -- Il ne pouvait cependant hésiter sur le parti à prendre. Si le gouvernement avait prié le Premier Consul de laisser les troupes françaises encore quelque temps en Suisse, le peuple aurait accusé ses membres d'avoir conservé la force armée étrangère uniquement pour se maintenir en place. L'honneur fit donc embrasser au gouvernement helvétique un parti funeste à la tranquillité du pays et à ses propres intérêts. (Ce passage est tiré de la lettre de Stapfer dont Talleyrand parle dans sa note du 21 septembre 1802, p. 204).

TILLIER III. 435—439 et en partie MONNARD XVII. 251. *Talleyrand à Stapfer, 21 septembre 1802:* J'ai reçu, Citoyen, la lettre . . . au sein de votre patrie. == p. 204—206.

Tillier III. 439--440. *Stapfer à Jenner, secrétaire d'État, 6 octobre 1802, N⁰ 501:* Dans la nuit ... la cause de la liberté. = p. 209—211.

Tillier III. 451—452. *Stapfer au sénateur Mohr, 3 décembre 1802:* Il est absolument nécessaire ... les plus odieuses. = p. 221.

Tillier III. 452. *Le même au même, 15 décembre 1802:* Malgré la clarté ... aussi prononcée. = p. 225.

Tillier III. 452. *Le même au même, 27 décembre 1802:* Les amis de la tranquillité ... à la Commission. = p. 226—227.

TABLE

(Les chiffres se rapportent à ceux qui, à la tête des lettres, se trouvent en parenthèse.)

A.

Académie centrale suisse. 3.
Acte constitutionnel du 20 mai 1801. 79.
— — du 26 février 1802. 115.
Aebettschi (Uebeschi), commune. 16.
d'Affry, député à la consulte de Paris. 177. 182. 194.
— premier landammann de la Suisse. 200.
Allemagne, Nord. 162.
Allgemeine Zeitung. 47.
Alliance, traité entre la France et la Prusse. 142.
— traité entre la France et la Suisse. 8. 35. 149. 162.
Ambassade russe en Pologne. 27.
Ambassadeurs français en Suisse. 166.
— suisses à Paris. 21.
Amérique. 197. 198.
— congrès et sénat. 7.
Amiens, négociations et paix. 74. 95. 99. 105. 106. 107. 132.
Amnistie. 199. 200.
Amsoldingen, commune. 16.
Anarchistes du Léman. 21.
— suisses. 16. 20.

Ancien régime suisse. 25. 27. 170. 173. 174. 175 b. 177. 179.
— magistrats. 116.
Anglais, nation. 99.
Angleterre. 32. 39. 58. 73. 95. 154. 162. 175 b. 196.
— ambassadeurs. 65.
— chargé d'affaires helvétique. 154.
— roi. 107.
Archives de la république helvétique. 202.
Argovie, canton. 198.
— existence séparée. 185.
— projet de constitution. 188. 189.
Aristocrates suisses. 3. 27. 127. 174. 175. 196.
Aristocratie française. 39.
Aristocraties. 199.
Armées françaises en Suisse. 9. 37. 42. 43. 46. 78. 90. 102. 106. 108. 137. 143. 145. 147. 158. 159. 160. 162. 163. 165. 167. 172.
Assemblée constituante helvétique. 75. 77.
Attischwanden (Altischwanden), commune. 16.

Audiences publiques des ambassadeurs
    à Paris. 4. 5. 31. 35. 42.
    43. 46. 57. 62. 70. 86. 93.
    131. 145.
Auffenberg, général 147.
Autorités centrales helvétiques. 50.
    53.
— provisoires helvétiques. 76. 77.
— suprêmes de France. 23. 149.
— — helvétiques. 27. 31. 82.
    50. 53. 115. 164.
Autriche, ambassadeur en Suisse. 99.
— cabinet. 151.
— empereur. 13. 139. 162.
— maison. 3. 7. 8. 9. 127. 142.
    146. 150. 151. 165. 175b.
    196.
— troupes en Suisse. 42.
Avoyers régnants. 39.
d'Azara, chevalier. 132.

B.

Bailliages lucratifs. 153.
Bâle, canton. 189.
— évêché. 149.
— — reddition d'une partie. 8.
    90. 140. 145.
— — réunion à la France. 35.
Barbares 147.
Barrère. 5.
Barthélemi, sénateur. 72. 179. 182.
Bataves. 54. 128.
Bavière. 162.
— électeur. 196.
Bergen (?), commune. 16.
Berlin. 107.
— cabinet, cour. 147. 196.
Berne, ancien gouvernement. 32.
— canton. 189.
— diète cantonale. 65.

Berne, district. 16.
— ville. 14. 27. 29. 69. 99. 111. 145.
— — siège du gouvernement. 74.
Bernois, à Paris. 34. 38.
    caillettes bernoises. 33.
    coteries.   „   20.
Béthune-Charost, duc de. 25.
Bienne, reddition. 8. 35. 140. 145.
    149.
— réunion à la France. 35. 145.
    149.
Biens communaux, séparation d'avec
    les biens cantonaux. 198. 200.
Biglen, commune. 16.
Birs. 110.
Boccardi. 5.
Bonaparte, Jérôme. 13.
— Joseph. 16.
— Lucien. 11. 13.
— madame. 101. 134. 146.
— premier consul, fait presque
    chaque page; traits carac-
    téristiques. 3. 4. 5. 8. 25.
    38. 39. 41. 43. 48. 84. 196.
— — conversations de Stapfer avec
    B. 8. 9. 35. 42. 43. 46.
    57. 70. 72. 74. 86. 93. 99.
    106. 120. 145. 147. 155.
    160.
— — conversation relative à l'Ita-
    lie. 7.
— — discours adressés à la con-
    sulte de Paris. 196. 199.
— — discours avec les envoyés de
    la république ligurienne. 5.
— — éloge. p. X.
— — proclamation. 168—170.
Bons, négociations. 52.
Bonstetten de Nyon. 116.
Bordeaux. 48.

Bordeaux, fédéralistes. 199.
Bourbons, biens patrimoniaux en France. 36. 141.
Bourg. 140.
Bourgemaitres. 39.
Bourgeoisies. 165.
Brigg (Brigue). 35. 78.
Brumaire, dix-huit. 15. 82. 149.
Brune, général. 124.
Brunnadern. 111.
Bulletin helvétique. 3.

C.

Caillard. 55. 56.
Calonne. 27.
Cambacérès, consul. 48. 157.
Campagnards. 62.
Campagnes. 62. 199.
Cantons. 8. 25. 48. 50. 53. 115. 188. 189. 198.
— administrations et institutions cantonales. 21. 44. 181. 200.
— anciens. 8. 186.
— aristocratiques. 195. 199.
— constitutions cantonales. 184. 200.
— démembrés de Berne. 198.
— démocratiques. 199.
— députés au congrès de Paris. 169. 177. 182.
— diètes cantonales. 48. 50. 53. 54. 115. 174.
— directeurs. 189.
— nombre. 185.
— nouveaux. 188. 195.
— petits. 137. 139. 145. 146. 153—156. 158. 159. 162. 164.
— — indépendance. 139. 153. 155.
— — insurrection. 159. 160.

Cantons primitifs. 139. 153. 178.
Capitulation, projet de c. de la Suisse avec la France. 3.
Capitulations, anciennes, de la Suisse avec la France. 159—161. 163.
Cens. 8. 137. 196.
Cérémonies. 101. 112.
de Cetto. 173.
Chaptal. 165.
Charles, prince d'Autriche. 9.
Choiseul, système. 142.
Choix populaires. 50. 54.
Chouans suisses. 27.
Ci-devant suisses. 25. 72. 73.
Cisalpine. 35. 41. 70. 95.
Clergé de Berne. 164.
— du canton de Berne, ordonnances. 164.
Cobentzel, comte de. 12. 13. 61. 70. 71. 129. 139. 146. 150. 151.
Cogny. 27.
Comité central d'électeurs. 54. 56.
Comités cantonaux, mode d'élection. 114.
Commissaire français, président d'un gouvernement provisoire de la républ. helvétique. 67.
Commissaires français à la consulte de Paris. 179. 181. 183. 186. 188. 191. 194. 201. 202.
Commission aristocratique de la consulte de Paris. 194. 196.
— exécutive helvétique. 1.
— législative helvétique. 44.
— liquidatrice. 198. 200—202.
Commissions exécutives. 200.
Communes rebelles du canton de Berne. 16.
Compensations de territoire. 35. 51.

Condé. 27.
Confédération helvétique. 105. 154.
Confédérations. 31.
Congrès américain. 7.
— de notables suisses à Paris. 168—170. 174.
Congrès de notables députés à Paris. 169. 171. 174. 175. 177—180. 182—184. 186. 194. 196. 200. 201. Voir aussi *Consulte*.
— — mode d'élection. 171. 173. 174.
Conseil d'état français. 3. 12. 157. 178.
— — suisse. 21.
— ecclésiastique de Berne. 164.
— exécutif helvétique. 5. 27. 38. 46. 56. 69. 70. 113. 145. 147. 162. 163. 165. 167. 197.
— fédéral permanent central. 186. 188.
— législatif helvétique. 56. 80.
— suprême d'Helvétie. 127.
Conseillers helvétiques. 83.
Conseils helvétiques. 27. 51. 53—55.
Constitution française. 3. 21.
— — de l'an III. 141.
— helvétique, acte constitutionnel. 79. 115.
— — assemblée constituante. 75. 77.
— — basée sur l'unité. 14.
— — changements de la c. de Bonaparte. 48.
— — changements unitaires de la c. de Bonaparte. 71.
— — de Bonaparte, adoptée par les conseils constituants des cantons. 53.
— — décrétée par le sénat. 101.

Constitution helv., délibérations de la diète sur la c. 75—77. 79.
— — du 26 février 1802. 115.
— — du 29 mai 1801. 80. 121.
— — fédérative. 40.
— — générale et organique. 99.
— — générale présentée aux sénateurs commissaires. 191.
— — organes constitutionnels. 106.
— — projet de Bonaparte. 44. 46. 49. 50. 67. 81.
— — projet de Talleyrand. 26.
— — projet soumis aux notables. 121.
— — projetée par le sénat. 115.
— — projets. 3. 5. 7. 8. 14. 21—23. 25. 26. 28. 32. 35. 37. 40. 44—46. 48—50. 53. 67. 71. 74. 77. 79. 80. 81. 99. 101. 106. 115. 119. 121. 127. 130. 131. 133. 137. 138. 145. 147. 162. 167. 179. 191. 192. 195. 196.
— — sanction des cantons. 48.
— — du peuple. 76. 99. 127. 130. 131. 137.
— — unitaire. 37.
— — de 1800—1801. 21. 23. 25.
Constitutions cantonales. 184. 200.
Constitution pour les cantons aristocratiques, projet. 195.
Consulat à vie. 141.
Consuls français. 3. 18. 157. 178.
Consulte de Paris. 174. 177. 178. 189. 196.
— commission aristocratique. 194. 196.
— discours de Bonaparte. 196. 199.

Contre-révolution, contre-révolutionnaires. 23. 27. 57. 63. 115. 118. 120. 170. 172.
Contribution publiques. 75.
Corps diplomatique à Paris. 121. 130. 132. 146.
— électoral. 55. 199.
— helvétique. 8. 35.
— législatif de la république française. 84. 125.
Corps législatif helvétique. 56. 80.
Cours étrangères. 116.
Créances. 46.
— étrangères. 198.
Culte, nécessité. 164.
— rétabli en France. 110. 122.
Cumberland, duchesse de. 134. 146.

D.

Débats, journal. 89.
Démagogues. 14. 57. 67. 137. 145. 159. 162.
Demi-brigades auxiliaires. 3. 197. 198.
Démocratie, démocrates suisses. 127. 153. 162. 195. 199.
Département du Montblanc. 8.
Deporte. 27. Voir aussi *Desportes, de Portes.*
Desmarets, chef de division. 117.
Desmeuniers, sénateur. 118. 179.
Desportes. 34.
— de Crassi. 31.
Dette nationale. 198.
— liquidation. 198. 200.
Diesbach, de. 87. 90. 129. 139. 146. p. 244. 245.
— commune. 16.
Diète. 44. 59. 61. 69. 74—77. 79. 80.

Diète cantonale de Berne. 65.
— centrale. 55. 58. 67. 68. 84. 115. 188. 189. 199.
— germanique. 150.
Diètes cantonales. 48. 50. 53. 54. 115. 174.
— élection. 130.
— mode d'élection. 133.
— particulières. 53. 115.
Dietikon. 198.
Diplomatie. 27.
Directoire français. 9. 37. 65. 113. 141. 145.
Dîmes. 8. 137. 196.
Douanes. 110. 149.
Doubs. 140.
Droits d'établissement dans la Suisse. 198.
Droits féodaux. 137.
Dumas, général. 38. 48. 157.
Durand. 147.
Durée des fonctions. 199.
Duroc. 8.

E.

Egiwihl (Eggiwyl), commune. 16.
Eglise, intérêts. 164.
— rapports avec l'état. 164.
Ehrsigen (Ersigen), commune. 16.
Electeurs, comité central. 54. 56.
Elections. 56.
— des députés à la consulte de Paris. 171. 173. 174.
— immédiates. 199.
— populaires. 57.
— pour les diètes. 130. 133.
Eligibilité pour les places, conditions. 50. 199.
Emmenthal, district. 16.

Emmenthal, mécontents. 14.
Empereur des Gaules. 41.
Empire germanique. 150.
— romain. 147.
Enseignement élémentaire en France. 144.
— primaire. 165.
Erguel. 35. 38. 140. 149.
d'Erlach. 27.
— de Spietz. 25.
Etats germaniques. 150.
Etiquette. 4. 146.
Etrurie, roi. 151.
Europe. 8. 9. 21. 37. 38. 42. 75. 99. 101. 113. 137. 143. 147. 163--165. 167. 168. 174. 199.
— cabinets. 8.
— circonstances actuelles. 27.
— cours. 95. 107.
— grandes puissances. 127.
— pacification générale. 79.
— position actuelle. 162.
— public européen. 185.
— puissances. 148.
— système de la politique européenne. 8.

F.

Fédéralisme. 19. 21. 24. 27. 30-- 32. 34. 38. 40. 71. 96. 139. 162. 177. 184. 186. 187. 192.
Fédéralistes. 34.
— français. 199.
Finances. 8.
Fischer. 112.
Fille, secrétaire de légation. 30. 33. 38. 63. 67. 72. 118.
Fonctionnaires, changement. 122.
Fonctions, durée. 199.

Fondateurs de la liberté helvétique. 165.
Fonds nationaux, administration. 198.
Fort, en Suisse. 3.
Fouché, ministre de la police française. 5. 39. 112. 121. 179.
Foulon. 27.
Fox. 162.
Français. 3. 37. 38. 99. 165. 167.
France. 3. 5. 7. 8 9. 12. 20. 23. 27. 32. 35. 37. 38. 42. 61. 63. 65. 69. 70. 71. 73. 80. 82. 85. 98. 101. 113. 125. 127. 136. 137. 142. 145. 147. 150. 151. 152. 162. 169. 196. 197. 199.
— ambassadeurs en Suisse. 166.
— aristocratie. 39.
— autorités suprêmes. 23. 149.
— cabinet. 70.
— conseil d'état. 3.
— directoire. 9. 9. 37. 65. 113. 141. 145.
— fédéralistes. 199.
— finances. 32.
— généraux. 3. 14. 137.
— gouvernement. 1. 3. 5. 7. 14. 15. 20. 22. 24. 27--29. 31--33. 37. 42. 55. 56. 58. 63. 65. 69. 72. 76. 77. 79. 84. 85. 88. 89. 90. 94. 99. 100. 102. 107. 110. 111. 115. 116. 118--121. 124. 129. 130. 134. 135. 142. 143. 148. 149. 151. 153. 159. 160. 162--167. 170-- 175a. 175b. 197.
— influence chez les alliés. 65.
— intérêt. 8. 113.
— légation en Helvétie. 63. 65. 200.

France, médiation en Helvétie. 163.
166. 168. 194. 200--202.
— ministre en Helvétie. 1. 65. 67.
111. 137. 146. 149.
— ministres. 3. 13. 14. 99.
— monarchie. 63.
— peuple. 9. 141. 157. 199.
— principes. 27.
— relations politiques avec la Suisse.
196.
— république. 3. 30. 35. 84. 100.
109. 113. 115. 118. 140.
142. 145. 149. 157. 167.
— — constitution. 3. 21.
— — corps législatif. 84. 125.
— — ministre de la guerre. 46.
52. 99. 137. 147. 163.
— — — de la police. 17. 39.
111. 112. 117.
— — — de l'intérieur. 11. 13.
165.
— — — des finances. 110.
— — — des relations extérieures. 2. 3. 5.
— réunion de la Suisse à la Fr.
70. 97.
— révolution. 5. 23. 66.
— révolutionnaires. 12.
— rois. 3. 157. 164. 166.
— service. 159. 163.
— Suisses en France, radiation. 17.
— thrône. 36.
— traité d'alliance avec la Prusse.
142.
— troupes en Suisse. 37. 42. 43.
46. 78. 90. 102. 106. 108.
137. 143. 145. 147. 158.
160. 162. 163. 165. 167.
172. p. 215.
Frédéric-Guillaume, règne. 5.

Frédéric, le Grand. 142.
Freudenreich, 20. 63.
Frey, député à la consulte de Paris.
194.
Fribourg, canton. 189.
Frickthal. 8. 35. 62. 115. 198.
Fusion des partis en Helvétie. 85.
114. 169. 180.

G.

Gâcon. 52.
St-Gall, abbé. 132.
Gandolphe, secrétaire de légation.
72. 164.
Gantheaume, amiral. 13.
Gaules, empereur. 41.
Généraux français. 3. 14. 137.
Gênes, peuple génois. 5. 70.
Genève. 27.
— troubles. 166.
Gerber, député à la consulte de
Paris. 194.
Germanie, empire germanique. 150.
— états germaniques. 150.
Ghalib Effendi. 132.
Gilterfingen (Hilterlingen), commune.
16.
Glayre, envoyé extraordinaire à
Paris. 14. 15. 21. 22. 31.
35. 36. 38. 89. 121.
Glutz, député à la consulte de Paris.
177. 194.
St-Gothard, route par-dessus le. 132.
Gouvernants, anciens. 24. 25.
Gouvernement central. 8. 22. 177.
184. 186. 187. 189.
— de Berne, ancien. 164.
— français. 1. 3. 5. 7. 14. 15. 20.
22. 24. 27. 29. 31--33. 37.
42. 55. 56. 58. 63. 65. 69.

72. 76—79. 84. 85. 88—90.
94. 99. 100. 102. 107. 110.
111. 115. 116. 118--121.
124. 129. 130. 131. 135.
142. 143. 148. 149. 151.
153. 159. 160. 162—167.
170—175a. 175b. 197.
Gouvernement helvétique. 1. 5. 7.
8. 14. 21. 22. 25. 31—33.
35. 38. 41. 46. 49. 50. 52.
53. 55. 63--65. 67. 69. 70.
73--75. 77. 80. 83--86. 92.
96. 99. 100. 101. 106 -111.
113. 118. 119 -121. 123 –
125. 127--129. 131. 137.
138. 139. 143. 145. 147.
148. 151—165. 167. 168.
170. 172. 175. 196.
— — siège. 74.
— militaire. 196.
— provisoire projeté pour l'Helvétie. 67.
Gouvernements étrangers. 77.
— représentatifs. 3.
Grabeau. 199.
Grand-Conseil. 199.
Grenoble. 137.
Grisons. 5. 37.
— députés. 38.
— ligues grises. 5.
— réunion à la république helvétique. 5.
Gruber, député à la consulte de
Paris. 177. 194.
Guernesey. 196.
Guerre entre les villes et les campagnes. 62.

H.

Haller. 5. 104.
Hanovérat. 107.
Hartmann, ex-représentant. 14. 16.
Hauterive. 40. 44. 59. 90. 91. 99.
Helvétie. 1. 3. 7. 8. 19. 21. 23. 31.
38. 57. 66. 67. 74. 84. 92.
111. 113. 115. 118. 119.
123. 125. 128. 132. 134.
137. 139. 143. 145. 147.
151. 153. 155. 157. 160 —
163. 165—168. 170. 183.
187. 196. Voir aussi *Suisse*.
— anciennes institutions. 162.
— ancien regime. 25. 27. 170. 173.
174. 175b. 177. 179.
— autorités centrales. 50. 53.
— — provisoires. 76. 77.
— — suprêmes. 27. 31. 32. 50.
53. 115. 164.
— chargé d'affaires à Vienne. 150.
— — en Angleterre. 154.
— commission exécutive. 1.
— confédération helv. 105. 154.
— conseil exécutif helv. 5. 27. 38.
46. 56. 69. 70. 113. 145.
147. 162. 163. 165. 167.
197.
— — législatif helv. 56. 80.
— — suprême. 127.
— conseils helv. 27. 51. 53 - 55.
— corps helv. 8. 35. 63.
— — législatif. 3.
— évacuation par les troupes françaises. 90. 102. 106. 108.
112. 137. 143. 145. 147.
149. 151. 153. 158. 160.
196.
— fondateurs de la liberté helv. 165.

Helvétie, fusion des partis. 85. 114.
169. 180.
— gouvernement helvétique. 1. 5.
7. 8. 14. 21. 22. 25. 31—
33. 35. 38. 41. 46. 49. 50.
52. 53. 55. 63-65. 67. 69.
70. 73-75. 77. 80. 83—
86. 92. 96. 99. 100. 104.
106. 107. 109—111. 113.
118-121. 123—125. 127—
129. 131. 137—139. 143.
145. 147. 148. 151—165.
167. 168. 170. 172. 175.
196.
— gouvernement, siège. 74.
— — provisoire présidé par un
commissaire français. 67.
— intégrité du territoire. 78. 100.
109.
— intervention du Premier Consul
dans les affaires helv. 168.
— landammann helv. 83.
légation française en Helv. 63.
65. 200.
— — helvétique à Paris. 2. 3.
27. 202.
— médiation de la France en Helv.
163. 166. 168. 194. 200
-202.
ministre de France en Helv. 1.
65. 66. 67. 111. 137. 146.
149.
nation helv. 8. 15. 27. 32. 38.
70. 86. 96. 99. 114. 115.
118. 125. 137. 138. 145.
147. 162. 163. 165. 173.
196.
notables helv. 168—170. 174.
peuple helv. 3. 32. 75. 86. 118.
137. 148. 167.

Helvétie, pouvoirs suprêmes helv. 27.
— république helv. 30. 72. 83.
96. 102. 105. 109. 139.
140. 146. 153. 155. 156.
162. 179.
— restitution des contrées helv. 90.
— révolution helv. 5. 8. 14. 27.
31. 86. 137. 153. 162. 168.
184. 196. 197.
— — du 17 avril 1802. 118.
120—122. 130. 137.
— route militaire. 8.
— troupes helv. 137. 145.
— — — au service de la France.
163. 197. 198. Voir
Suisse.
Helvétiens. 27. 72. 139. 143. 145.
Hérédité du pouvoir. 23.
Herrenschwand, écrivain. 174.
Hochstetten, commune. 16.
— district. 16.
Hollande, envoyés. 42. 70. 101.
— troupes suisses. 101.
Hottinguer, professeur, de Zurich. 3.

I.

Impôts. 8. 75.
Indépendance suisse. 3. 6. 8. 17. 18.
27. 32. 57. 61. 63. 65. 70.
83. 96. 99. 101. 102. 106.
108. 113. 115. 121. 123.
125. 132. 137. 138. 142.
143. 145. 147. 157. 165.
168. 173. 175 b.
Inder Muhli (Indermuhle). 16.
Instruction élémentaire. 165.
— publique. 3.
Insurrection, insurgés suisses. 169.
172. 178. 182. 185. 196.
— des petits cantons. 159. 160.

Insurrection du Léman. 123—125. 128. 131. 143. 162. 163.
Intervention du premier consul dans les affaires helvétiques. 168. Voir *Médiation*.
Irlande. 32.
Italie. 7. 8. 42. 132. 150.
— république italienne. 145. 154. 162.
Ith, doyen, de Berne. 3. 164. 165.

J.

Jackson, ambassadeur. 99.
Jacobinisme. 32.
Jacobins suisses. 3. 38.
St-James, cabinet. 73. 196.
Jauch, député à la consulte de Paris. 185. 194.
Jenner, prédécesseur de Stapfer. 2. 4.
— de Brunnadern. 111.
— de Lucens. 112.
Jordan, Camille. 141.
Journal des Débats. 89.
Journalistes. 60.
Journaux suisses. 3. 61.
Julie, roman de J. J. 32.
Junod, Vaudois. 124. 130.
Jura. 85. 140. 145.
Jurys, institution. 189.

K.

Kernen. 63.
Kiltberg (Kirchberg), commune. 16.
Koch, député à la consulte de Paris. 194.
Kuhn, député à la consulte de Paris. 182. 185. 194.

L.

Lafayette. 5.
Laharpe. 177. 196.
Landammann, premier. 196. 200.
Landammanns helvétiques. 83.
Landsgemeinden. 153. 165. 199.
Languet, messager des consuls. 16.
Lanther. 138.
Lausanne, Bulletin helvétique. 3.
— comité. 38.
Lebrun, consul. 157.
Légation française en Helvétie. 63. 65. 200.
— helvétique à Paris. 2. 3. 27. 202.
Légion d'honneur. 125.
Leimenthal. 111.
Léman, anarchistes. 21.
— canton. 21. 25. 122. 123. 135. 145. Voir aussi *Vaud*.
— insurrection. 123—125. 128. 131. 143. 162. 163.
Lenoir. 27.
Lentulus. 102. 107.
Lettres de créances du ministre helvétique à Paris. 4. 10. 145. 154.
Lezay, Adrien. 134. 143.
Liancourt, duc de. 25.
Ligue achéenne. 29. 31.
Ligues-Grises. 5.
Liguriens. 70. République ligurienne. 5.
Limites naturelles de la Suisse. 140.
Liquidation de la dette nationale. 198. 200.
— commission liquidatrice. 198. 200. 202.
Livourne, comte de. 48.
— princesse de. 48.
Loi organique du 26 février 1802. 115.
Lombardie. 7.
Londres. 125. 131.

Londres, agent diplomatique d'Helvétie à Londres. 166.
— cabinet. 95.
— cour. 63.
Lucchésini, marquis de, ambassadeur de Prusse à Paris. 21. 38. 46. 61. 92. 95. 102. 107. 108. 147. 150. 162.
Lucerne, canton. 189.
Lunéville, négociation et traité de paix. 7. 13. 15. 28. 70. 116. 162. 196.
Luynes, duc de. 25.
Lyon. 66.

M.

Macdonald, général. 37. 101.
Makau. 20.
Malmaison. 47. 48. 53.
Malte, ordre des chevaliers de. 36.
Marcel. 52.
Marescalchi. 115.
Markow, de, ambassadeur russe à Paris. 120. 125. 147.
Marseille, fédéralistes. 199.
Mathieu-Montmorency. 25. 27.
Maurer, député à la consulte de Paris. 194.
May. 1.
Mayence. 150.
— électeur. 150.
Médiation de la France en Helvétie. 163. 166. 168. 194. 200. 202.
Meister, J. H. 34. 38.
Mengaud. 27. 31.
Mertz, représentant. 16
Metschi, préfet. 16
Milan, grand duc de. 41.

Milanais. 7. 158.
Milices suisses. 160.
Militaire, force m. de la Suisse. 3. 5. 6. 8.
— — organisation. 3. 5. 6. 8.
— réputation m. de la Suisse. 3.
— route m. en Helvétie. 8.
— service m. étranger. 157.
Ministre de France en Helvétie. 1. 65—67. 111. 137. 146. 149.
— français de la guerre. 46. 52. 99. 137. 147. 163.
— de la police. 17. 39. 111. 112. 117.
— de l'intérieur. 11. 13. 165.
— des finances 110.
— des relations extérieures. 2. 3. 5.
Ministres français. 3. 13. 14.
— helvétiques auprès des cours de l'Europe. 107.
Molitor, général. 135. 137.
Monarchie, formes monarchiques. 39.
Moncey, général. 132.
Moniteur. 128. 147. 148. 159. 160.
Monod, député à la consulte de Paris. 194.
Montagnards, sansculottes. 165.
Montblanc, département. 8.
Montchoisi, général. 69. 70.
Montenach. 59.
Montesquieu. 115.
Montmelon. 140.
Montrichard, général. 125. 137. 160.
Moreau, général. 14. 47.
Morée, cession à la France. 36. 136.
Mortier, général. 38.
Mouri, abbé de. 14.

Moutach, Frédéric et Rodolphe, Bernois. 111. 112. 117. 121. 125. 131.
Mühlturnen, commune. 16.
Mulinen, de. 169. 170. 175. 175 a. b. 176. 178. 196.
Muller de Mullegg. 146.
Muller-Friedberg, secrétaire d'état. 158. 163. 182.
Munsterthal. 140.

N.

Nassau, prince de. 99.
Nation helvétique. 8. 15. 27. 32. 38. 70. 86. 96. 99. 114. 115. 118. 125. 137. 138. 145. 147. 162. 163. 165. 173. 196.
Necker. 115. 116.
Neuchâtel, comté. 61.
Neuilly. 115.
Neutralité suisse. 3. 5. 7. 8. 27. 35. 37. 71. 90. 149.
Ney, général. 168.
Notables, assemblée. 127.
— helvétiques. 168—170. 174.
— nationaux. 115. 121. 128. 167. 173.
Notre-Dame, cérémonie 112.

O.

Ochlocratie. 188.
Ochs, député à la consulte de Paris. 177.
Oligarques suisses, parti oligarchique. 63. 64. 67. 137. 173. p. 245.
Orange, prince d'. 101.
Orléans. 69.

P.

Pacte fédéral. 195. 198. 200.
Paix continentale. 108.
— du monde. 8. 64.
Paris, 111.
Parti mitoyen. 177.
Patriciens. 63. 184. 192.
— illibéraux. 63.
— libéraux. 65.
Paul, empereur. 36.
Paysanocratie. 186.
Paysans. 53.
Pensions militaires. 157.
Pestalozzi. 144.
— institut à Berthoud. 165.
Pétersbourg. 196.
Petit Conseil. 111. 115—122. 127. 129. 135. 137.
Petty, Henri, lord. 99.
Peuple. 5. 35.
— français. 9. 141. 157. 199.
— helvétique. 3. 32. 75. 86. 118. 137. 148. 167.
Pfiffer. 32.
Piémont. 67. 95.
— indemnités des officiers piémontais. 157.
Places à vie. 199.
— conditions d'éligibilité. 50. 199.
Planta, député à la consulte de Paris. 194.
Plombières, eaux. 134.
Police, ministre français de la p. 17. 39. 111. 112. 117.
Pologne. 3. 23. 24. 27. 29. 31. 69.
— ambassade russe en P. 27.
Porrentruy, pays. 35.
Portalis. 161.

Porte Ottomane, paix. 136.
de Portes. 38.
Premier consul, v. *Bonaparte*.
Présidence de la Suisse. 121.
Presse, liberté illimitée. 32.
Principes libéraux. 99. 172. 186.
Privilèges. 21. 23. 24. 29. 32. 181. 184. 186.
Proclamation du Premier Consul. 168—170.
Prusse. 24. 61. 70. 92. 142. 147. 150. 162. 196. p. 243.
— ministre en Helvétie. 92. 95. 108.
Prusse, traité d'alliance avec la France. 142.
Publiciste, le, journal. 39.
Puissances étrangères. 3. 5. 8. 105. 110. 119. 120. 147. 148. 150. 160. 162. 196.

R.

Rahn, docteur, de Zurich. 3.
Rapp, général. 170. 175 b.
Rastadt. 199.
Reding, Aloys, premier landammann de la république helvétique. 85—91. 93. 95—102. 108. 109. 113. 120. 129. 145. 149. 154. 156. 159. 162. 196.
Régicides. 12.
Reinhard, ambassadeur de la république française en Helvétie. 21. 27. 29. 31. 33. 35. 41. 46. 55. 58. 61. 65. 67. 74. 118.
Reinhard, député à la consulte de Paris. 177. 182. 194.
Religion chrétienne. 164.

Rengger. 22. 35. 38.
Républicains suisses. 72.
— modérés. 65 - 67.
République française. 3. 30. 35. 81. 100. 109. 113. 115. 118. 140. 142. 145. 149. 157. 167.
— — constitution. 3. 21.
— — corps législatif. 84. 125.
— helvétique. 5. 9. 30. 72. 83. 96. 102. 105. 109. 139. 140. 146. 153. 155. 156. 162. 179.
— italienne. 145. 154. 162.
— ligurienne. 5.
Réputation militaire de la Suisse. 3.
Révolution française. 5. 23. 66.
— helvétique. 5. 8. 14. 27. 31. 86. 137. 153. 162. 168. 184. 196. 197.
— — du 28 octobre 1801. 79. 80. 82. 83. 87. 137.
— — du 17 avril 1802. 118. 120—122. 130. 137.
— sociale. 3.
Révolutionnaires français. 12.
— suisses. 3. 118.
Rhin, rive gauche. 142.
Rhœtenbach (Rœthenbach), commune. 16.
Rhône. 7. 8.
— rive gauche. 7. 8. 113.
Rœderer, sénateur. 5. 20. 179. 181.
Rome ancienne, constitution. 199.
— — empire romain. 147.
Route du Simplon. 132.
— militaire par le Valais. 100. 113.
— par-dessus le St-Gothard. 132.
Russie. 13. 39. 154. 162.
— ambassade russe en Pologne. 27.

Russie, empereur. 120. 125. 147.
— ministre russe en France. 81.
Ruttimann, député à la consulte de Paris. 182. 191.

S.

Salis-Tavstein. 38.
Sansculottes, montagnards. 165.
Sarasin, député à la consulte de Paris. 177. 194.
Savoie, Savoyards. 8. 127.
Savoye-Rollin, membre du tribunat. 125.
Schimmelpenninck. 132.
Schlieren. 198.
Schornbuch. 140.
Schulthess, courrier. 160.
Schweizer, député à la consulte de Paris. 191.
Schwytz. 145.
Seftigen, district. 16.
Ségur, ex-ambassadeur. 5.
Sénat américain. 7.
— suisse. 21. 80. 90. 92. 93. 99. 111. 115. 116. 118. 137. 145. 163. 164. 169. 173. 174.
Serras, général. 138.
Service de France. 159. 163.
— militaire étranger. 157.
Sheffield, lord. 63.
Signau, commune. 16.
Simplon, route. 132.
Sinner. 112.
Soleure, canton. 189.
Souabe. 14.
Soucy, marquis de. 67.
Souveraineté, exercice immédiat. 199.
Sprecher, député à la consulte de Paris. 194.

Staël, de, madame. 18. 126.
Stapfer, conversations avec Bonaparte. 8. 9. 35. 42. 43. 46. 57. 70. 72. 74. 86. 93. 99. 106. 120. 145. 147. 155. 160.
— conversations avec Talleyrand. 17. 21. 37. 53. 67. 73. 75. 83. 88. 97—99. 101. 106. 108. 111. 121. 140. 149. 152—154. 156. 158. 159. 162. 163.
— lettres à Talleyrand. 9. 100. 137.
Stapfer, particularités. 1. 2. 4. 5. 10. 15. 27. 38. 102. 121. 201. 202. p. 241.
Steiguer de Mounaz. 112.
— famille. 101.
Stettler. 169. 170.
Sturler, famille. 101.
Suisse. 1. 3. 5. 7. 8. 9. 17. 21. 27. 32. 33. 35. 37. 38. 42— 46. 49. 53. 60. 61. 65. 67. 69. 70. 74. 79. 82. 85. 87— 89. 93. 95. 97. 99. 103. 106. 109. 111. 113. 115. 118. 120. 121. 124. 125. 127. 131. 143. 145. 147. 152. 159. 160. 162. 163. 166—169. 170. 172. 173. 179. 186. 192. 194. 196. 198. 199. Voir aussi Helvétie.
— académie centrale. 3.
— anciens états. 32.
— anciens gouvernants. 24. 25.
— aristocrates. 3. 27. 127. 174. 175. 196.
— commission législative. 44.
— conseil d'état. 21.
— construction de forts 3.

Suisse, fédéralisme. 19. 21. 24. 27. 30—32. 34. 38. 40. 71. 96. 139. 162. 177. 181. 186. 187. 192.
— force militaire. 3. 5. 6. 8.
— gouvernement central. 8. 22. 177. 181. 186—189.
— gouvernements représentatifs. 3.
— indépendance. 3. 6. 8. 17. 18. 27. 32. 57. 61. 63. 65. 70. 83. 96. 99. 101. 102. 106. 108. 113. 115. 121. 123. 125. 132. 137. 138. 142. 143. 145. 147. 157. 165. 168. 173. 175 b.
— insurrection, insurgés suisses. 169. 172. 178. 182. 185. 196.
— journaux. 3. 61.
— limites naturelles. 140.
— magistrats. 27.
— milices. 160.
— neutralité. 3. 5. 7. 8. 27. 35. 37. 71. 90. 149.
— oligarques. 63. 67. 173.
— — parti oligarchique. 137. p. 215.
— organisation des forces militaires. 3. 5. 6. 8.
— — intérieure. 3. 57. 108. 115. 116. 128. 137. 138. 146. 155. 162.
— présidence. 121.
— relations politiques avec la France. 196.
— républicains. 72.
— réputation militaire. 3.
— réunion. 70. 97.
— révolution sociale. 3.
— révolutionnaires. 3. 118.

Suisse, sénat. 21. 80. 90. 92. 93. 99. 101. 111. 115. 116. 118. 137. 145. 163. 164. 169. 173. 174.
— système représentatif. 8. 22.
— traité d'alliance avec la France. 8. 35. 119. 162.
— troupes françaises en Suisse. 37. 42. 43. 46. 78. 90. 102. 106. 108. 137. 143. 145. 147. 148. 159. 160. 162. 163. 165. 167. 172. p. 245.
— troupes suisses en Hollande. 101.
— union, besoin. 3.
— unité politique. 8. 21. 23. 27 —30. 32. 37. 38. 41. 71. 139. 153. 156. 199.
— université centrale. 3.
Suisses. 9. 25. 27. 31. 35. 52. 63. 83. 104. 110. 113. 115. 116. 125. 127. 147. 148. 151. 159. 165. 167. 168. 175 b.
— en France, radiation. 17.
Sulzer, député à la consulte de Paris. 194.
Surbeck, député à la consulte de Paris. 194.
Système représentatif. 8. 22. 188. 189. 199.

T.

Talleyrand, conversations avec Stapfer. 17. 21. 37. 56. 67. 73. 75. 83. 88. 97—99. 101. 106. 108. 111. 121. 140. 149. 152—154. 156. 158. 159. 162. 163.
— éloge p. X.
— traits caractéristiques. 23. 25. 38.

Terrier de Montciel. 31.
Thugut. 139.
Thurnen, commune. 16.
Traité d'alliance entre la France et la Suisse. 8. 35. 119. 162.
Traités, anciens, de la Suisse avec la France. 159. 160. 161.
Tribunat français. 125.
Tuileries, cérémonie. 101.
Turquie. 132. 136.
Turreau, général. 78. 93. 94. 97. 100. 101. 106--109. 131. 135. 140. 149. 158.

U.

Unitaires. 38. 118. 181.
Université centrale suisse. 3.
— nationale. 3.
Unterwalden. 147.
— mouvements insurrectionnels. 70. 161.
Usteri, député à la consulte de Paris. 191.
— docteur, de Zurich. 3.

V.

Valais. 7. 8. 35. 37. 38. 46. 51. 52. 60. 61. 67. 74. 78. 81. 94. 97. 98--100. 106. 109. 111--113. 121. 131. 140. 143. 145. 149. 152. 158. 163. 164. p. 244.
Valais, route militaire. 100. 113.
Valaisans. 35. 100. 106. 109. p. 244.
Vaud, canton, pays. 86. 91. 124. 134. 140. 143. 185. Voir aussi *Léman.*
— projet de réunion avec la France. 135. 137.

Vaudois. 91.
Vendée. 107.
Venise. 199.
Verninac, ministre français en Helvétie. 65--69. 72. 73. 99. 111. 112. 120. 121. 143. 145. 156.
Vienne. 70. 99.
— cabinet. 151.
— chargé d'affaires helvétique. 150.
— cour. 139. 146. 196.
Villeneuve. 78. 81.
Villes forestières. 145.
— souveraines. 186.
Volney. 5. 20.
Vonderflue. 194.

W.

Waltgringen (Walkringen), commune. 16.
Watteville de Féchy. 116.
— de Landshut. 178.
— député à la consulte de Paris. 177. 194.
Weimar, prince héréditaire. 120.
Winigen, commune. 16.
Worb, commune. 16.
Wyss, ministre. 164.
Wyttenbach, ministre. 164.

Y.

d'Yvernois, pamphlétaire libelliste. 193.

Z.

Zay, député à la consulte de Paris. 185. 194.
Zeerleder. 112.
Zeltner. 102.
Zurich, canton. 177. 189. 198.

Corrigenda.

Malgré la peine qu'on a prise à purifier le texte imprimé des nombreuses fautes des originaux (voir Préface p. XI), quelques-unes ont échappé à la correction.

Page 20, ligne 12, et pag. 153, l. 9, *lisez* cens.
„ 122, „ 5, ... „ Notre-Dame.
„ 181, „ 1, ... „ bailliages.

www.ingramcontent.com/pod-product-compliance
Lightning Source LLC
Chambersburg PA
CBHW050640170426
43200CB00008B/1093